Rommel: Mailman

Heiko Rommel

Mailman

Mailinglisten einrichten und verwalten

Bibliografische Information Der Deutschen Nationalbibliothek

Die Deutsche Nationalbibliothek verzeichnet diese Publikation in der Deutschen Nationalbibliografie; detaillierte bibliografische Daten sind im Internet über http://dnb.d-nb.de abrufbar.

Gesamtlektorat: Patricia Jung
Satz: Open Source Press (LaTeX)
Umschlaggestaltung: www.fritzdesign.de
Gesamtherstellung: Kösel, Krugzell

ISBN 978-3-937514-32-1 http://www.opensourcepress.de

Inhaltsverzeichnis

Einleitung

Dieses Buch zeigt, wie sich Mailinglistenserver mit frei verfügbaren Mitteln aus dem Internet aufbauen lassen. Dabei ist „frei“ sowohl im Sinne von kostenlos als auch im Sinne der GNU *General Public License* (GPL) und ähnlicher Lizenzvereinbarungen zu verstehen.

Kernbestandteil dieses Mailinglistenservers und damit Kernthema dieses Buches ist Mailman. Für den Betrieb von Mailinglisten sind allerdings noch eine Reihe weiterer Dienste nötig. Zu nennen wären hier insbesondere der Webserver für das Webinterface sowie der Mailserver für den Transfer von E-Mails. Diese Dienste sind so komplex, dass sie vollständig nur in eigenen Büchern behandelt werden können. Wir haben im vorliegenden Buch jedoch versucht, diese Dienste soweit zu behandeln, dass bei der Integration mit Mailman möglichst wenige Fragen offen bleiben.

Ziel dieses Buch ist es, möglichst vollständiges Wissen rund um Mailman zu vermitteln. Wir besprechen Einrichtung und Betrieb von Mailinglisten, schildern den Umgang mit Mailman aus Benutzersicht, behandeln aber auch die Themen Systempflege, Erweiterung und Problembehandlung.

Der Wunsch nach Vollständigkeit ergab sich auch aus dem Umstand, dass es bisher sowohl im englisch- als auch im deutschsprachigen Raum kein Buch gab, das sich ausschließlich mit Mailman beschäftigt. Zudem ist die verfügbare Online-Dokumentation nur lückenhaft – und häufig sogar veraltet. Sie werden daher in diesem Buch Themen finden, die bisher nirgends in vergleichbarem Umfang behandelt werden (z. B. die Einbindung eines externen Archivierungstools).

Der Aufbau dieses Buchs

Die ersten zwei Kapitel widmen sich den Einsatzgebieten von Mailinglistenservern und beschreiben anschließend, wie man Mailman installiert und testet. Der Rest des Buchs gliedert sich in vier Teile: Der erste und mit Abstand größte beschäftigt sich mit Mailman aus Sicht der Betreiber von Mailinglistenserver und Mailinglisten. Sie erfahren dort, wie Sie Mailinglisten anlegen und verwalten, aber auch, wie Sie unerwünschte E-Mails von Ihren Mailinglisten fernhalten. Darüber hinaus erläutert Teil I des Buchs den Umgang mit Mailarchiven, virtuellen Domänen und Newsservern.

Im zweiten Teil schildern wir, welche Möglichkeiten Mailman dem Anwender, also dem Abonnenten von Mailinglisten bietet. Er zeigt, wie Sie Mailinglisten bestellen und wie Sie Ihre persönlichen Einstellungen ändern. Dieser Teil erläutert darüber hinaus anhand gängiger E-Mail-Programme, wie Sie vom Mailinglistenserver erhaltene E-Mails sortieren und filtern.

Teil III enthält mehrere Projekt-Kapitel, die insbesondere für die Betreiber größerer Mailinglistenserver interessant sind. So finden Sie dort zeitgemäß ein Kapitel, das sich eingehend mit dem Überprüfen der E-Mails auf SPAM und Viren beschäftigt. Des Weiteren gibt dieser Buchteil Hinweise, wie Sie die Performanz oder Zuverlässigkeit Ihres Mailinglistenservers steigern, indem Sie die verschiedenen Dienste auf mehrere Server aufteilen. Abschließend schildern wir die Verwendung eines externen Archivierungstools mit Mailman.

Der Anhang kommentiert (gekürzt und übersetzt) das Changelog von Mailman und gibt so einen Überblick über die bisherige Entwicklung. Für die Praxis interessanter sind allerdings die abschließenden Kapitel, die die Behebung gängiger Fehler in Mailman behandeln sowie eine sehr ausführliche Aufstellung aller von Mailman verwendeten Templates enthalten.

Danksagung

Einen Dank der besonderen Art möchte ich den Autoren von Mailman und der Open-Source-Bewegung im Allgemeinen aussprechen. Zusammen haben sie es geschafft, einen Mailinglistenmanager zu entwickeln, der dank der Quelloffenheit einen Grad an Verbreitung, Anpassungsfähigkeit und Nachvollziehbarkeit erreicht hat, der mit Closed Source niemals möglich wäre. Dass dabei Python als Programmiersprache zum Einsatz kommt, hat auch das Schreiben dieses Buchs sehr viel leichter gemacht.

Die Mailman-Autoren (inbesondere John Viega, Ken Manheimer und Barry Warsaw) waren ebenso bei der Rekonstruktion der interessanten Entwicklungsgeschichte der Software (zu lesen ab Seite 269) äußerst kooperativ.

Bedanken möchte ich mich bei Peer Heinlein und Dirk Müller, die durch ihren unbestritten sehr kompetenten Rat geholfen haben, dieses Buch fachlich abzusichern, sowie bei meinen Kollegen, die mich vor langer, langer Zeit dazu „überredet“ haben, Mailman im Intranet von SUSE einzuführen.

Abschließend ein großes Dankeschön an Patricia Jung, die als Lektorin mit gezieltem Nachfragen und ihrem breiten Hintergrundwissen entscheidend dazu beigetragen hat, das vorliegende Buch abzurunden.

Nürnberg, im April 2007 Heiko Rommel

Kapitel

1

Die Anatomie eines Mailinglistenmanagers

Wann und warum lohnt sich der Aufwand, spezielle Software zum Verwalten von Mailinglisten – und Mailman im Besonderen – einzusetzen? Sofern Sie diese Frage noch nicht endgültig für sich geklärt haben, liefert dieses Kapitel Argumente – und definiert die in diesem Buch verwendeten Begriffe aus dem Mailinglistenslang.

1.1 Wozu benötigt man Mailinglisten?

Das Medium E-Mail ist neben dem World Wide Web (WWW) die wichtigste Anwendung des Internets. Neben den geringen Kosten (die sich überwiegend aus Entgelt für Strom und Gebühren für den Internetzugang zusammensetzen) sind es vor allen Dingen die hohe Verfügbarkeit sowie die hohe Zuverlässigkeit, die dieses Medium so populär machen.

Sobald man innerhalb einer Gruppe (z. B. in einem Verein oder Projekt) über E-Mail kommuniziert, kommen Anforderungen hinzu, die bei einer direkten Kommunikation zwischen zwei Personen kaum eine Rolle spielen: Sendet ein Teilnehmer eine E-Mail an die Gruppe, muss er sich vergewissern, dass die Liste der Empfänger alle Teilnehmer umfasst. Darüber hinaus sollte der Absender sicherstellen, dass seine Nachricht von *allen* Teilnehmern gelesen werden kann (problematisch sind hier insbesondere E-Mails im HTML-Format sowie solche mit großen Anhängen).

Selbst wenn der Absender all dies berücksichtigt, wird er mit wachsender Zahl an Empfängern mit kaum noch beherrschbaren Schwierigkeiten konfrontiert: E-Mail-Programme sind nicht darauf ausgelegt, Hunderte oder Tausende von Empfängern in einer E-Mail zu handhaben. Des Weiteren erzeugt das Verteilen an die entsprechenden Adressen ein hohes Datenaufkommen auf seiner Seite (bzw. auf der Seite seines Internet-Providers). Für Personen, die über keine breitbandige Internet-Anbindung verfügen, ist dies ein K.-o.-Kriterium. Schlimmer noch: Alle Fehlermeldungen (z. B. über die Nichtzustellbarkeit) landen wieder direkt beim Absender.

Das führt gleich zum nächsten Problem: die Pflege der Empfängerliste. Mit der Zeit werden sich E-Mail-Adressen ändern, neue hinzukommen, andere wegfallen usw. Irgendwann hat jedes Mitglied der Gruppe seine eigene Vorstellung von einer vollständigen Empfängerliste.

Die Liste der Empfänger sollte also an zentraler Stelle in Form eines Verteilers gepflegt werden. Da dieser für jedermann und jederzeit erreichbar sein muss, ist er auf einem Server unterzubringen. Damit verbietet sich die Benutzung von Verteilern, wie sie manche E-Mail-Programme anbieten.

1.2 Der Mailinglistenmanager

Mailinglisten sind weit mehr als nur Verteiler für E-Mails. Ähnlich wie eine Zeitung können Sie eine Mailingliste *abonnieren* und somit selbst entscheiden, wann und wie Sie die zugehörigen E-Mails erhalten. Je nach Konfiguration ist es allen Abonnenten oder nur einem ausgewählten Kreis erlaubt, E-Mails an die Mailingliste zu senden. Des Weiteren lässt sich die Gestalt einer über die Mailingliste verteilten E-Mail durch Kopf- und Fußzeilen sowie durch Erweiterung des Betreffs anpassen.

Die damit verbundenen Administrations- und Moderationsvorgänge steuern sogenannte *Mailinglistenmanager*. Damit ist die Software und nicht etwa die Person gemeint, welche die Arbeit erledigt. Als Urtyp derartiger Mailinglistenmanager kann man *Majordomo*[1] bezeichnen.

Modernere Mailinglistenmanager sind in der Lage, auch mit einer sehr großen Abonnentenzahl (und der damit verbundenen Last auf dem Ser-

[1] `http://www.greatcircle.com/majordomo/`

ver) umzugehen, und bieten zudem Unterstützung für die Archivierung der E-Mails an. Als der in dieser Hinsicht vermutlich bedeutendste Vertreter (zumindestens historisch) gilt *Ezmlm*.[2] Leider ist dessen Verwendung an den MTA *Qmail*[3] gebunden. Bei Nutzung von `mlmmj`[4] entsteht allerdings eine Qmail-freie Implementation.

In Zeiten des World Wide Web kommt man um ein einfaches und per Web bedienbares Interface nicht herum. Der Mailinglistenmanager Mailman[5] bietet neben der aus Benutzersicht vollständigen Konfigurierbarkeit auch die Möglichkeit, die Sprache des Webinterfaces nutzerseitig anzupassen (momentan werden ca. 30 Sprachen unterstützt). Die Anpassung an die deutsche Sprache treibt derzeit Peer Heinlein[6] voran.

Eine besondere Herausforderung für Mailinglistenmanager stellt die Erkennung und Verarbeitung der Fehlernachrichten (z. B. Nichtzustellbarkeitsbenachrichtungen) dar. Eine über die Mailingliste verteilte E-Mail muss so gestaltet sein, dass eine nachfolgende Fehler-E-Mail nicht als Antwort behandelt und somit an die Abonnenten verteilt wird, sondern dass deren Verursacher (bei über längere Zeit andauerndem Fehlermeldungsversand) automatisch aus dem Nutzerkreis der Mailingliste verbannt wird. Mailman punktet hier mit einer sehr ausgeklügelten aber dennoch robusten Fehlerbehandlung.

Neben den bereits erwähnten Mailinglistenmanagern gibt es noch eine Reihe weiterer Open-Source-Lösungen (z. B. *Ecartis*[7]) sowie entsprechende kommerzielle Lösungen (etwa *LISTSERV*[8]).

1.3 Wer ist wer? Was ist was?

Wenn man über Mailinglisten spricht, stammen viele Fachbegriffe aus dem Englischen. Obwohl es oft entsprechend präzise, aber umständlichere deutsche Äquivalente gibt, folgen wir in diesem Buch der allgemeinen Sprachpraxis und nutzen folgende Begriffe:

Systemadministrator, auch: Sysadmin
: Bezeichnet die Person, die administrativen Zugriff auf das Betriebssystem und physikalischen Zugriff auf die Hardware besitzt. Gleichzeitig handelt es sich um denjenigen, der Mailman installiert, startet und stoppt.

[2] `http://www.ezmlm.org/`
[3] `http://www.qmail.org/`
[4] `http://directory.fsf.org/all/mlmmj.html`
[5] `http://www.gnu.org/software/mailman/mailman.html`
[6] `http://www.heinlein-support.de/`
[7] `http://www.ecartis.org/`
[8] `http://www.lsoft.com/products/listserv.asp`

Site-Admin
: Bezeichnet die Person, die neue Mailinglisten anlegt, Listen löscht und den reibungsfreien Betrieb der Mailman-Software sicherstellt. Häufig identisch mit dem Systemadministrator.

Owner, auch: List-Admin
: Meint die Person, die als Eigentümerin einer Mailingliste gilt und für diese Liste alle administrativen Tätigkeiten übernimmt. Dazu zählen insbesondere Änderungen an Konfiguration und Subscriber-Liste.

Moderator, auch: List-Moderator
: Bezeichnet die Person, die dem Owner zur Seite steht, indem sie Beiträge moderiert und andere Personen subscribt.

Subscriber, auch: Abonnent
: Meint eine Person, die im Verteiler der Mailingliste steht oder einen entsprechenden „Aufnahmeantrag" gestellt („sich subscribt") hat. Den Begriff *Abonnent* findet man häufig in der deutschsprachigen Literatur.

Posting
: Bezeichnet einen Beitrag, der an alle Subscriber verteilt werden soll. Das Senden einer Nachricht an eine Mailingliste nennt man *posten.*

Thread
: Die Gesamtheit der Postings, die aufeinander Bezug nehmen und als Antworten formuliert wurden, bezeichnet man als *Thread.* Technisch gesehen handelt es sich dabei um Listenmails, die im `Reference`-Header die Message-IDs anderer Postings aufführen. Die Verwendung desselben Betreffs macht zwei Postings noch *nicht* zu einem Thread.

Policy
: Bezeichnet die Richtlinien, die beschreiben, wie man eine Mailingliste subscribt und darauf postet.

Host
: Bezeichnet einen Computer inklusive Betriebssystem, auf dem näher zu bezeichnende Softwarekomponenten laufen.

Mailinglistenserver
: Meint den Host, auf dem Mailman läuft.

Kapitel 2

Mailman in Betrieb nehmen

Dieses Buch behandelt Mailman in der Version 2.1.8; der Großteil des hier Gesagten trifft aber auf alle 2.1.x-Versionen zu. Wenn es Unterschiede gibt, gehen wir gezielt darauf ein.

2.1 Voraussetzungen

Um Mailman (und allgemein moderne Mailinglistenserver) sinnvoll zu betreiben, brauchen Sie eine gewisse Infrastruktur, insbesondere

- einen Mailserver (genauer: einen Mail Transfer Agent (MTA)),
- einen Webserver mit CGI-Unterstützung und
- einen Newsserver (nicht zwingend, aber nützlich).

In diesem Kapitel geht es um einen raschen Einstieg in die Materie, so dass wir diese Infrastruktur voraussetzen.

Des Weiteren gehen wir davon aus, dass alle Dienste auf einem Host untergebracht sind, welcher im DNS unter dem Namen `lists.example.org` bekannt ist.[1]

Sie können jeden dieser Dienste auf einem eigenen Host unterbringen (mit dem Host für Mailman wären das vier an der Zahl). Das ist allerdings ein Thema für sich und wird auf Seite 237 besprochen.

Mailman 2.1 (und neuer) lässt sich grundsätzlich auf allen Systemen einsetzen, auf denen Python 2.1.3 (oder neuer) zur Verfügung steht und auf denen sich eine Anbindung an die oben aufgelisteten Dienste realisieren lässt. Dies schließt aktuelle Linux-Distributionen, BSD-Derivate und einige kommerzielle Unix-Varianten ein. Außen vor bleiben z. B. Windows-Systeme.

2.2 Installation

Wenn Sie eine gängige Linux-Distributionen einsetzen, gibt es sehr wahrscheinlich bereits ein vorkonfiguriertes Mailman-Paket, welches Ihnen den Großteil der Installation und Konfiguration abnimmt. Sie sollten sich dies zunutze machen. Denken Sie daran, dass die Maintainer dieser Pakete bereits einige Erfahrung mit Mailman gesammelt haben, die sie (hoffentlich) in das Paket haben einfließen lassen.

Falls Sie Mailman selber kompilieren und installieren müssen (oder wollen), empfiehlt es sich, zunächst einen Blick in die offizielle Installationsanleitung zu werfen[2] (eine Kopie dieser Anleitung finden Sie auch in Form der Datei `admin/www/install.html` im Quellcode-Archiv). Dies ist z. B. dann erforderlich, wenn für Ihr System kein aktuelles Mailman-Paket existiert oder Sie Teile des Quellcodes anpassen müssen, damit Mailman Ihren Anforderungen gerecht wird.

2.3 Pfade

Nahezu alle Linux-Distributionen haben sich auf die Fahnen geschrieben, dem *Filesystem Hierarchy Standard* (FHS) gerecht zu werden. Dieser Standard schreibt u. a. vor, dass Bibliotheken und Programme, die normalerweise nicht direkt von Benutzern ausgeführt werden, in `/usr/lib` unterzubringen sind. Des Weiteren müssen variable Daten grundsätzlich unter `/var` und Konfigurationsdateien in `/etc` liegen.

[1] `example.org` ist gemäß dem Internet-Standard RFC 2606 „Reserved Top Level DNS Names" eine der Domänen, die man für Beispielkonfigurationen verwenden darf.

[2] `http://www.list.org/mailman-install/`

Für Linux-Distributoren verbietet sich eine Installation nach /usr/local, da dieser Pfad ausschließlich für Software vorgesehen ist, die lokal installiert wird und sicher vor Distributionsupdates sein soll.

Die folgende Liste stellt ausgewählte Mailman-Installationspfade lokal und unter SUSE Linux/OpenSUSE[3] gegenüber:

Skripte und Programme
: /usr/local/mailman/bin
  /usr/lib/mailman/bin

Mailman-Klassen
: /usr/local/mailman/Mailman
  /usr/lib/mailman/Mailman

CGIs
: /usr/local/mailman/cgi-bin
  /usr/lib/mailman/cgi-bin

(lokalisierbare) Nachrichten
: /usr/local/mailman/messages
  /usr/lib/mailman/messages

Konfiguration der Listen
: /usr/local/mailman/lists
  /var/lib/mailman/lists

Archive
: /usr/local/mailman/archives
  /var/lib/mailman/archives

Spooldateien
: /usr/local/mailman/qfiles
  /var/lib/mailman/qfiles

Logdateien
: /usr/local/mailman/logs
  /var/lib/mailman/logs

Leider lässt sich Mailman nicht so einfach an diese Vorgaben anpassen – seine Autoren sehen schlicht und ergreifend nicht vor, die Installation gemäß dem FHS auf die passenden Verzeichnisse zu verteilen. Die Linux-Distributoren haben dieses Problem unterschiedlich gelöst, im Fall von SUSE vielleicht zu einfach: Den dort verfolgten Ansatz macht die obige Liste deutlich: Die unveränderlichen Teile hat der Distributor nach /usr/lib verschoben, die veränderlichen nach /var/lib. Berücksichtigt wurde dabei z. B. nicht, dass der FHS für Spooldateien /var/spool vorsieht.

[3] Im Folgenden unter dem Begriff „SUSE" subsummiert.

Der besseren Lesbarkeit und der allgemeineren Gültigkeit halber verzichtet das Buch wenn möglich auf die kompletten Pfadangaben und nennt jeweils nur den präfixlosen Bestandteil, also z. B. `Mailman/mm_cfg.py` statt `/usr/local/mailman/Mailman/mm_cfg.py` (oder eben `/usr/lib/mailman/Mailman/mm_cfg.py`).

Um sich lästige Tipparbeit zu ersparen, empfiehlt es sich, den Pfad zu den von Mailman mitgelieferten Skripten und Programmen in den Suchpfad des Benutzers `root` aufzunehmen, bei der Bash etwa mit dem Befehl[4]

```
linux:~ # export PATH=$PATH:/usr/lib/mailman/bin
```

2.4 Konfiguration

Die Mailman-Prozesse werden in einer eigenen Benutzerumgebung ausgeführt. Diese stellen vorkonfigurierte Mailman-Pakete in der Regel von sich aus bereit, indem sie bei der Installation üblicherweise einen User `mailman` und eine Gruppe `mailman` anlegen.

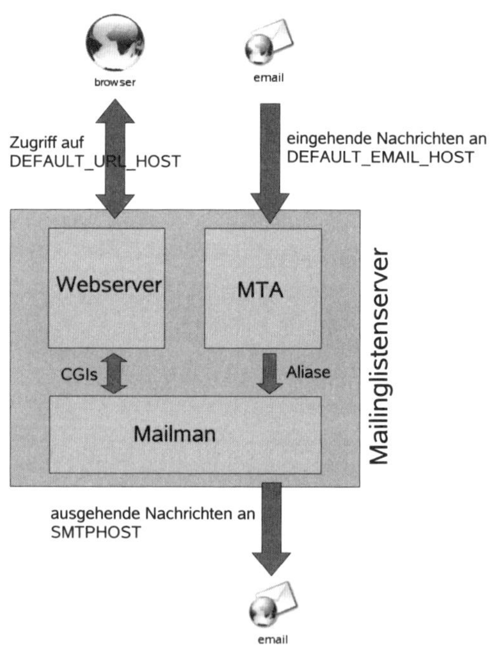

Abbildung 2.1: Die Komponenten eines mit Mailman betriebenen Mailinglistenservers und deren Anbindung an die Außenwelt

[4] Seit Mailman 2.1.5 verwendet übrigens auch Fedora Core diesen Pfad.

Die Datei Mailman/Defaults.py enthält alle Standardeinstellungen für Mailinglisten-unabhängige Parameter. Diese Datei sollten Sie niemals modifizieren, da die Mailman-Autoren sie speziell auf die jeweilige Version zuschneiden.

Änderungen an den Mailinglisten-unabhängigen Parametern werden in der Datei Mailman/mm_cfg.py abgelegt.[5] Einstellungen in dieser Datei überschreiben die Standardeinstellungen in Mailman/Defaults.py.

2.4.1 Anbindung an den MTA

Mailman hängt in zwei Richtungen von einem Mailserver ab: für den Empfang von Nachrichten, die den Mailinglistenserver von außen erreichen (z. B. eingehende Postings), und für das Verschicken von Nachrichten (z. B. an Subscriber oder Admins, vgl. die rechte Seite in Abbildung 2.1).

Sie müssen Mailman mitteilen, welchen Host- bzw. Domänennamen Sie für die E-Mail-Adressen der Mailinglisten verwenden wollen. Diese Information benötigen Sie u. a. für die korrekte Konfiguration einer Mailingliste; auch die Templates für Kopf- oder Fußzeilen referenzieren die hier gesetzten Werte. Für unseren Beispielserver lists.example.org tragen wir Folgendes in Mailman/mm_cfg.py ein:

```
DEFAULT_EMAIL_HOST = 'lists.example.org'
```

Empfang von Nachrichten

Wenn Sie Postfix als MTA einsetzen, genügt es, in Mailman/mm_cfg.py Folgendes zu ergänzen:

```
MTA = 'Postfix'
```

Dadurch aktualisiert sich die Alias-Tabelle, welche Postfix für die Zustellung der Nachrichten an Mailman benötigt, sobald Sie eine neue Mailingliste anlegen.

Diese Alias-Tabelle verankern Sie in der Postfix-Konfiguration, indem Sie in /etc/postfix/main.cf die Variable alias_maps folgendermaßen ergänzen:

```
alias_maps = hash:/etc/postfix/aliases,
             hash:/usr/local/mailman/data/aliases
```

5 Manche Linux-Distributionen liefern Werkzeuge mit, die die Konfiguration diesbezüglich erleichtern. Solange sie Ihren Ansprüchen genügen, benutzen Sie diese Werkzeuge! So liefert SUSE die Datei **/etc/sysconfig/mailman** mit, aus welcher **SuSEconfig** eine passende Konfigurationsdatei erstellt.

An dieser Stelle müssen Sie den absoluten Pfad zu der von Mailman verwendeten Alias-Datei angeben. Im Fall einer Installation in /usr/local lautet dieser /usr/local/mailman/data/aliases.

Versenden von Nachrichten

Mailman kann Nachrichten auf mindestens zwei Arten versenden: über das eingebaute SMTP-Modul oder über das Kommando /usr/lib/sendmail bzw. /usr/sbin/sendmail. Darüber hinaus haben Sie die Möglichkeit, eigene Versandmodule zu definieren und diese in Mailman/Handlers/ abzulegen. Wenn Sie das vorhaben, sollten Sie Python beherrschen und einen Blick auf die vorhandenen Module werfen.

Standardmäßig kommt das eingebaute SMTP-Modul zum Einsatz. Dies hat historische Gründe (Sicherheitsprobleme mit Sendmail, siehe Mailman/Defaults.py), hat aber auch mit der dadurch gewonnenen Flexibilität zu tun: Mit Hilfe des SMTP-Moduls lassen sich E-Mails direkt an entfernte SMTP-Server weitergeben, ohne erst über den lokalen MTA zu gehen.

Das SMTP-Modul ist so vorkonfiguriert, dass es ausgehende Nachrichten über localhost und den TCP-Port 25 zustellt. Soll Ihr MTA die Nachrichten nicht selbst direkt an die Mailserver der Subscriber verteilen, empfiehlt es sich, einen Relayhost zu konfigurieren. In Postfix setzen Sie zu diesem Zweck in main.cf die Variable relayhost entsprechend.

2.4.2 Anbindung an den Webserver

Damit sich Mailman – wie in Abbildung 2.1 auf Seite 24 schematisch gezeigt – über ein Webinterface steuern lässt, müssen Sie dem Programm zunächst in der Datei Mailman/mm_cfg.py mitteilen, welchen Host- bzw. Domänennamen Sie für deren Adressierung verwenden wollen:

```
DEFAULT_URL_HOST = 'lists.example.org'
```

Setzen Sie Apache 2 als Webserver ein und ist lists.example.org der Hostname, reicht es aus, eine Datei mailman.conf im Konfigurationsverzeichnis für Apache-2-Module anzulegen,[6] und dort die drei Aliase

```
ScriptAlias     /mailman/        /usr/lib/mailman/cgi-bin/
Alias           /mailmanicons/   /usr/lib/mailman/icons/
Alias           /pipermail/      /var/lib/mailman/archives/public/
```

einzutragen sowie Rechte für die Zielverzeichnisse zu vergeben:

6 SUSE-basierte Distributionen verwenden dafür das Verzeichnis /etc/apache2/conf.d/, Red-Hat-basierte dagegen /etc/httpd/conf.d/.

```
<Directory /usr/lib/mailman/cgi-bin>
    AllowOverride None
    Options ExecCGI
    Order allow,deny
    Allow from all
</Directory>

<Directory /usr/lib/mailman/icons>
    AllowOverride None
    Order allow,deny
    Allow from all
</Directory>

<Directory /var/lib/mailman/archives/>
    AllowOverride None
    Options Indexes MultiViews FollowSymLinks
    Order allow,deny
    Allow from all
</Directory>
```

Der Alias `/mailmanicons/` verhindert, dass Sie die von Mailman verwendeten Icons ins zugehörige Apache-Verzeichnis kopieren müssen. Damit er funktioniert, müssen Sie ihn auch in `Mailman/mm_cfg.py` definieren:

```
IMAGE_LOGOS = '/mailmanicons/'
```

Auf Systemen, auf denen sich der Hostname vom konfigurierten Wert für `DEFAULT_URL_HOST` unterscheidet, müssen Sie zunächst einen virtuellen Host anlegen und dafür obige Einstellungen ablegen. Konsultieren Sie dazu ggf. die Dokumentation Ihres Webservers!

2.4.3 Globale Voreinstellungen

Ein Blick in die Datei `Mailman/Defaults.py` zeigt: Es gibt eine Vielzahl Listen-übergreifender Konfigurationsparameter. Die allermeisten sind sinnvoll und für unsere ersten Schritte ausreichend vorkonfiguriert. Möchten Sie dennoch den einen oder anderen Parameter verändern, dann wäre jetzt – vor der Erstellung der ersten Mailingliste – ein guter Zeitpunkt dafür. Denken Sie daran, die Änderungen nicht direkt in `Mailman/Defaults.py`, sondern in `Mailman/mm_cfg.py` vorzunehmen.

Für die in diesem Buch enthaltenen Abbildungen und Beschreibungen von Mailman haben wir uns – da es sich um ein deutschsprachiges Buch handelt – dazu entschlossen, die Standardsprache auf Deutsch umzustellen. Sie erreichen dies, indem Sie in `Mailman/mm_cfg.py` Folgendes eintragen:

```
DEFAULT_SERVER_LANGUAGE = 'de'
```

Damit ersparen Sie sich die Aufgabe, neu erstellte Mailinglisten von Englisch auf Deutsch umzustellen. Des Weiteren erreichen Sie so, dass Mailman auch die Übersichtsseiten, die alle verfügbaren Mailinglisten auf dem Server auflisten, in deutscher Sprache präsentiert.

2.4.4 Passwörter setzen

Das *Masterpasswort* ermöglicht es, über das Webinterface neue Mailinglisten anzulegen und die Rolle des Owners sowie die Identität eines Subscribers einer beliebigen Mailingliste anzunehmen. Dementsprechend eng sollte der Personenkreis gewählt sein, der dieses Passwort kennt.

Sie legen das Masterpasswort fest, indem Sie auf der Kommandozeile Folgendes eingeben:

```
linux:~ # mmsitepass passwort
```

Um anderen das Anlegen neuer Mailinglisten über das Webinterface zu ermöglichen, ohne das Masterpasswort herauszugeben, legen Sie ein separates Passwort fest:

```
linux:~ # mmsitepass -c passwort
```

2.4.5 Die Masterliste

Der Korrektheit halber benötigt Mailman eine Adresse, die als Absender für Systemnachrichten (z. B. Passwort-Erinnerungsnachrichten, siehe Seite 41) benutzt wird. Was liegt näher als diese Adresse als Mailingliste anzulegen?[7]

Geben Sie hierzu Folgendes auf der Kommandozeile ein:

```
linux:~ # newlist -q mailman
```

Als zukünftiger Owner subscriben Sie sich zunächst selber auf dieser Mailingliste:

```
linux:~ # echo e-mail-adresse | add_members -r - mailman
```

Wenn die Adresse `mailman@` schon anderweitig vergeben ist, ändern Sie den Namen der Masterliste, indem Sie die Variable `MAILMAN_SITE_LIST` in `Mailman/mm_cfg.py` entsprechend setzen.

7 Alle halbwegs aktuellen Mailman-Versionen der 2.1er Reihe starten gar nicht erst, wenn sie diese Mailingliste nicht finden!

2.5 Mailman-Prozesse starten

Mailman läuft als Dienst im Hintergrund („Daemon"). Um diesen zu starten, rufen Sie das passende Initskript (meist `/etc/init.d/mailman`) mit dem `start`-Argument auf oder verwenden den distributionsspezifischen Initskriptstarter (bei SUSE etwa `rcmailman start`).

Mailman selbst bringt mit `mailmanctl` ein eigenes Kontrollwerkzeug mit, mit dem man den Dienst wie folgt aktiviert:

```
linux:~ # mailmanctl start
```

Dieses sollten Sie allerdings nur dann verwenden, wenn kein distributionsspezifischen Startskript zur Verfügung steht. Die Prozesstabelle enthält nun in etwa folgende Prozesse:

```
python /usr/lib/mailman/bin/mailmanctl --quiet --stale-lock-cleanup start
 |- python /usr/lib/mailman/bin/qrunner --runner=ArchRunner:0:1 -s
 |- python /usr/lib/mailman/bin/qrunner --runner=BounceRunner:0:1 -s
 |- python /usr/lib/mailman/bin/qrunner --runner=CommandRunner:0:1 -s
 |- python /usr/lib/mailman/bin/qrunner --runner=IncomingRunner:0:1 -s
 |- python /usr/lib/mailman/bin/qrunner --runner=NewsRunner:0:1 -s
 |- python /usr/lib/mailman/bin/qrunner --runner=OutgoingRunner:0:1 -s
 |- python /usr/lib/mailman/bin/qrunner --runner=VirginRunner:0:1 -s
 |- python /usr/lib/mailman/bin/qrunner --runner=RetryRunner:0:1 -s
```

Als Kinder des Hauptprozesses `mailmanctl` laufen mehrere `qrunner`-Prozesse, die die einzelnen Warteschlangen bearbeiten (vgl. Tabelle 2.1). Die Option `--runner` legt fest, für welche Warteschlange sie zuständig sind.

Name des `qrunner`	**Warteschlange**
`ArchRunner`	zu archivierende Postings
`BounceRunner`	Bounces
`CommandRunner`	Kommandos an Mailman
`IncomingRunner`	eingehende Postings
`NewsRunner`	Postings, die an NNTP-Server verteilt werden
`OutgoingRunner`	ausgehende Postings
`VirginRunner`	von Mailman erstellte Nachrichten
`RetryRunner`	erneute Zustellversuche

Tabelle 2.1: Die `qrunner`-Prozesse

Damit der Mailman-Dienst automatisch beim Systemstart hochfährt, sind die Links in den entsprechenden Runleveln per Hand oder mit einem distributionsspezifischen Befehl wie `chkconfig --add mailman` zu setzen.

Wenn Sie im Umgang mit Initskripten bislang ungeübt sind, konsultieren Sie bitte die Dokumentation Ihres Systems!

2.6 Wiederkehrende Aufgaben automatisieren

Beim Betrieb eines Mailinglistenservers fällt eine Vielzahl automatisierbarer Wartungsarbeiten an, z. B. das Aktualisieren der Archive oder das Versenden von Erinnerungsnachrichten an Moderatoren.

Mailman liefert dafür entsprechende Skripte mit, die in einer Crontab zusammengefasst sind. Unter Umständen aktiviert bereits das distributionsspezifische Mailman-Startskript die darin verzeichneten Cronjobs. Ob das der Fall ist, stellen Sie fest, indem Sie nach einer Crontab des Mailman-Benutzers suchen (z. B. durch Aufruf von `crontab -l -u mailman`) oder nach einer entsprechenden System-Crontab (meist in `/etc/cron.d`). Werden Sie nirgends fündig, wechseln Sie ins Verzeichnis `cron` des Mailman-Installationsverzeichnisses und installieren die dort abgelegte Muster-Crontab `crontab.in` für den Benutzer `mailman`:

```
linux:~ # crontab -u mailman crontab.in
```

Falls Ihr System die Option `-u` nicht unterstützt, nehmen Sie zunächst die Identität des Benutzers `mailman` an und führen dann obiges Kommando ohne diese Option aus.

2.7 Einstellungen testen

Bevor Sie Ihre Mailman-Installation produktiv einsetzen: Testen Sie sie! Es ist besser, wenn mögliche Fehler zunächst nur einen möglichst kleinen Nutzerkreis treffen, als wenn gleich alle Subscriber damit konfrontiert werden.

Im Folgenden überprüfen wir, ob die einzelnen Komponenten gut zusammenspielen. Darüber hinaus sollten Sie Ihren Mailinglistenserver mit einer Testliste und einem kleinen Kreis (freiwilliger) Subscriber „Probe fahren", um einen Überblick über die – nicht zwangsläufig technischen – Probleme zu erhalten.

2.7.1 Dateizugriffsrechte überprüfen

Der im Mailman-Paket mitgelieferte Befehl `check_perms -v` überprüft die Zugriffsrechte auf die Dateien. Gibt er Warnungen aus, lesen Sie sich diese Warnungen bitte sorgfältig durch – auch wenn viele Warnungen keine

Auswirkungen auf die Benutzbarkeit des Systems haben, weisen sie oft auf System- oder Sicherheitsprobleme hin.

Im folgenden Beispiel meldet `check_perms`, dass die Zugriffsrechte auf das Verzeichnis, das die privaten Archive enthält, möglicherweise problematisch sind:

```
checking mode for /usr/lib/mailman ...
checking perms on /var/lib/mailman/archives/private
Warning: Private archive directory is other-executable (o+x).
         This could allow other users on your system to read private
         archives. If you're on a shared multiuser system, you should
         consult the installation manual on how to fix this.
checking cgi-bin permissions ...
checking set-gid for /usr/lib/mailman/mail/mailman ...
checking permissions on list data ...
checking permissions on /var/lib/mailman/data/adm.pw ...
checking permissions on /var/lib/mailman/data/creator.pw ...
checking permissions on /var/lib/mailman/data/aliases ...
checking ownership of /var/lib/mailman/data/aliases.db ...
checking permissions on /var/lib/mailman/data/virtual-mailman ...
No problems found
```

Auf dem entsprechenden System wurde der Shell-Login von Usern deaktiviert, so dass es sich in diesem Fall *nicht* um ein Multiuser-System handelt. Somit stellen die Zugriffsrechte auf das Archiv-Verzeichnis kein Problem dar – bei Ihrem konkreten Setup könnte dies aber anders sein.

Lautet die letzte Zeile der Ausgabe `No problems found`, können Sie davon ausgehen, dass – mal abgesehen von der Anbindung an den MTA und den Webserver – soweit alles in Ordnung ist.

2.7.2 Test der Mailserver-Anbindung

Ob das der Fall ist, erfahren Sie, indem Sie Ihren E-Mail-Client so konfigurieren, dass er `lists.example.org` als Mail-Relay verwendet, und mit Ihrer E-Mail-Adresse eine Nachricht an `mailman@lists.example.org` senden. Der Betreff und der Nachrichtentext spielen dabei keine Rolle – achten Sie nur darauf, dass diese nicht leer sind und keine typischen Mailinglistenkommandos enthalten (unverfänglich im Betreff als auch im Nachrichtentext ist z. B. `test`).

Auf Server-Seite sollten Sie nun Folgendes beobachten:

- Der MTA nimmt die Nachricht an und übergibt sie an Mailman (zu überprüfen in `/var/log/mail`, `/var/log/mail.info` o. ä.):

  ```
  Aug 15 09:22:54 lists postfix/smtpd[18759]: connect from lists.example
  .org[172.16.66.13]
  ```

```
Aug 15 09:22:54 lists postfix/smtpd[18759]: 96E299197: client=lists.ex
ample.org[172.16.66.13]
Aug 15 09:22:54 lists postfix/cleanup[18744]: 96E299197: message-id=<4
4E1764E.9060600@lists.example.org>
Aug 15 09:22:54 lists postfix/qmgr[3199]: 96E299197: from=<tux@lists.e
xample.org>, size=527, nrcpt=1 (queue active)
Aug 15 09:22:54 lists postfix/smtpd[18759]: disconnect from lists.exam
ple.org[172.16.66.13]
Aug 15 09:22:55 lists postfix/local[18761]: 96E299197: to=<mailman@lis
ts.example.org>, relay=local, delay=1, status=sent (delivered to comma
nd: /usr/lib/mailman/mail/mailman post mailman)
Aug 15 09:22:55 lists postfix/qmgr[3199]: 96E299197: removed
```

- Da Sie subscribt sind (siehe Seite 28), wertet Mailman die Nachricht als Posting (siehe `logs/post` im Mailman-Verzeichnis) ...

```
Aug 15 09:22:58 2006 (17500) post to mailman from tux@lists.example.or
g, size=1455, message-id=<44E1764E.9060600@lists.example.org>, success
```

  ... und verteilt sie entsprechend an die Subscriber (zu beobachten in `logs/smtp` im Mailman-Verzeichnis):

```
Aug 15 09:22:58 2006 (17500) <44E1764E.9060600@lists.example.org> smtp
 to mailman for 2 recips, completed in 0.319 seconds
```

- Das Posting landet beim MTA, der es an Sie zustellt (zu überprüfen in `/var/log/mail`):

```
Aug 15 09:22:57 lists postfix/smtpd[18759]: connect from localhost[127
.0.0.1]
Aug 15 09:22:57 lists postfix/smtpd[18759]: BBE89896D: client=localhos
t[127.0.0.1]
Aug 15 09:22:57 lists postfix/cleanup[18744]: BBE89896D: message-id=<4
4E1764E.9060600@lists.example.org>
Aug 15 09:22:58 lists postfix/smtpd[18759]: disconnect from localhost[
127.0.0.1]
Aug 15 09:22:58 lists postfix/qmgr[3199]: BBE89896D: from=<mailman-bou
nces@lists.example.org>, size=1608, nrcpt=2 (queue active)
Aug 15 09:22:58 lists postfix/local[18761]: BBE89896D: to=<root@lists.
example.org>, relay=local, delay=1, status=sent (delivered to mailbox)
Aug 15 09:22:58 lists postfix/local[18763]: BBE89896D: to=<tux@lists.e
xample.org>, relay=local, delay=1,status=sent (delivered to mailbox)
Aug 15 09:22:58 lists postfix/qmgr[3199]: BBE89896D: removed
```

Wenn Sie an dieser Stelle Probleme der Mailserver-Anbindung entdecken, werfen Sie am besten einen Blick ins Problembehandlungskapitel ab Seite 281.

2.7.3 Test der Webserver-Anbindung

Sind Mailman und der Webserver korrekt konfiguriert, können Sie mit einem Webbrowser auf `http://lists.example.org/mailman/admin` bzw. `https://lists.example.org/mailman/admin` zugreifen (Abbildung 2.2) und sich mit dem Masterpasswort in den Verwaltungsbereich der Mailingliste `mailman` einloggen.[8]

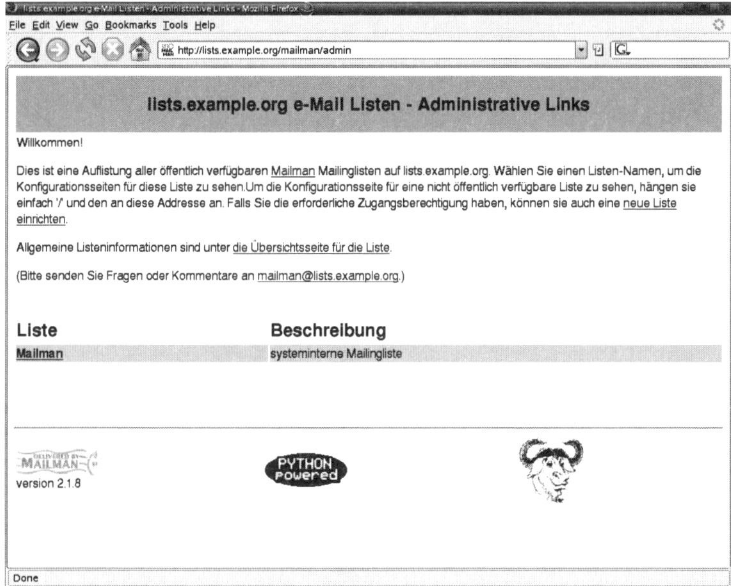

Abbildung 2.2: Mailinglistenindex für Admins

Um das Webinterface auch auf Englisch zugänglich zu machen, klicken Sie dort auf **Sprach-Optionen**, fügen **Englisch (USA)** der Liste der verfügbaren Sprachen hinzu und aktivieren diese Änderung mit **Änderungen speichern**.

Wenn das geklappt hat, können Sie unter **Voreingestellte Sprache dieser Mailingliste** Englisch als bevorzugte Sprache auswählen und diese Einstellung permanent speichern. Die Webseite sollte sich nun unmittelbar komplett in Englisch aufbauen.

Abgesehen vom Nutzen der Spracheinstellung haben wir soeben verifiziert, dass wir über das Webinterface die Konfiguration einer Mailingliste verändern können. Jetzt kann nicht mehr viel schiefgehen. Bekannten Problemen mit der Webserver-Anbindung geht das Problembehandlungskapitel ab Seite 281 auf den Grund.

8 Der Einfachheit halber verwenden wir im Folgenden nur `http`-URLs. Sinnvoller und sicherer ist der Zugriff über HTTPS allemal.

Teil I

Mailman für Admins

3

Kapitel

Mailinglisten anlegen und konfigurieren

3.1 Neue Listen erstellen

Einzelne administrative Tätigkeiten können Sie sowohl über das Webinterface als auch auf der Kommandozeile durchführen. Das Anlegen von Mailinglisten ist eine davon.

3.1.1 Der Weg über die Kommandozeile

Als Sysadmin des Mailinglistenservers legen Sie neue Mailinglisten mit dem Kommando `newlist` an. Wenn Sie keine Argumente angeben, fragt das Programm die Angaben einzeln ab:

```
linux:~ # newlist
Enter the name of the list: testliste
```

```
Enter the email of the person running the list: root@lists.example.org
Initial testliste password: geheimes_passwort
Hit enter to notify testliste owner...
```

Alternativ können Sie alle Angaben direkt auf der Kommandozeile machen:

```
linux:~ # newlist testliste root@lists.example.org geheimes_passwort
Hit enter to notify testliste owner...
```

Über die Option `--help` bringen Sie alle verfügbaren Optionen in Erfahrung, die wir im Kapitel 11 ab Seite 139 näher besprechen.

3.1.2 Der Weg über das Webfrontend

Um eine neue Mailingliste über das webbasierte Administrationswerkzeug anzulegen, folgen Sie auf der Hauptseite (im Falle unseres Beispielservers `http://lists.example.org/mailman/admin`) dem Link **Neue Liste einrichten**. Er verweist mit `http://lists.example.org/mailman/create` auf eine Seite, wie sie Abbildung 3.1 zeigt. Hier geben Sie den Listennamen, die E-Mail-Adresse des Owners und das Owner-Passwort ein.

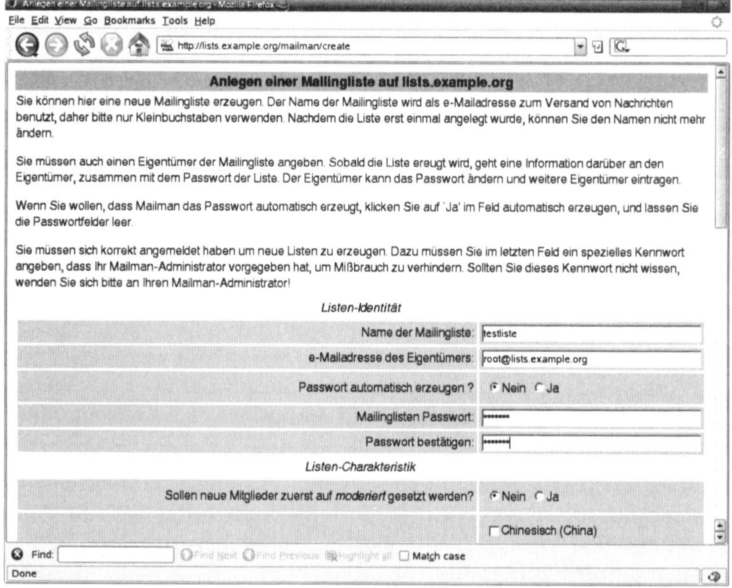

Abbildung 3.1: Eine Mailingliste über das Webfrontend generieren

Die Frage **Passwort automatisch erzeugen ?** sollten Sie verneinen und stattdessen ein Passwort vorgeben. Auf diese Weise verhindern Sie, dass der Owner das generierte Passwort via E-Mail – und damit auf unsicherem Wege – erhält.

Möchten Sie das Webinterface wie auch die automatisierten Texte, die Mailman per E-Mail versendet, neben der Standardsprache in zusätzlichen Sprachen anbieten, wählen Sie diese im Feld **Liste der unterstützten Sprachen**, wie in Abbildung 3.2 gezeigt an.

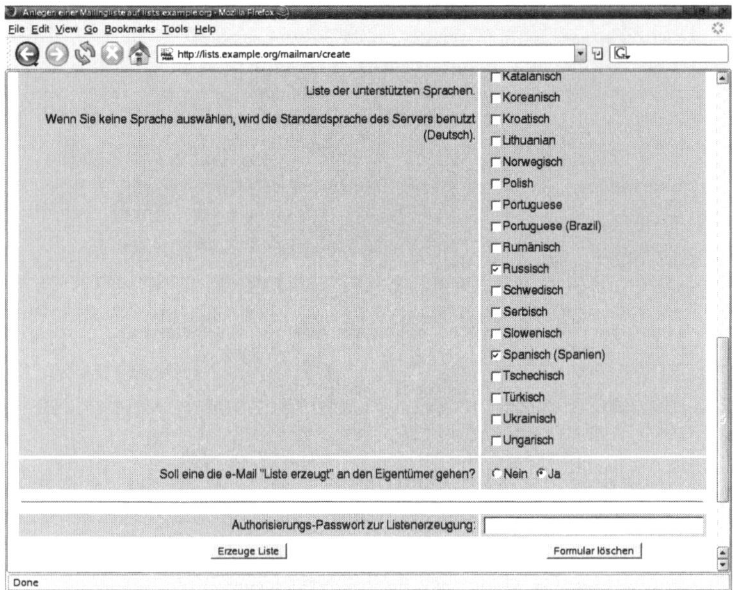

Abbildung 3.2: Auswahl der unterstützten Sprachen

Ein Subscriber hat dann die Möglichkeit, die für ihn geeignete Sprache auszuwählen (Details dazu ab Seite 183).

Im Feld **Authorisierungs-Passwort zur Listenerzeugung** am Seitenende geben Sie das Masterpasswort oder das Passwort zum Anlegen von Mailinglisten ein.

3.2 Die wichtigsten Einstellungen

Um anderen den Zweck der neu erstellten Mailingliste anzuzeigen und Missbrauch vorzubeugen, sollte man einige Punkte der Default-Konfiguration unmittelbar ändern. Die folgende Auswahl beruht auf meiner beruflichen Erfahrung mit Mailinglistenservern und Messaging-Systemen. Je nach Einsatzgebiet kann es durchaus weitere Parameter geben, die Sie direkt nach der Erstellung einer Mailingliste überprüfen sollten.

Folgen Sie zu diesem Zweck dem Link **Die Administrationsseite der Mailingliste besuchen** oder greifen Sie über die Admin-Hauptseite auf die neu erstellte Liste zu. Deren Konfigurationsparameter verteilen sich auf verschiedene Kategorien (Abbildung 3.3). Zu jeder Option zeigt das Webinterface eine Beschreibung und ein verlinktes, eindeutiges Schlüsselwort an (in Abbildung 3.3 am Beispiel `real name` zu sehen), welches bei Anwahl seinerseits zu einem Hilfetext führt.

Abbildung 3.3: Admin-Interface der Mailingliste `testliste`

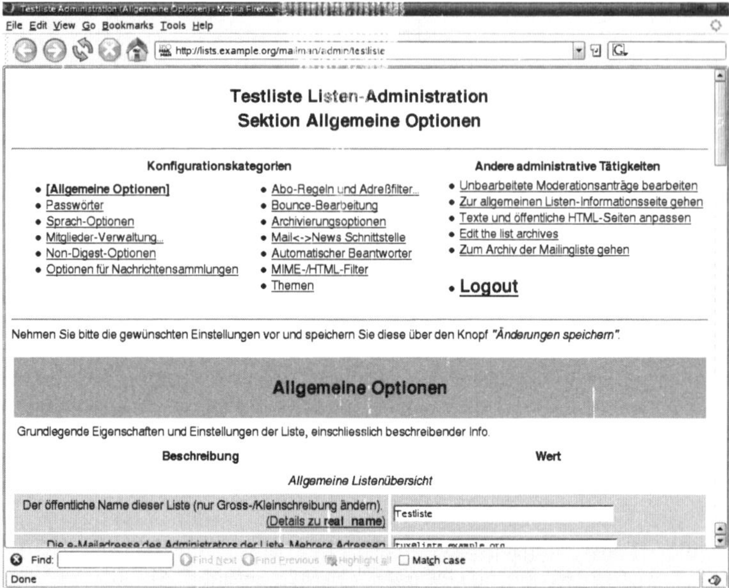

3.2.1 Beschreibung der Mailingliste

Damit Interessenten im Webinterface auf den ersten Blick sehen, welchem Thema sich die Liste widmet, beschreiben Sie dieses unter **Allgemeine Optionen | description** in einer Zeile. Eine ausführlichere Beschreibung hinterlegen Sie unter **Allgemeine Optionen | info**. Beide Informationen werden auf der Infoseite der Mailingliste dargestellt (hier `http://lists.example.org/mailman/listinfo/testliste`).[1] Es empfiehlt sich, diese Texte in der Sprache zu verfassen, die Sie für die Kommunikation auf der Mailingliste gewählt haben.

3.2.2 Regeln zum Subscriben und Posten

Auflagen zum Subscriben bzw. Posten bestimmen Sie unter **Abo-Regeln und Adreßfilter | Abo-Regeln | subscribe_policy** bzw. unter **Abo-Regeln und Adreßfilter | Absender-Filter | default_member_moderation**.

[1] Wie Sie die Infoseite darüber hinaus gestalten können, ist ab Seite 103 beschrieben.

Auf die Spielregeln, die Sie hier am besten vorgeben, gehen wir ab Seite 47 näher ein.

3.2.3 Passwort-Erinnerungsnachrichten

Standardmäßig erhalten Subscriber Anfang jedes Monats eine Erinnerungsnachricht über ihren Subscription-Status, die auch das Zugangspasswort enthält. Diese Nachrichten zu deaktivieren, ist aus Sicherheitsgründen ratsam: Mailman verschlüsselt die entsprechenden Mails nämlich nicht, sondern verschickt das Passwort im Klartext. Setzen Sie daher in der Kategorie **Allgemeine Optionen** den Parameter `send_reminders` auf **Nein**.

Um die Erinnerungsnachrichten automatisch für alle zukünftigen Mailinglisten zu deaktivieren, tragen Sie auf dem Mailinglistenserver in `Mailman/mm_cfg.py` Folgendes ein:

```
DEFAULT_SEND_REMINDERS = No
```

3.2.4 Archivierung

Machen Sie sich außerdem Gedanken darüber, ob die Mailingliste archiviert wird (**Archivierungsoptionen | archive**), und wenn ja, wer auf das Archiv zugreifen darf (**Archivierungsoptionen | archive_private**). Sie können das Archiv entweder nur für alle Subscriber (**privat**) oder für jedermann (**öffentlich**) zugänglich machen.

Beachten Sie, dass manche Einstellungen in Konflikt mit anderen stehen: Eine moderierte Mailingliste mit geschlossenem Teilnehmerkreis offen zu archivieren ist ein Widerspruch in sich!

3.2.5 Anbindung an einen Newsserver

Das für Archive Gesagte gilt auch für die Anbindung an einen Newsserver: Nach der Übergabe eines Postings an einen Newsserver verlieren Sie erst recht die Kontrolle darüber, an wen dieses Posting verteilt wird.

Die Konfigurationsparameter finden Sie unter **Mail<->News Schnittstelle**. Wir behandeln dieses Thema in einem eigenen Kapitel ab Seite 145.

3.3 Subscriber einpflegen und werben

Wenn Sie eine neue Mailingliste erstellen, so geschieht dies häufig auf Anfrage. In aller Regel haben Sie schon eine Reihe E-Mail-Adressen, die Sie entweder direkt als Abonnenten eintragen dürfen oder denen Sie die Mitgliedschaft auf der Liste schmackhaft machen möchten.

3.3.1 Vorhandene E-Mail-Adressen in die Subscriber-Liste einpflegen

Das passende Werkzeug für den ersten Fall finden Sie in der Kategorie **Mitglieder-Verwaltung** unter **Eintragen/Abonnieren** (Abbildung 3.4). Hier fügen Sie einzelne E-Mail-Adressen in die Subscriber-Liste ein oder importieren einen ganzen Schwung aus einer Textdatei, die eine Adresse pro Zeile enthält.

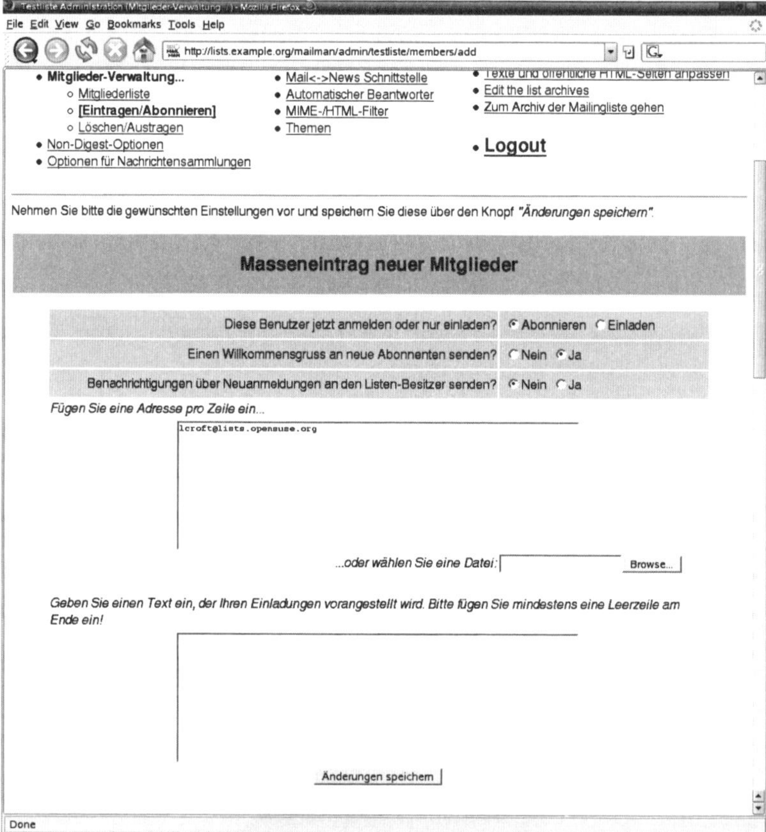

Abbildung 3.4: Hinzufügen von Mitgliedern über das Admin-Interface

Der Subscriber erhält daraufhin eine automatisierte Nachricht, die einen kurzen Begrüßungstext sowie Instruktionen enthält, wie man sich wieder von der Mailingliste abmeldet oder weitere Hilfe erhält.

Wollen Sie vor der Begrüßung ein paar einleitende Sätze einfügen, geben Sie diese unter **Geben Sie einen Text ein, der Ihren Einladungen vorangestellt wird ...** ein. Schließen Sie Ihre Eingabe mit einer Leerzeile ab, da Mailman anderenfalls keinen Absatz zwischen Ihrem und dem Standardtext einfügt. Beachten Sie, dass der Text, den Sie dort eingeben, nur einmal verwendet und nicht dauerhaft gespeichert wird.

Wollen Sie den Begrüßungstext dauerhaft ändern, passen Sie das entsprechende Template, wie ab Seite 103 beschrieben, an: **Texte und öffentliche HTML-Seiten anpassen | Wählen Sie die Seite zur Bearbeitung aus | Text-Datei der Willkommens-Mail.**

3.3.2 Einladungen verschicken

Oftmals ist es höflicher, Einladungen zu verschicken, die es dem Empfänger einfach machen sich zu subscriben. Auf diesem Weg erreicht die Information über die Existenz der Mailingliste auch potentiell am Thema interessierte Personen und Leute, die Sie gern auf der Liste sähen.

Der einzige Unterschied zum oben beschriebenen **Eintragen/Abonnieren** besteht darin, die Frage **Diese Benutzer jetzt anmelden oder nur einladen?** in Abbildung 3.4 mit **Einladen** zu beantworten.

3.3.3 Selbständige Subscription erbitten

Selbst wenn der Kreis potentieller Subscriber bereits relativ klar umrissen ist, wollen Sie diese nicht unbedingt mit einer automatisierten Willkommensnachricht überfallen. In diesem Fall senden Sie zunächst ohne Unterstützung durch Mailman eine ganz normale Informationsmail an die infrage kommenden Adressen.

Dies ist z. B. auch dann sinnvoll, wenn Sie eine Mailingliste in mehrere aufteilen wollen, weil die Postingfrequenz und das abgehandelte Themenspektrum aus dem Rahmen laufen.

Nehmen wir an, Sie betreiben eine Mailingliste namens `foobar`, die sich mit der Entwicklung und Anwendung einer Software namens `foobar` beschäftigt. Wenn das Volumen der Postings ein gewisses Maß überschreitet, bietet sich eine Aufteilung in z. B. `foobar-users` und `foobar-developers` an. Legen Sie beide Mailinglisten an, und informieren Sie die `foobar`-Subscriber in einem entsprechenden Posting auf der `foobar`-Liste darüber. Das Posting sollte ausführlich genug sein, so dass sich die Empfänger auf den neuen Mailinglisten ohne lange Suche subscriben können. Auf das Thema Subscription aus Sicht des Empfängers geht Kapitel 14 ab Seite 163 ausführlich ein.

3.4 Mailinglisten löschen

Mailinglisten zu löschen erlaubt das Webinterface aus guten Gründen nicht: Zu groß wäre die Gefahr, eine sorgfältig aufgebaute und lang gepflegte Liste mit einem fehlplatzierten oder unüberlegten Mausklick zu zerstören. Deshalb kann nur der Sysadmin eine Liste löschen. Wenn Sie sich das gut überlegt haben, benutzen Sie dazu das Kommando

```
linux:~ # rmlist mailingliste
```

Soll auch das Archiv auf Nimmerwiedersehen verschwinden, benutzen Sie

```
linux:~ # rmlist -a mailingliste
```

Zuvor empfiehlt es sich, folgende Punkte abzuarbeiten:

- Stellen Sie sicher, dass auf der Liste ein gewisser Konsens über die Löschung besteht!
- Informieren Sie die Subscriber im Voraus! Falls weiterhin Diskussionsbedarf zum entsprechenden Thema besteht, informieren Sie die Subscriber über ähnlich gelagerte Mailinglisten.
- Erstellen Sie ein Backup – insbesondere des Archivs!
- Machen Sie sich Gedanken darüber, ob Sie das Archiv wirklich löschen wollen. Oft enthält es für einzelne Subscriber nach wie vor wertvolle Informationen.
- Wenn die Mailingliste extern archiviert wird: Informieren Sie die zuständigen Sysadmins!
- Wenn die Mailingliste an eine Newsgroup gekoppelt ist: Sprechen Sie mit dem Sysadmin des Newsservers!
- Falls andere MTAs für Ihre Mailingliste Aliase verwenden: Veranlassen Sie die Löschung dieser Aliase!

Wenn Sie die Mailingliste nicht gleich löschen wollen, sondern eine Deaktivierung vorziehen, versetzen Sie die Mailingliste in den Zustand der Zwangsmoderation, wie ab Seite 72 beschrieben.

Sie können auch einfach die Aliase für diese Mailingliste aus der Datei `data/aliases` löschen – allerdings rate ich von dieser Lösung aus zwei Gründen ab:

- Das Fehlen der Aliase führt zu einer Bounce-Meldung, die nach außen den Eindruck erweckt, die Mailingliste sei tatsächlich gelöscht worden.

- Sie könnten zu einem späteren Zeitpunkt einmal in die Verlegenheit kommen, die Alias-Tabelle neu erzeugen zu müssen. Mailman unterstützt Sie hierbei mit dem Kommando `genaliases`. Er generiert die Aliase aller existierenden Mailinglisten neu – also auch die manuell gelöschten!

4

Kapitel

Die Policy einer Mailingliste

Jede Form der effektiven Kommunikation folgt in gewissem Rahmen zuvor definierten Richtlinien. Diese fasst man bei Mailinglisten unter dem Begriff *Policy* zusammen. Der Begriff bezeichnet die Gesamtheit der Regeln, die für die Subscription, das Posten und die Sichtbarkeit der Subscriber, der Mailingliste und der Archive gelten.

4.1 Subscription

Rasch nachdem die ersten Mailinglisten im Internet entstanden, wurde klar, dass man Anmeldungen ohne Rückmeldung des Subscribers und/oder des Owners einer Mailingliste nicht ohne Weiteres stattgeben sollte: Ist es doch zu verlockend, den Lieblingsfeind dadurch zu ärgern, dass man seine Adresse ungefragt auf tausend Mailinglisten anmeldet. Und notorisch bekannte Störenfriede möchte der Owner einer Liste schon beim Anmeldungsversuch die Tür weisen.

Um den Missbrauch von E-Mail-Adressen durch Dritte zu erschweren, fragt man besser beim Subscriber an, ob dieser sich tatsächlich anmelden wollte. Mailman sendet aus diesem Grund automatisch eine Bestätigungsaufforderung mit einem „Cookie", sobald der Antrag auf Subscription eintrifft. Antwortet der Subscriber darauf (und enthält die Antwort das Cookie), nimmt Mailman seine Adresse in die Subscriber-Liste auf. Auf diese Weise lassen sich nur E-Mail-Adressen subscriben, auf deren zugehöriges Postfach jemand zugreifen kann.[1]

Wenn Sie als Owner einer Mailingliste Kontrolle darüber haben wollen, wer sich auf der Mailingliste subscribt, konfigurieren Sie die Liste so, dass Mailman Ihnen alle Anträge vorlegt. Sie entscheiden dann per Webfrontend oder per E-Mail darüber, ob Sie diesen stattgeben. In diesem Fall sollten Sie vorher unbedingt die Bestätigung durch den Subscriber einholen, damit Sie wissen, dass die fragliche E-Mail-Adresse eindeutig zu der Person gehört, die Sie subscriben wollen.

Welche Subscription-Policy Sie für Ihre Liste wählen, stellen Sie im Admin-Interface der Mailingliste ein, indem Sie den Parameter `subscribe_policy` in der Kategorie **Abo-Regeln und Adreßfilter | Abo-Regeln** auf **Rückbestätigung durch den User**, **Genehmigung durch den Listenadministrator** oder **Bestätigung und Genehmigung** setzen.

Für die *Abmeldung* eines Subscribers von der Mailingliste liegt – zumindestens bei Abmeldung über die Webseite – implizit eine Rückbestätigung durch den Subscriber vor, da die entsprechende Option erst nach Anmeldung am Webinterface verfügbar wird. Von daher stehen bei `unsubscribe_policy`, dem Abmeldungsparameter, nur die Werte **Ja** und **Nein** zur Wahl, die festlegen, ob der Owner sein OK geben muss oder nicht. Allerdings bittet man ihn hier eher selten um Zustimmung, denn im Allgemeinen wollen Sie die Subscriber nicht *zwingen*, an der Kommunikation auf der Mailingliste teilzunehmen.

Eine Mailingliste, auf welcher man für die Subscription keine Bestätigung durch den Owner benötigt, bezeichnet man als *offen*, im alternativen Fall als *geschlossen*.

Der Parameter `ban_list` gleich unterhalb von `unsubscribe_policy` bedeutet Mailman, Subscription-Anträge von bestimmten E-Mail-Adressen zu verschlucken. Wenn die Mailingliste Ziel eines Spam-Bots wurde oder Sie mit uneinsichtigen und hartnäckigen Subscribern zu kämpfen haben, tragen Sie deren Adressen hier ein.

[1] Wir lassen hier außer Acht, dass man die Bestätigungsaufforderung unter Umständen durch verändertes Mailrouting abgreifen kann.

4.2 Posting

Die Regeln, nach welchen Mailman bestimmt, ob ein eingehendes Posting an die Liste verteilt wird, stellen Sie im Admin-Interface in der Kategorie **Abo-Regeln und Adreßfilter | Absender-Filter** ein.

Der Parameter `default_member_moderation` legt fest, ob Postings neuer Subscriber standardmäßig der Moderation unterliegen. Wie wir ab Seite 65 sehen werden, kann man die Frage „Moderation ja oder nein?“ für jeden Abonnenten individuell beantworten.

Für Nachrichten von Subscribern, deren Nachrichten moderiert werden, entscheidet man sich mittels des Parameters `member_moderation_action` für eine der folgende Verfahrensweisen:

- Die Nachricht wird dem Owner vorgelegt (**Zurückhalten**). In diesem Fall erhält sowohl der Absender als auch der Owner eine Nachricht. Letzterer reagiert wahlweise per E-Mail oder bearbeitet die Moderationswarteschlange über das Webinterface.
- Die Nachricht wird zurückgewiesen (**Ablehnen**). In diesem Fall hinterlegen Sie über den Parameter `member_moderation_notice` dauerhaft einen Standardtext, der den Grund der Abweisung erläutert.
- Die Nachricht wird gelöscht (**Wegwerfen**). Diese Option sollten Sie nur dann erwägen, wenn die Moderation auf Dauer zuviel Zeit kostet. Andernfalls laufen Sie Gefahr, die Nerven des Absenders zu strapazieren. Stellen Sie sich vor, ein Subscriber benutzt mehrere E-Mail-Adressen und postet mit einer E-Mail-Adresse an die Mailingliste, die nicht subscribt ist. Wenn Sie solche Postings einfach verwerfen, anstatt sie zu moderieren, ziehen Sie den Unmut des Subscribers – meist zu Recht – auf sich.

Wenn nicht eingeschriebene Absender mehr als einmal an die Mailingliste schreiben, lohnt es sich, diese Mailadressen – eine pro Zeile – in eines der Felder `accept_these_nonmembers`, `hold_these_nonmembers`, `reject_these_nonmembers` oder `discard_these_nonmembers` einzutragen.

Ein typischer Anwendungsfall ist der, dass Sie einem Abteilungsleiter gestatten wollen, auf einer seiner Team-Mailinglisten zu posten, ohne dass die Nachricht durch den entsprechenden Listen-Owner moderiert wird. Da der Abteilungsleiter oft nicht aktiv an der Team-Kommunkation teilnehmen kann (oder will), möchte er sich nicht auf der Team-Mailingliste subscriben. In diesem Fall hinterlegen Sie seine E-Mail-Adresse im Feld `accept_these_nonmembers`.

4.3 Adressierung

Ähnlich wie bei Briefen geht man bei E-Mails davon aus, dass sie eine gewisse Form einhalten. Dazu gehört, dass die Anschrift korrekt ist, dass nicht allzu viele Empfänger angesprochen werden (man denke an einen Brief an eine Großfamilie) und dass in manchen Fällen nur bestimmte Namen als Empfänger korrekt sind (der Angeschriebene könnte ja seinen Nachnamen im Zuge einer Heirat geändert haben).

Entsprechende Regeln setzen Sie für Ihre Mailingliste unter **Abo-Regeln und Adreßfilter | Empfänger-Filter**. Dabei bezieht sich der Parameter `require_explicit_destination` auf die Anschrift, `max_num_recipients` auf die Anzahl und `acceptable_aliases` auf die alternativen Namen der Empfänger.

`require_explicit_destination` verlangt, dass die E-Mail-Adresse der Mailingliste im `To`- oder `Cc`-Feld vorkommen muss. Somit erreichen Postings, die über `Bcc` an die Mailingliste versandt wurden, ihr Ziel nicht. Damit vermeidet man soziale Komplikationen, die auftreten, wenn ein Subscriber auf ein solches Posting an die Mailingliste *und* an die eigentlichen, im `To`- oder `Cc`-Header angegebenen Empfänger antwortet.

Die Anzahl der Adressaten zu beschränken ist sinnvoll, weil dies sowohl eine Reihe Spam-Mails ausfiltert als auch sogenannte „Cc-Orgien" unterbindet. Das sind Threads mit wachsenden expliziten Empfängerlisten, bei denen niemand mehr den Überblick darüber behält, wer ein gewisses Posting erhalten hat und wer nicht. Kurz gesagt: lange Empfängerlisten sind kontraproduktiv.

Wenn sich der Name einer Mailingliste ändert, Sie aber gestatten wollen, dass Postings an die alte Adresse nach wie vor die Subscriber erreichen, tragen Sie den alten Namen ins Feld `acceptable_aliases` ein. Darüber hinaus müssen Sie sicherstellen, dass die Aliase, die für die Zustellung der Nachrichten an die alte Mailingliste benötigt wurden, auf die enstprechenden Aliase der neuen Mailingliste zeigen. So gesehen ist der Parameter `acceptable_aliases` nur eine Liste von Ausnahmen für den Fall, dass `require_explicit_destination` aktiviert ist.

4.4 Größe eines Postings

Falls einer der Subscriber auf die Idee kommt, ein großes Attachment an die Mailingliste zu senden, legt dies unter Umständen den Mailserver lahm. Darüber hinaus beschweren sich viele Subscriber (zu Recht!), wenn sie derartige Postings in ihrem Postfach finden.

Der Bedarf an Platz und Bandbreite multipliziert sich bei der Verteilung des Postings mit der Anzahl der Subscriber. Es ist deshalb es sinnvoll, die Größe erlaubter Postings zu beschränken. Nachrichten, die diese Größe überschreiten, unterliegen automatisch der Moderation (siehe Seite 66).

Die maximale Größe stellen Sie über den Parameter `max_message_size` in der Kategorie **Allgemeine Optionen** ein. Der Standardwert von 40 KB ist ein Erfahrungswert: Eine typische E-Mail, die nur Plaintext enthält, ist selten größer als 10 KB. Selbst wenn die Mailingliste Tausende Subscriber hat, stellt dies bei der Verteilung kein Problem dar.

Wenn Sie bestimmte Attachments zulassen wollen, können Sie mit einer angepassten Größenbegrenzung dafür Sorge tragen, dass die Verwendung von Anhängen nicht ausufert. Wie Sie Attachments grundsätzlich unterbinden, ist ab Seite 75 erläutert.

4.5 Administrativa

Es kommt des Öfteren vor, dass Subscriber Befehle, mit denen sie ihren Subscriptionstatus ändern oder Hilfe holen wollen (siehe Seite 203 ff.), aus Versehen oder Nichtwissen an die Listenadresse senden. Deshalb können Sie alle Postings automatisch dahingehend untersuchen lassen, ob diese typische Kommandos für die Mailinglistensoftware enthalten. Bei einem positiven Befund legt Mailman diese Nachrichten dem Moderator vor, damit er überprüfen kann, ob es sich tatsächlich um Befehle an die Mailinglistensoftware oder um ein reguläres Posting handelt.

Diese Einstellung ist standardmäßig aktiviert, was sich insbesondere bei Mailinglisten bewährt hat, auf denen unerfahrene Mailinglistennutzer subscribt sind. Sie können dieses Verhalten ändern, indem Sie den Parameter `administrivia` in der Kategorie **Allgemeine Optionen** entsprechend anpassen.

4.6 Sichtbarkeit

4.6.1 Die Liste der Subscriber (un)zugänglich machen

Unter **Abo-Regeln und Adreßfilter | Abo-Regeln** stellen Sie über den Parameter `private_roster` ein, wer die Abonnentenliste einsehen kann. Von den drei Auswahlmöglichkeiten ist der Wert **Jeder** in einer Zeit, in der man zunehmend auf die Wahrung der Privatsphäre achtet, kaum mehr sinnvoll.

Wählen Sie stattdessen **Abonnenten der Liste** oder **Nur der Listenadministrator**, je nachdem, wie sich die Liste der Subscriber zusammensetzt und in welchem Umfeld die Mailingliste betrieben wird. Auf einer geschlossenen Mailingliste, auf der Vereinsmitglieder subscribt sind, ist **Abonnenten der Liste** sicher sinnvoll.

Unabhängig von dieser Einstellung hat jeder Subscriber die Möglichkeit, nicht auf der Abonnentenliste zu erscheinen, indem er seine Subscriber-Optionen wie ab Seite 173 beschrieben anpasst.

4.6.2 Die Listenexistenz öffentlich anzeigen

Wenn Sie verhindern wollen, dass die Mailingliste auf der Übersichtsseite für Admins und auf der Übersichtsseite für User zu sehen ist, setzen Sie in der Kategorie **Abo-Regeln und Adreßfilter** den Parameter `advertised` entsprechend. Diese Einstellung hat *keinen* Einfluss auf das E-Mail-Kommando zum Auflisten aller Mailinglisten (siehe Kapitel 17 ab Seite 203).

Es handelt sich also eher um eine Anpassung des Webinterface. In der Tat ist es sinnvoll, Mailinglisten wie die – standardmäßig sichtbare – Mailingliste `mailman`, die ausschließlich aus systembedingten Gründen existieren, auf dem Webinterface zu verbergen.

4.6.3 Einsicht in die Archive

Wenn die Mailingliste mit Mailmans Hilfe archiviert wird (siehe ab Seite 115), legen Sie unter **Archivierungsoptionen** über den Parameter `archive_private` fest, für wen das Archiv zugänglich ist.

Der Wert **privat** bedeutet hierbei „für alle Subscriber“ (und natürlich Admins), der Wert **öffentlich** meint „einsehbar für alle“.

Kapitel

5

Subscriber verwalten

In diesem Kapitel geht es *nicht* noch einmal darum, wie Sie E-Mail-Adressen subscriben oder unsubscriben. Zum einen wurde dieses Thema bereits im Abschnitt über *Mass Subscription* ab Seite 42 behandelt. Zum anderen tun Sie sich – insbesondere bei Mailinglisten mit vielen Abonnenten – einen Gefallen, wenn Sie die An- bzw. Abmeldung den betroffenen Personen überlassen.

Stattdessen möchte ich Ihnen in diesem Kapitel einen Überblick über die Optionen geben, die Mailman für jeden einzelnen Subscriber speichert, und aufzeigen, wie Sie diese Optionen für sich nutzen. Im hinteren Teil dieses Kapitels geht es dann um die Manipulation und den Transfer größerer Subscriber-Listen mitsamt der benutzerspezifischen Optionen.

5.1 Die Subscriber-Liste

Um herauszufinden, wer auf einer Liste eingeschrieben ist, gehen Sie im Admin-Interface Ihrer Mailingliste in die Kategorie **Mitglieder-Verwaltung**, und wählen Sie den Punkt **Mitgliederliste**. Sie erhalten dort eine Übersicht über alle Subscriber, alphabetisch geordnet wie in Abbildung 5.1.

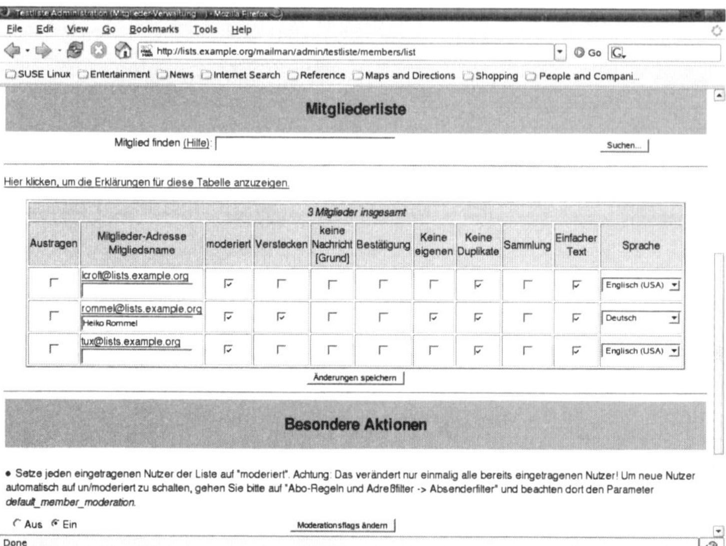

Abbildung 5.1: Die Abonnentenliste im Webinterface

Wenn diese Liste eine festgelegte Länge überschreitet, umbricht Mailman sie auf mehrere Seiten, die Sie über Reiter direkt anspringen können. Sollte Ihnen dies zu langwierig sein, geben Sie in der integrierten Suchmaske einen regulären Ausdruck ein, der auf einen Teil der E-Mail-Adresse oder des Namens des gesuchten Subscribers passt; sie erhalten dann nur die Liste der Treffer angezeigt.

Per E-Mail können Sie die Liste der Subscriber wie auf Seite 207 erläutert über das E-Mail-Kommando `who` anfordern. Allerdings enthält diese nur solche Abonnenten, die ihre Mitgliedschaft nicht verbergen wollen (vgl. Seite 183).

Alternativ können Sie den Admin des Mailinglistenservers darum bitten, Ihnen die vollständige Liste der Subscriber regelmäßig per E-Mail zuzusenden. Dies lässt sich aus Cron heraus mit den Kommandos `list_members`, `list_owners` und `mail` sehr einfach automatisieren. Als Beispiel diene folgendes Bash-Kommando, das die Subscriber-Liste von `testliste@lists.example.org` an den Owner verschickt:

```
linux: # export LISTE=testliste; list_members $LISTE |
    mail -s "subscriber von $LISTE" $(list_owners $LISTE)
```

Aus Bequemlichkeit haben wir den Namen der Mailingliste in der Umgebungsvariablen LISTE gespeichert. Der Umgang mit den `list`-Kommandos ist ab Seite 58 näher erläutert.

5.2 Abonnentenspezifische Einstellungen

Es gibt eine ganze Reihe von Optionen, die Mailman für jeden Subscriber separat speichert. Mit ihnen legt man Versanddetails sowie die Sprache des Webinterface fest.

Die Optionen, die der Subscriber selbst kontrolliert, werden ab Seite 173 genauer erläutert. Dieses Kapitel widmet sich den Flags, die dem Owner der Mailingliste die Arbeit erleichtern.

5.2.1 Adressmissbrauch mit dem Moderationsflag einschränken

Unter den benutzerspezifischen Optionen gibt es genau eine, die nur Owner und Moderator einer Mailingliste setzen können: das Moderationsflag.

Ob Mailman dieses Flag für Neuabonnenten automatisch setzt, hängt von der Subscription-Policy ab (vgl. Seite 49). Diese Einstellung wird zusammen mit den anderen Eigenschaften dieses Subscribers gespeichert und kann sich dementsprechend von Subscriber zu Subscriber unterscheiden.

Eine nachträgliche Veränderung des Moderationsflags durch den Owner ist etwa dann angemessen, wenn Dritte die E-Mail-Adresse eines unmoderierten Subscribers missbrauchen, um in dessen Namen z. B. Spam an die Liste zu senden.

Man kann derartigem Missbrauch nicht ohne Weiteres vorbeugen – genauso wenig, wie Sie verhindern können, dass jemand Ihre Absenderadresse auf einem Brief an Freunde von Ihnen angibt.

Setzt der Owner einer Mailingliste das Moderationsflag, veranlasst er damit, dass jedes Posting von der fraglichen E-Mail-Adresse den Moderatoren vorgelegt wird. Diesen obliegt es, das Posting dahingehend zu überprüfen, ob die Nachricht wirklich von diesem Subscriber stammt. Auch der (vermeintliche) Absender erhält in diesem Fall eine Nachricht, die es ihm ermöglicht, den Beitrag über das Webinterface zu löschen.

Als *Moderator* einer Mailingliste können Sie dieses Flag während der Bearbeitung der Moderationswarteschlange wie ab Seite 65 beschrieben beeinflussen und damit die Vorgaben des Owners verändern.

5.2.2 Schreiben ja, empfangen nein

Die für das Funktionieren der Mailingliste wohl wichtigste Option ist das Flag **Keine Nachricht**. Sie erlaubt es einem Subscriber, auf einer Liste eingeschrieben zu sein, ohne die Postings zu erhalten. Dies empfiehlt sich z. B., wenn eine längere Abwesenheit kurz bevorsteht, während der man sicherlich keine Listenmails lesen würde. Des Weiteren ist dieses Flag nützlich, wenn eine Person sich mit mehreren E-Mail-Adressen bei der Liste angemeldet hat (beispielsweise, um sowohl von zu Hause als auch vom Büro aus posten zu können), die Postings aber nur an eine E-Mail-Adresse zugesandt bekommen möchte.

Setzt ein Abonnent dieses Flag, steht neben **Keine Nachricht** ein **U** für „aktiviert durch den *U*ser".

Ändert der Owner dieses Flag (z. B. weil das Postfach des Subscribers überzulaufen drohte und dieser keine Möglichkeit hatte, entsprechend zu reagieren), sehen Sie dort ein **A** für „aktiviert durch den *A*dministrator". Abbildung 5.2 zeigt beide Flags in einer Subscriber-Liste.

Abbildung 5.2:
Aus welchem Grund ist die Mailzustellung an einen Subscriber deaktiviert?

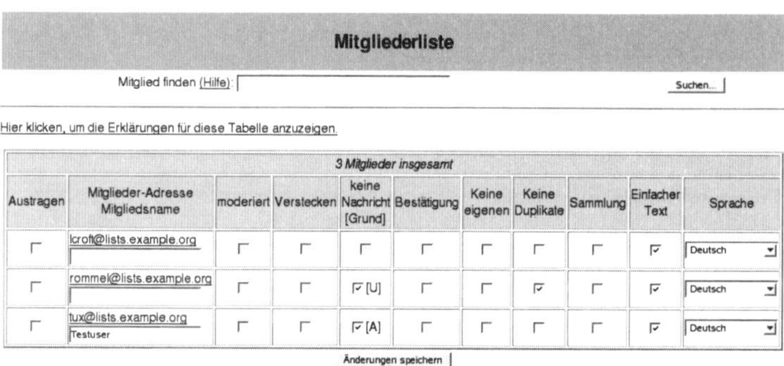

Eine dritte Aktivierungsmöglichkeit dieses Flags ist internen Schutzmechanismen vorbehalten. Bei Überschreitung des eingestellten *Bounce-Score* (siehe Seite 93) unterbindet Mailman die Zustellung der Postings an den Subscriber durch Setzen des Flags **Keine Nachricht**. In diesem Fall sehen Sie an der entsprechenden Stelle ein **B** für „deaktiviert aufgrund mehrfachen *B*ouncings".

Führten andere Gründe zur Aktivierung dieses Flags, erscheint einfach ein Fragezeichen. Das geschieht beispielsweise dann, wenn die E-Mail-Adresse schon der Form nach ungültig ist. Ältere Mailman-Versionen überprüfen E-Mail-Adressen leider nicht in allen Fällen auf ihre syntaktische Korrektheit, so dass sich kaputte E-Mail-Adressen nach einem Upgrade Ihrer Mailman-Installation nach wie vor auf der Subscriber-Liste befinden kann.

5.2.3 E-Mail-Adressen und Passwörter ändern

Wenn Sie eine E-Mail-Adresse in der Subscriber-Liste anklicken, gelangen Sie auf eine Webseite, welche alle nutzerspezifischen Einstellungen zu diesem Subscriber so darstellt, wie er sie im Webinterface der Mailingliste selbst sieht. Dies betrifft auch die Spracheinstellung.

Diese Seite erlaubt den Zugriff auf zwei Bereiche, die auch für den Owner interessant sind: Im oberen Teil der Webseite lässt sich die E-Mail-Adresse eines Subscribers (wie in Abbildung 5.3 gezeigt) direkt ändern, ohne diesen umständlich unter **Masseneintrag neuer Mitglieder** mit seiner neuen E-Mail-Adresse zu subscriben und die alte Adresse abzumelden. Das vermeidet irreführende Benachrichtigungen. Geben Sie dafür die entsprechenden E-Mail-Adressen ein, und klicken Sie auf **Meine E-Mail-Adresse und Namen ändern**.

Abbildung 5.3: Änderung der E-Mail-Adresse eines Subscribers von `tux@lists.example.org` zu `tux@example.net`

Die Änderung der E-Mail-Adresse muss der Subscriber zwar bestätigen, dennoch reduziert der Gebrauch dieser Funktion durch den Owner die nötige Arbeit auf ein vernünftiges Maß. Der Clou dabei: Die Adresse können Sie gleichzeitig für alle Mailinglisten ändern, die auf Ihrem Mailinglistenserver gehostet sind. Wählen Sie dafür einfach **Global ändern**.

Der zweite Bereich von administrativem Interesse betrifft das Passwort des Subscribers. Sie können entweder ein neues Passwort setzen oder das bereits vergebene an den Subscriber versenden. Letzteres ist der empfohlene Weg, da der Subscriber sein altes Passwort u. U. wiedererkennt.

Die Funktion **Meine anderen Abonnements auflisten** ist ohne Wert für den Owner, da es ihm nicht automatisch gestattet ist, die Subskriptionslisten der nicht von ihm verwalteten Mailinglisten einzusehen. Als Site-Admin des Mailinglistenservers haben Sie über die Kommandozeile weitaus mehr Möglichkeiten, wie der nachfolgende Abschnitt zeigt.

5.3 Manipulation größerer Subscriber-Listen

Nehmen wir an, Sie wollen die – längeren – Subskriptionslisten zweier Mailinglisten synchronisieren, z. B. weil Sie zu einer bereits bestehenden Diskussionsliste eine Mailingliste für Bekanntmachungen zum gleichen Thema erstellen wollen.

Hier stößt das Admin-Interface der Mailingliste schnell an seine Grenzen: Sie haben nämlich keine Möglichkeit, die Subscriber-Liste zu exportieren, ganz zu schweigen von den Optionen jedes Subscribers. Allerdings stehen dem Site-Admin eine Reihe von Kommandozeilen-Befehlen zu Verfügung, mit denen er Subskriptionslisten manipulieren kann.

5.3.1 Subscriber zwischen zwei Mailinglisten transferieren

Das Kommando `list_members` gibt die Liste aller Subscriber einer Mailingliste aus:

```
linux:~ # list_members --fullnames testliste
lcroft@lists.example.org
Heiko Rommel <rommel@lists.example.org>
tux@lists.example.org
```

Um neben der E-Mail-Adresse auch den eingetragenen Namen der Abonnenten zu sehen, nutzt man – wie im Beispiel – die Option `--fullnames`. Wenn Sie sich nur für die Adressen der Subscriber interessieren, die sich die Postings regulär (also nicht über Digest) zustellen lassen, benutzen Sie die Option `--regular`. Nur die Digest-Abonnenten verrät `--digest`:

```
linux:~ # list_members --output /tmp/regular --fullnames \
--regular testliste
linux:~ # list_members --output /tmp/digest --fullnames \
--digest testliste
```

Die `--output`-Option schreibt die Liste in die jeweils angegebene Datei – hier landen die Digest-Leser in `/tmp/digest` und die normalen Abonnenten in `/tmp/regular`. Ehe Sie mit diesen Dateien weiterarbeiten, empfiehlt sich ein prüfender Blick auf das Ergebnis.

Nehmen wir an, Sie wollen die eben extrahierten Subscriber in eine zweite, bereits existierende Mailingliste namens `testliste-developers` importieren. Dann verfahren Sie wie folgt:

```
linux:~ # add_members --regular-members-file /tmp/regular \
testliste-developers
linux:~ # add_members --digest-members-file /tmp/digest \
testliste-developers
```

Wir setzen hier voraus, dass die `testliste-developers`-Liste den Empfang der Postings über Digests erlaubt. Machen Sie keinen Unterschied zwischen diesen beiden Subskriptionsarten, transferieren Sie die Abonnenten so:

```
linux:~ # list_members --output /tmp/subscribers --fullnames testliste
linux:~ # add_members --regular-members-file /tmp/subscribers \
testliste-developers
```

Das Kommando `add_members` sendet je nach Einstellung der Ziel-Mailingliste Willkommensnachrichten an die Neuzugänge sowie eine Nachricht an den Owner der Mailingliste. Diese unterdrücken Sie mit den Optionen `--welcome-msg` und `--admin-notify`. Wollen Sie keine solchen Willkommensnachrichten verschicken, den Owner aber benachrichtigen, funktioniert dies wie folgt:

```
linux:~ # add_members --welcome-msg=n --admin-notify=y \
--regular-members-file /tmp/subscribers testliste-developers
```

5.3.2 Subscriber per Kommandozeile abmelden

Das Kommando `remove_members` erlaubt es, E-Mail-Adressen aus einer Mailingliste zu löschen. Dazu spezifizieren Sie entweder eine Datei, die die auszutragenden E-Mail-Adressen enthält:

```
linux:~ # remove_members --file /tmp/subscribers testliste-developers
```

oder geben die betroffenen Adressen direkt auf der Kommandozeile an:

```
linux:~ # remove_members testliste-developers rommel@lists.example.org
```

Die dabei (je nach Einstellung der Mailingliste) entstehenden Abmeldebenachrichtigungen lassen sich durch die Optionen `--nouserack` (Nachricht an den Abonnenten) bzw. `--noadminack` (Nachricht an den Owner) unterdrücken.

5.3.3 Abgleich der Subscriber zweier Mailinglisten

Um sicherzustellen, dass ausschließlich Abonnenten auf einer Mailingliste subscribt sind, die auch eine andere Liste beziehen, könnte man zunächst alle bisher auf der Ziel-Mailingliste angemeldeten E-Mail-Adressen löschen und dann die auf der Quellliste eingeschriebenen Adressen – wie im vorhergegangenen Abschnitt erläutert – hierher kopieren. Dabei gingen allerdings alle Einstellungen bereits existierender Subscriber auf der Ziel-Mailingliste verloren.

In solchen Situationen hilft das Kommando `sync_members` weiter. Es fügt auf einer Mailingliste nur E-Mail-Adressen hinzu, die bislang noch nicht subscribt waren, und entfernt jene, die nicht in der Quellliste aufgeführt sind. Alle anderen Abonnements bleiben auf der Ziel-Mailingliste original erhalten.

Um den Abonnentenstamm auf der Mailingliste `testliste-developers` mit der (in der Datei `/tmp/subscribers` abgelegten) Subskriptionsliste der Mailingliste `testliste` aus dem vorherigen Abschnitt abzugleichen, gehen Sie folgendermaßen vor:

```
linux:~ # sync_members --file /tmp/subscribers testliste-developers
Added  : Heiko Rommel <rommel@lists.example.org>
Removed: root@lists.example.org
```

In vielen Fällen ist es sinnvoll, die Auswirkungen des Kommandos `sync_members` zunächst zu testen, indem Sie zusätzlich die Option `--no-change` angeben.

Ähnlich wie bei den Kommandos `add_members` und `remove_members` lässt sich durch `--welcome-msg` bzw. `--goodbye-msg` steuern, ob die betroffenen Subscriber bezüglich ihrer Anmeldung bzw. Abmeldung von der Zielliste eine Benachrichtigung erhalten. Ob der Listen-Owner automatisch informiert wird, steuert die Option `--notifyadmin` (nicht `--admin-notify` wie bei `add_members`).

5.3.4 Subscriber suchen

Nicht nur dann, wenn sich Nutzer nicht mehr erinnern können, mit welcher E-Mail-Adresse sie sich subscribt haben, hilft der Befehl `find_member` weiter. Mit ihm können Sie E-Mail-Adressen aufspüren, indem Sie einen Teilstring angeben. Dabei lassen sich auch reguläre Ausdrücke verwenden. Sie sollten dann allerdings darauf achten, dass Sie diese Ausdrücke quoten (am besten in einfache Anführungszeichen setzen), um eine vorzeitige Expansion durch die Shell zu verhindern.

Folgender Befehl sucht nach allen E-Mail-Adressen, deren lokaler Teil den Buchstaben `r` enthält:

```
linux:~ # find_member 'r.*@'
lcroft@lists.example.org found in:
     testliste
rommel@lists.example.org found in:
     testliste
     testliste-developers
root@lists.example.org found in:
     mailman
```

Sie können das Suchmuster auch wie im folgenden Beispiel am Anfang (oder mit $ am Ende) der E-Mail-Adresse verankern:

```
linux:~ # find_member '^r.*@'
rommel@lists.example.org found in:
     testliste
     testliste-developers
root@lists.example.org found in:
     mailman
```

Über die Optionen `--listname` und `--exclude` geben Sie an, welche Listen durchsucht bzw. explizit nicht durchsucht werden. Um herauszufinden, auf welchen Mailinglisten abgesehen von der `testliste` die Adresse `tux@lists.example.org` eingeschrieben ist, geben Sie folgendes Kommando ein:

```
linux:~ # find_member --exclude=testliste '^tux@lists.example.org$'
tux@lists.example.org found in:
     testliste-developers
```

5.3.5 Nutzerbezogene Optionen klonen

Innerhalb einer Mailingliste lassen sich die Optionen eines Subscribers auf ein neues Abonnement (mit neuer E-Mail-Adresse) mittels des Kommandos `clone_member` übertragen. Da hierbei auch das Passwort des Subscribers übernommen wird, sollten Sie dieses Kommando nur einsetzen, wenn beide Adressen derselben Person gehören.

Der klassische Anwendungsfall sind Namensänderungen, bei denen häufig der Wunsch besteht, auch die – oft vom Nachnamen abgeleitete – E-Mail-Adresse anzupassen. Mailman macht es Ihnen sehr einfach, diese Änderung auf Mailinglistensubscriptions zu übertragen. Das folgende Beispiel sorgt dafür, dass alle Subscriptions von `lcroft@lists.example.org` auf `lpage@lists.example.org` übergehen:

```
linux:~ # clone_member --remove lcroft@lists.example.org \
lpage@lists.example.org
```

```
processing mailing list: mailman
    address not found: lcroft@lists.example.org
processing mailing list: testliste-developers
    clone address added: lpage@lists.example.org
    original address removed: lcroft@lists.example.org
processing mailing list: testliste
    clone address added: lpage@lists.example.org
    original address removed: lcroft@lists.example.org
```

Dank der Option `--remove` wird die alte Subscription gleich gelöscht. Im Gegensatz zu den bisher besprochenen Kommandos zur Manipulation der Subscriber-Listen sendet `clone_member` keine Benachrichtigungen, weder an die Subscriber noch an den Owner.

Betrifft die Adressänderung einen Listen-Owner, benutzen Sie die Option `--admin`. Ähnlich wie bei `sync_members` sollten Sie Ihr Kommando vorher testen, indem Sie die Option `--nomodify` verwenden.

5.3.6 Auffinden inaktiver Abonnements und syntaktisch falscher Mail-Adressen

Das bereits benutzte Kommando `list_members` erlaubt es auch, Subscriptions aufzufinden, denen keine Postings zugestellt werden oder deren E-Mail-Adressen ungültig sind. Folgendes Kommando zeigt alle Listenteilnehmer, die aufgrund exzessiven Bouncings keine Listenmails mehr erhalten:

```
linux:~ # list_members --nomail=bybounce testliste
```

Den möglichen Zuständen der Subscriber-Option **Keine Nachricht** entsprechend können Sie der Option `--nomail` als Parameter einen der Werte `byadmin`, `byuser`, `bybounce` oder `unknown` mitgeben. Ohne Parameter zeigt `list_members --nomail` sämtliche inaktiven Mailzustellungen an, unabhängig vom Grund der Deaktivierung.

Benutzen Sie den Parameter `enabled`, zeigt `list_members` nur solche Subscriber, die Listenpostings erhalten. Er ist z. B. dann nützlich, wenn Sie bei einem Transfer von Subscribern auf eine andere Mailingliste nur solche E-Mail-Adressen exportieren wollen, deren Mailzustellung aktiv ist.

Wenn Sie als Owner versuchen, syntaktisch falsche E-Mail-Adressen zu subscriben (z. B. `tux@example`), quittiert dies Mailman mit dem Fehler `Bad/ Invalid email address`. Dabei spielt es keine Rolle, ob der Versuch über das Webinterface oder über die Kommandozeile erfolgte.

Sollte dennoch einmal eine syntaktisch falsche E-Mail-Adresse in der Subskriptionsliste (z. B. weil Sie einen sehr alten Mailman-Server aktualisiert haben) stehen, spüren Sie diese E-Mail-Adressen folgendermaßen auf:

```
linux:~ # list_members --invalid testliste
```

5.3.7 Unzulänglichkeiten der Kommandos

Bei genauer Betrachtung der Optionen zu den bisher vorgestellten Kommandos fallen mehrere Missstände auf:

- Optionen mit identischer Wirkung sind häufig unterschiedlich benannt. Soll z. B. der List-Owner über die Aktivitäten des `sync_members`-Kommandos Nachricht erhalten, kommt `--notifyadmin` zum Einsatz, während die entsprechende Option bei `add_members` `--admin-notify=n` heißt.
- Manche Kommandos funktionieren nur mit einer einzelnen Mailingliste – andere (wie `clone_member` und `find_member`) erfassen dagegen standardmäßig alle auf dem Server vorgehaltenen Listen gleichzeitig.
- Manche Kommandos erlauben eine variable Anzahl von Parameter, andere dagegen nicht. `remove_members` ist ein Beispiel für den ersten, `add_members` für den zweiten Fall.

Bevor Sie ein Kommando im produktiven Einsatz verwenden, ziehen Sie deshalb die passende Hilfe zu Rate. Diese erhalten Sie über `--help`. Das ist in der Tat die einzige Option, die immer gleich lautet.

6

Kapitel

Moderation einer Mailingliste

Neben der Rolle des Owners einer Mailingliste sieht Mailman die Rolle des Moderators vor. Sämtliche in diesem Kapitel beschriebenen Aktionen lassen sich in dieser Rolle ausführen. Die Moderatoren einer Mailingliste haben zwei Aufgaben: die Moderation der *Subscriptions Requests* sowie die Moderation der Postings selber.

Zwar kann der Owner alle Aktionen eines Moderators ausführen, aber eine Trennung der Rollen ist sinnvoll: Während die Ownership einer Mailingliste ein gewisses Maß an technischem Sachverstand verlangt, braucht sich ein Moderator solches Wissen nicht anzueignen. Auf der anderen Seite setzt die Moderation einer Mailingliste oft ein hohes Maß an Vertrautheit mit dem Thema der Mailingliste voraus, welches der Owner u. U. nicht hat.

Die Trennung dieser beiden Rollen ist so grundlegend, dass Sie diese in allen bekannten Mailinglistenmanagementsystemen wiederfinden.

Die Moderatoren einer Mailingliste tragen Sie im Admin-Interface in der Kategorie **Allgemeine Optionen** im Textfeld zum Parameter `moderator` ein. Der Owner einer Mailingliste fungiert automatisch auch als Moderator. Es ist also nicht nötig, ihn an dieser Stelle separat zu nennen. Das Passwort für die Moderation legen Sie in der Kategorie **Passwörter** fest.

6.1 Moderation der Postings

Welche Postings moderiert werden, ergibt sich aus den Einstellungen zur Policy einer Mailingliste (siehe Seite 49). Landet eine Mail „in der Moderation", erhalten alle Moderatoren eine automatisierte E-Mail, die aus drei Teilen besteht:

```
Eine e-Mail an eine Mailingliste wurde nicht verteilt und benötigt
eine Freigabe durch Sie als Listenmoderator:

    Liste:    Testliste@lists.example.org
    Von:      root@lists.example.org
    Betreff:  Softwareupdates
    Grund:    Absender ist nicht Mitglied der Liste -- e-Mails an die
              Liste aber nur für Mitglieder erlaubt!

Bitte besuchen Sie bei Gelegenheit

http://lists.example.org/mailman/admindb/testliste

um die e-Mail zu genehmigen oder abzulehnen.
```

Der Begründung der Moderationsanfrage und dem Link zum Webinterface für die Moderation folgt als zweiter Teil die zu moderierende Nachricht:

```
Subject: Softwareupdates
From: root@lists.example.org (root)
Date: Wed, 16 Aug 2006 09:58:32 +0200
To: testliste@lists.example.org

(Text der Originalnachricht)
```

Anschließend macht die Mail im dritten Teil Angaben, die nur für die Moderation per E-Mail (vgl. Seite 69) interessant sind:

```
Subject: confirm 30027187184a95c0d431fb04f8f5d2bd73ffa7e8
From: testliste-request@lists.example.org

(ein Hilfetext)
```

Folgende Gründe lösen eine solche Moderationsanfrage aus:

- Der Absender ist nicht subscribt (und die Liste erlaubt keine Postings von Nicht-Abonnenten).

- Der Subscriber unterliegt grundsätzlich der Moderation (dies lässt sich für jeden Subscriber individuell einstellen).
- Die Nachricht ist größer als erlaubt.
- Die Nachricht enthält zu viele Empfänger.
- Die Nachricht enthält offenbar Mailman-Kommandos und sollte wohl an eine andere Adresse gehen.
- Der Content-Filter der Mailingliste ist auf die Nachricht angesprungen, z. B. aufgrund eines verdächtigen E-Mail-Headers oder einer Spam-Signatur (siehe Seite 75 ff.).

Im obigen Beispiel hat ein nicht eingetragener Absender versucht, an die Mailingliste zu posten.

Moderationsanfragen lassen sich per Webinterface und eingeschränkt auch per E-Mail bearbeiten.

6.1.1 Per Webinterface

Der in der E-Mail angegebene Web-Link führt direkt in die Moderationswarteschlange der Mailingliste. Dort finden Sie alle Postings, die der Moderation bedürfen, nach Absender geordnet. Ein Beispiel gibt Abbildung 6.1.

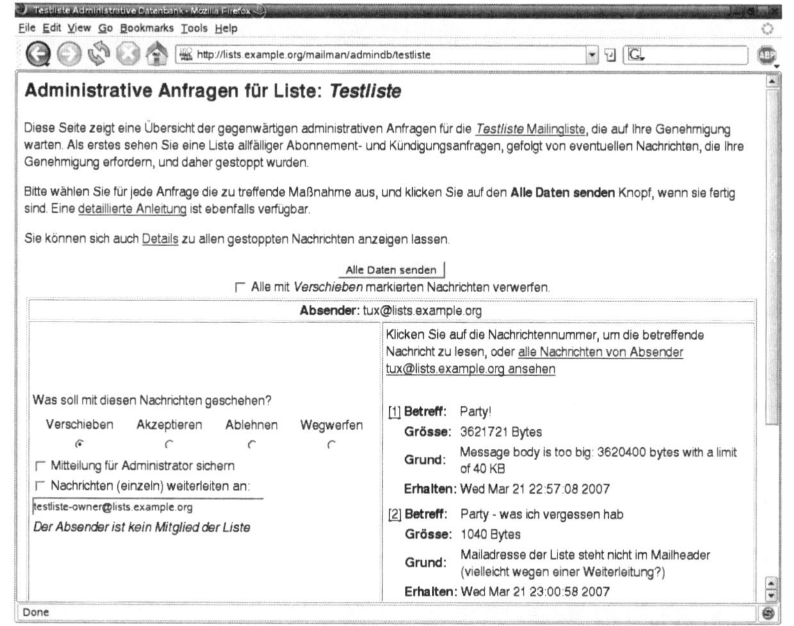

Abbildung 6.1: Die Moderationswarteschlange

An dieser Stelle müssen Sie sich entscheiden, ob Sie alle Postings eines bestimmten Absenders gesammelt oder jede Nachricht einzeln behandeln wollen. Im ersten Fall bearbeiten Sie die linke Hälfte der Webseite (**Was soll mit diesen Nachrichten geschehen?**). Andernfalls klicken Sie auf der rechten Seite wahlweise auf **alle Nachrichten von Absender ... ansehen** oder auf die Indexnummer der Nachrichten. Sie erhalten dann eine detaillierte Ansicht wie in Abbildung 6.2.

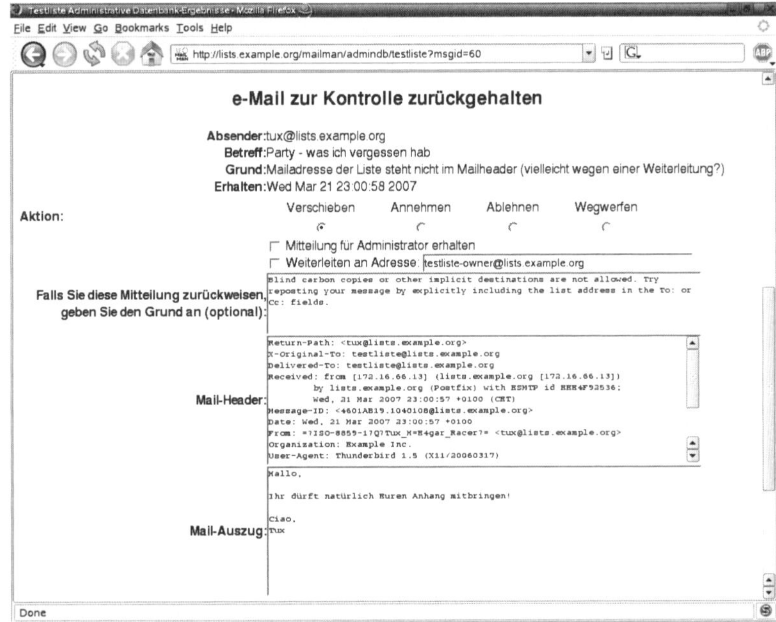

Abbildung 6.2: Einzelbehandlung in der Moderationswarteschlange

In beiden Fällen können Sie die Moderation aufschieben (**Verschieben**), die Nachricht als Posting akzeptieren (**Akzeptieren** bzw. **Annehmen**), abweisen (**Ablehnen**) oder löschen, ohne die Absender darüber zu informieren (**Wegwerfen**).

Bei einer Einzelbehandlung der Nachrichten sollten Sie bei einer Abweisung den Grund angeben. Nutzen Sie das dafür vorgesehene Textfeld!

Wollen Sie die Nachricht an einen Dritten weiterleiten (etwa damit er oder sie entscheidet, ob die Nachricht an die Mailingliste verteilt wird), wählen Sie die Aktion **Verschieben** (wodurch Sie die Moderation aufschieben) und benutzen die Option **Nachrichten (einzeln) weiterleiten an**, indem Sie die E-Mail-Adresse der betreffenden Person ins zugehörige Feld eintragen. Diese erhält das Posting zur Ansicht, ist aber nicht zur Moderation befugt. Dazu muss sie sich an einen Moderator wenden. Es handelt sich somit um eine andere Art „Supervisor-Funktion“.

Stammt die Nachricht von einem Subscriber, dessen Postings bislang der Moderation unterlagen, können Sie dessen individuelles Moderationsflag löschen, indem Sie die Option **Absender auf unmoderiert setzen** anwählen. Dies ist ein Zugeständnis an den Moderator, der (sofern er nicht auch Owner der Mailingliste ist) nicht auf das Admin-Interface der Mailingliste zugreifen darf.

Möchten Sie unabhängig davon, wie Sie sich entscheiden, dem Sysadmin eine Kopie der Nachricht hinterlegen, wählen Sie die Option **Mitteilung für Administrator sichern**. Eine Kopie der Nachricht landet dann im Unterordner `spam/` auf dem Mailinglistenserver und hilft dem Admin u. U., seine Antispam-Routinen zu optimieren. Der Dateiname ergibt sich aus dem Namen der Mailingliste und einer aufsteigenden Zahl, also beispielsweise `spam-testliste-3.msg`.

6.1.2 Per E-Mail

Anders als andere Mailinglistenserver macht Mailman die Moderation per E-Mail nicht gerade einfach und sogar von der Flexibilität des benutzten Mailclients (oder des Nutzers) abhängig. Schauen wir uns den dritten Teil der Moderationsanfrage von Seite 66 genauer an:

```
From: testliste-request@lists.example.org
Subject: confirm 30027187184a95c0d431fb04f8f5d2bd73ffa7e8

Wenn Sie auf diese Nachricht anworten und die Betreffzeile unberührt
lassen, wird Mailman die zurückgehaltene Nachricht LÖSCHEN. Machen Sie
davon bei unerwünschten Nachrichten Gebrauch. Mailprofis können beim
Beanworten dieser Nachricht auch einen 'Approved:'-Header einfügen,
der das Passwort der Mailingliste enthält. Dann wird die Nachricht zur
Veröffentlichung auf der Liste freigeschaltet. Die 'Approved:'-Zeile
darf auch als erste Zeile des Nachrichtentextes erscheinen. Wer mit
'Approved'-Headern nichts anfangen kann, dem wird empfohlen
stattdessen die Nachricht einfach über den oben genannten Weblink
freizuschalten!
```

Damit man der in diesem Teil enthaltenen Aufforderung ohne größeren Aufwand Folge leisten kann, muss man einen E-Mail-Client wie `mutt` oder `pine` nutzen, der es erlaubt, nur auf diesen dritten Teil der Nachricht zu antworten. Grafische Clients wie Mozilla Thunderbird 1.5 oder KMail 1.9 können dies meist nicht.

Alternativ erstellen Sie eine neue Nachricht mit angegebenen `Subject:` an die im `From:`-Header genannte `request`-Adresse der Mailingliste. Bei der Zeichenfolge `30027187184a95c0d431fb04f8f5d2bd73ffa7e8` im obigen Beispiel handelt es sich um einen von Mailman zufällig generierten, aber eindeutigen Code für diesen Moderationsvorgang.

Wollen Sie die moderierte Nachricht als Posting akzeptieren, schreiben Sie in die erste Zeile Ihrer Nachricht `Approved:`, gefolgt vom Moderator-Passwort (siehe Abbildung 6.3). Andernfalls lassen Sie die Nachricht leer (wobei es nicht stört, wenn Sie eine Signatur anhängen).

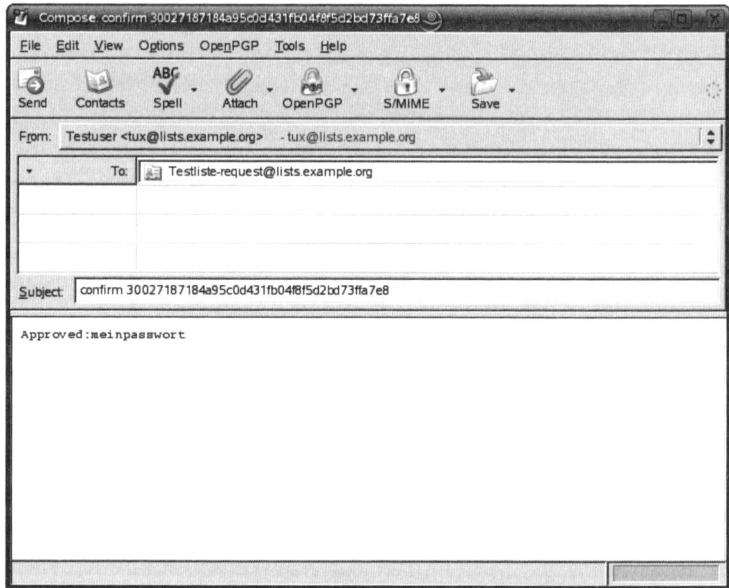

Abbildung 6.3: Eine Nachricht via E-Mail auf die Liste „durchmoderieren"

Je nachdem, wie Ihre Antwort auf die Moderationsanfrage ausfällt, führt Mailman die Aktion **Akzeptieren** oder **Ablehnen** aus. Falls Sie gar nicht antworten, entspricht dies der **Verschieben**-Aktion im Webinterface.

Abschließend erhalten Sie eine automatisierte Bestätigungsmail. Sie enthält etwa folgenden Text, gefolgt von Ihrer Approval-Mail:

```
Das Ergebnis Ihres Kommandos ist unten aufgeführt. Angehängt ist Ihre
ursprüngliche Nachricht.

- Ergebnis:
    Bestätigung erfolgreich

- Erledigt.
```

Vergleicht man dies mit der Fülle an Möglichkeiten, die Mailman bei der Web-basierten Moderation bietet, entsteht der Eindruck, dass die Autoren der Software Moderation per E-Mail als reine Notfalllösung sehen. Ganz abgesehen von dem Umstand, dass sich die Angabe des Moderator-Passworts in einer unverschlüsselten E-Mail aus Sicherheitsgründen nicht empfiehlt.

6.2 Anträge auf Subscription moderieren

Erfordert die Anmeldung auf einer Mailingliste die Bestätigung durch den Moderator (siehe Seite 47), erhält dieser eine automatisierte E-Mail, sobald sich eine Person auf der Mailingliste subscriben will. Die Nachricht enthält etwa folgenden Text:

```
Ihre Genehmigung ist fuer den folgenden Abonnementswunsch
erforderlich:

    Fuer:       root@lists.example.org
    Liste:      testliste@lists.example.org

Bitte besuchen Sie bei Gelegenheit:

        http://lists.example.org/mailman/admindb/testliste

um diese Anfrage zu beantworten.
```

Hier will sich offenbar eine Person mit der E-Mail-Adresse `root@lists.example.org` auf der `testliste` subscriben. Folgen Sie dem Web-Link, um diesen Antrag zu bearbeiten! Wollen Sie ihm nicht stattgeben, haben Sie zwei Möglichkeiten: Sie löschen ihn über die Aktion **Wegwerfen**, ohne dem Antragsteller entsprechende Rückmeldung zu geben, oder Sie weisen den Antrag explizit ab. Im letzteren Fall sollten Sie im dafür vorgesehenen Textfeld den Grund der Abweisung näher erläutern. Ein entsprechendes Beispiel gibt Abbildung 6.4.

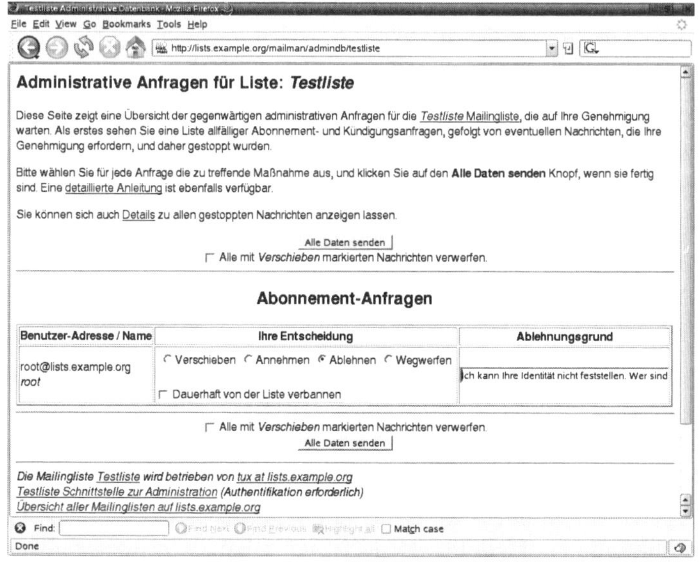

Abbildung 6.4: Moderation eines Abonnementswunsches

Um sicherzustellen, dass weitere Subscription-Requests der betroffenen E-Mail-Adresse den Moderator nicht mehr erreichen, wählen Sie die Option **Dauerhaft von der Liste verbannen**.

Im Gegensatz zur Moderation von Postings bietet Mailman irritierenderweise keine Möglichkeit, Subscription-Requests per E-Mail zu bearbeiten. Dieses Problem lösen andere Mailinglistenmanagementsysteme wie zum Beispiel Ezmlm oder Ecartis besser.

6.3 Notmoderation

Wenn Sie den regulären Betrieb einer Mailingliste vorübergehend aussetzen wollen, können Sie die Liste in den Zustand der Notmoderation versetzen. Dabei unterliegen alle Beiträge der Moderation – unabhängig von den Moderationseinstellungen für die einzelnen Subscriber.

Dies ist z. B. sinnvoll, wenn die Diskussion auf einer Mailingliste aus dem Ruder läuft (und persönlich wird). Um zunächst einmal Ruhe ins Geschehen einkehren zu lassen, bietet sich eine Notmoderation an. Sie könnten alternativ das Moderationsflag jedes Subscribers setzen – wenn sich die Situation wieder entspannt hat, erfordert das Rückgängigmachen dieser Maßnahme allerdings sehr viel Handarbeit. Beim Ein- und Abschalten der Notmoderation erledigen Sie all das mit einem Mausklick.

Ein anderer Anwendungsfall ist die dauerhafte Stilllegung einer Mailingliste. Wenn Sie später eine neue Mailingliste mit einer ähnlichen Subscriber-Liste oder ähnlicher Konfiguration erstellen wollen, empfiehlt es sich, die Liste nicht gleich zu löschen, sondern sie zunächst in den Zustand der Notmoderation zu versetzen. Setzen Sie dazu unter **Allgemeine Optionen** den Parameter `emergency` auf **Ja**. Überprüfen Sie bei dieser Gelegenheit die Haltezeit von Moderationsanfragen: den Parameter `max_days_to_hold` unter **Allgemeine Optionen** im unteren Teil der Seite. Nach Ablauf der Haltezeit werden Anfragen aus der Warteschlange gelöscht. Der Standardwert **0 Tage** bedeutet „unbegrenzte Haltezeit“.

Sie sollten die maximale Haltezeit so wählen, dass die Moderationswarteschlange nicht zu groß wird. Andernfalls laufen Sie Gefahr, die Moderationsanfragen, die zu ernsthaften Postings gehören, unter all den anderen Anfragen, die durch Spam und Ähnliches ausgelöst wurden, zu übersehen.

6.4 Unerfahrenen Nutzern helfen

Außerdem obliegt es dem Moderator, das Geschehen auf „seiner“ Mailingliste zu beobachten, und – wo nötig – unerfahrenen Nutzern Hilfestellung im Umgang mit dem Medium E-Mail geben, z. B. in folgenden Punkten:

TOFU („Text oben, Fullquote unten“)

Damit bezeichnet man die Unsitte, bei einer Antwort auf ein Posting oder bei Weiterleitung einer Mail den originalen Text in vollem Umfang zu zitieren und den eigenen Beitrag ganz am Anfang (manchmal auch ganz am Ende) der eigenen Nachricht einzufügen. Inbesondere in längeren Threads müssen deren Empfänger unnötig viel Zeit aufwenden, um zu verstehen, worauf genau sich der Absender bezieht. Des Weiteren wächst der Mail-Umfang dadurch schnell an. Besser – und höflicher – ist es, nur die Abschnitte zu zitieren, auf die man sich bezieht (dies können auch mehrere Teile sein), und den eigenen Beitrag direkt darunter zu schreiben. Damit kann der Empfänger den Sachverhalt auf einen Blick erfassen.

Unklarheit

Wenn Nutzer einen nicht aussagekräftigen oder irreführenden Betreff wählen oder im – schlimmsten Fall – auf ein Posting antworten, das einen ganz anderen Sachverhalt als das eigene Thema betrifft („Recycling“), ruft dies auf Empfängerseite (zumindest für einen Augenblick) Ratlosigkeit oder Ärger hervor. Erfahrene Nutzer nehmen derartige Postings bewusst oft gar nicht mehr wahr, was die Chance auf eine kompetente Antwort verringert.

Formlosigkeit

Postings zu einem neuen Thema sollten mit einer Anrede (wenn auch kurz) beginnen. Dadurch fühlen sich die Subscriber einer Mailingliste viel eher angesprochen. Bei Antworten auf ein Posting (also der Fortführung eines Themas) kann man die Anrede in der Regel weglassen. Das gleiche gilt für die eigene E-Mail-Adresse und den Abschluss einer E-Mail: Daraus sollte klar hervorgehen, von wem die Nachricht stammt; die Verwendung von Fantasienamen ist in den meisten Zusammenhängen tabu.

Rechtschreibung/Grammatik

Viele Menschen fühlen sich durch Rechtschreib- und Grammatikfehler regelrecht abgestoßen. Auch wenn es bei einem Posting primär um den Inhalt geht, sollte man auf die Einhaltung der Regeln achten.

Persönliche Angriffe

Den Adressaten nicht direkt vor sich zu haben, führt nicht selten dazu, ein Posting so zu formulieren, wie man es von Angesicht zu Angesicht nie tun würde. Die Folge ist häufig eine Eskalation. Ergreifen Sie als Moderator nicht Partei, sondern weisen Sie den Aggressor auf die üblichen Umgangsformen hin.

Sofern Sie nur ab und an eine Verletzung dieser Regeln beobachten, sollte der Moderator auf die einzelnen Personen zugehen und diese aufklären.

Anderenfalls empfiehlt es sich, eine entsprechende Richtlinie zu formulieren und diese bei Bedarf direkt an die Mailingliste zu senden.

Die Problematik betrifft nicht nur Mailinglisten, sondern jegliche Form der Kommunikation im Internet. Aus diesem Grund gibt es eigens einen entsprechenden Internetstandard: RFC 1855, „Netiquette Guidelines“.[1]

[1] http://www.ietf.org/rfc/rfc1855.txt

Kapitel

7

Maßnahmen zur Unterbindung von Spam/UCE

Nachrichten per E-Mail zu versenden ist sehr kosteneffizient, und das hat leider auch unerwünschte Folgen. Neben dem allgegenwärtigen Spam gehen auch automatisierte Nachrichten von defekten oder falsch konfigurierten Systemen sowie E-Mails mit großen Anhängen oder Anhängen, die nur einzelne Empfänger öffnen können, an Mailinglisten.

Deren Nutzer begegnen Ihnen als Owner einer Mailingliste mittlerweile oft mit der – durchaus berechtigten – Anspruchshaltung, diese unerwünschten Nachrichten von der Liste fernzuhalten. Dieses Kapitel will dabei helfen. Wenn Sie die Sache perfekt machen wollen, sollten Sie (sofern nicht schon vorhanden) wie ab Seite 215 beschrieben einen externen Spam-Filter vor Mailman schalten.

Die Möglichkeiten, die Mailman zur Unterbindung von Spam auf Ihren Mailinglisten bietet, lassen sich grob in zwei Kategorien unterteilen: Einerseits sortiert die Software auf Geheiß Nachrichten mit bestimmten E-

Mail-Headern aus, auf der anderen Seite behandelt sie ausgewählte Datei-Anhänge.

Um Spam im Rahmen des Möglichen vorzubeugen, empfiehlt es sich zudem, anonymes Posten auf Mailinglisten zu verbieten und gleichzeitig die einschlägigen Absenderadressen daran zu hindern, sich auf Ihren Listen zu subscriben.

Leider ist die deutsche Fassung der entsprechenden Mailman-Webseiten voller Fehler, so dass ich im Folgenden den englischen Wortlaut anführe, wo es dem Verständnis zu Gute kommt.

7.1 Nachrichten aussortieren

Unter **Abo-Regeln und Adreßfilter | Spam-Filter** legen Sie im Adminstrator-Interface Regeln an, nach denen Sie Postings aussortieren wollen. Der Link dient auch der späteren Verwaltung dieses Regelwerks.

Ältere Mailman-Versionen bieten hier nur einen Bruchteil der Möglichkeiten, mit denen aktuelle Ausgaben ausgestattet sind: Man kann lediglich eine Liste regulärer Ausdrücke für E-Mail-Header definieren, die zur Zurückhaltung (und damit zur Moderation) passender Postings führen. Im Gegensatz dazu ermöglichen es aktuelle Mailman-Versionen, Regeln für E-Mail-Header aufzustellen und zu kombinieren. Jeder Regel lässt sich je eine Aktion wie in Abbildung 7.1 gezeigt zuordnen. Es empfiehlt sich, für neue Regeln ausschließlich das neue Verfahren zu verwenden.

Beiden Verfahren ist gemein, dass Sie sie nur auf E-Mail-Header anwenden können. Den Envelope einer Mail erfassen Sie damit nicht. Das ist auch nicht nötig, denn den Envelope-Sender haben Sie bereits über die Subscription- bzw. Posting-Policy abgehandelt, und der Envelope-Empfänger ist durch die Posting-Adresse der Mailingliste vorgegeben.

7.1.1 Das veraltete Verfahren

Diese alte Filterkonfiguration steht nach wie vor im unteren Teil des Interface zur Verfügung. Die englische Überschrift **Legacy anti-spam filters** (in der deutschen Fassung lediglich als **Anti-Spam Filter** übersetzt) macht deutlich, dass es sich um einen Teil handelt, der aus Kompatibilitätsgründen übernommen wurde.

Bei neu angelegten Mailinglisten finden Sie dort einige Einträge, die zur Standard-Konfiguration gehören und garantiert unverfänglich sind:

```
to: friend@public.com
message-id: relay.comanche.denmark.eu
```

```
from: list@listme.com
from: .*@uplinkpro.com
```

Es handelt sich hier um vier einzelne Muster, auf deren Vorkommen jedes Posting überprüft wird. Das letzte Muster enthält den regulären Ausdruck `.*`, der in einem `From`-Header beliebige Zeichen vor `@uplinkpro.com` abdeckt. Mails mit Absenderadressen aus dieser Domäne, Postings von (der fiktiven Adresse) `list@listme.com`, mit der Message-ID `relay.comanche.denmark.eu` und an `friend@public.com` gerichtete Nachrichten unterwirft Mailman der Moderation. Solche Mails werden höchstens in Form von Spam mit gefälschten Headern bei Ihnen eintreffen, worauf sich auf den Sinn dieser vier Zeilen schließen lässt: Sie sollen Ihnen als Beispiel dienen, wie man den veralteten Spam-Filter konfiguriert.

7.1.2 Die empfohlene Vorgehensweise

Die Header-Filterregeln, die man im oberen Teil des **Spam-Filter**-Admin-Interface definiert, nummeriert Mailman automatisch durch und durchläuft sie entsprechend der Nummerierung. Ein einfaches Beispiel zeigt Abbildung 7.1.

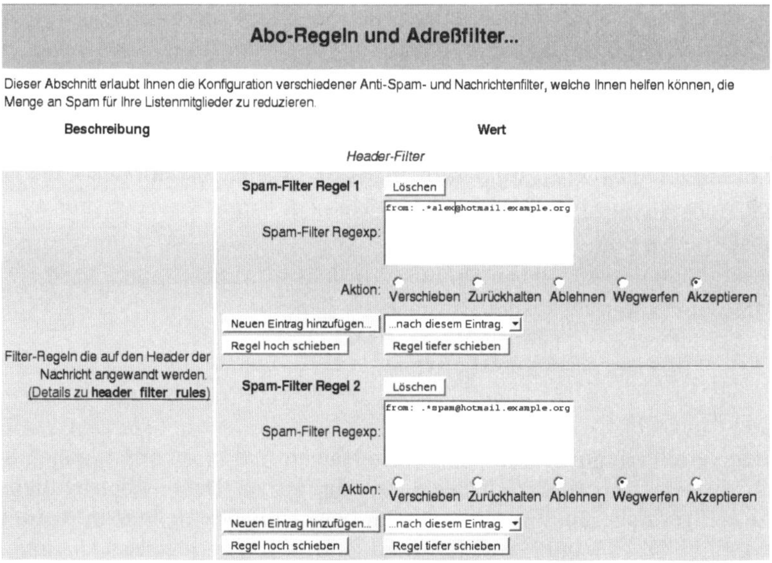

Abo-Regeln und Adreßfilter...

Dieser Abschnitt erlaubt Ihnen die Konfiguration verschiedener Anti-Spam- und Nachrichtenfilter, welche Ihnen helfen können, die Menge an Spam für Ihre Listenmitglieder zu reduzieren.

Beschreibung | Wert

Header-Filter

Filter-Regeln die auf den Header der Nachricht angewandt werden. (Details zu **header filter rules**)

Spam-Filter Regel 1 Löschen
Spam-Filter Regexp: from: .*alex@hotmail.example.org
Aktion: Verschieben Zurückhalten Ablehnen Wegwerfen Akzeptieren
Neuen Eintrag hinzufügen... ...nach diesem Eintrag.
Regel hoch schieben Regel tiefer schieben

Spam-Filter Regel 2 Löschen
Spam-Filter Regexp: from: .*spam@hotmail.example.org
Aktion: Verschieben Zurückhalten Ablehnen Wegwerfen Akzeptieren
Neuen Eintrag hinzufügen... ...nach diesem Eintrag.
Regel hoch schieben Regel tiefer schieben

Abbildung 7.1: Header-Filter

Die erste zutreffende Regel wird angewendet. Danach führt Mailman keine weitere Regel aus – es sei denn, die mit der Regel verbundene Aktion lautet **Verschieben**. In diesem Fall geht es mit der nächsten Regel weiter. Machen Sie sich dies zu Nutze, wenn Sie Regeln zeitweilig deaktivieren wollen.

Diese Regeln formuliert man als reguläre Ausdrücke, die sich auch *verankern* lassen (siehe Seite 80). Groß- bzw. Kleinschreibung ignoriert Mailman in den Filtern. Des Weiteren können Sie in die Regeln Kommentare einfügen, indem Sie vor die Zeilen eine Raute (#) setzen.

Nehmen wir an, Sie erhalten jede Menge Spam von der Absenderadresse `spam@hotmail.example.org`. Da auszuschließen ist, dass jemand anders diese Absenderadresse für seriöse Zwecke benutzt, können Sie von dort stammende Nachrichten verwerfen. Tragen Sie dazu die Zeilen

```
# von dieser Adresse kommt eh nur Spam
from: .*spam@hotmail.example.org
```

im Textfeld **Spam-Filter Regexp** ein und wählen Sie die Aktion **Wegwerfen**.

Der Ausdruck `.*` zwischen dem `from:` und der nachfolgenden Adresse trifft auf eine beliebige Anzahl Zeichen (abgesehen vom Zeilenende) zu. Wir verwenden ihn, da From-Header in der Regel die Form

```
From: A Spam Bot <spam@hotmail.example.org>
```

haben. Sobald die Regel aktiv ist, verwirft Mailman alle Postings von der Adresse `spam@hotmail.example.org`. Mit derselben Regel für die alte Filter-Engine wird ein Zwischenschritt zur Moderation nötig.

Mehrere Regeln definieren

Ist auf der Mailingliste eine Person mit der E-Mail-Adresse `Frank.Rosspam@hotmail.example.org` subscribt, haben Sie jetzt ein Problem: Der oben formulierte reguläre Ausdruck trifft auch auf diesen Subscriber zu. Eine Lösung wäre eine weitere Regel, die Beiträge von `Frank.Rosspam@hotmail.example.org` explizit erlaubt.

Klicken Sie dafür auf **Neuen Eintrag hinzufügen** mit der Option **vor diesem Eintrag**, tragen Sie im Textfeld **Spam-Filter Regexp**

```
from: .*Frank.Rosspam@hotmail.example.org
```

ein, und wählen Sie die Aktion **Akzeptieren**.

Sollen verschiedene Filter in ein und derselben Aktion münden, tragen Sie diese in einer gemeinsamen Regel ein. Das ist auf Dauer übersichtlicher und weniger fehleranfällig. Nehmen wir beispielsweise an, jemand betreibt wiederholt *Cross-Posting* (sendet einen Beitrag also an mehrere Mailinglisten oder andere Adressen gleichzeitig). Dies ist in der Regel unerwünscht, weil es dazu führt, dass die Reaktionen auf das Posting in den einzelnen Mailinglisten verlaufen, statt gebündelt an einer Stelle.

Um solche Cross-Postings zu unterbinden, erstellen Sie Filter, die auf die Posting-Adresse der jeweils anderen Mailinglisten anschlagen, wenn sie in der Kopfzeile `To:` oder `Cc:` auftreten. Möchten Sie Cross-Postings mit der Liste `laberforum@listserv.example.org` vermeiden, erstellen Sie eine Regel, die aus den beiden Zeilen

```
to: .*laberforum@listserv.example.org
cc: .*laberforum@listserv.example.org
```

und der Aktion **Ablehnen** bestehen (Abbildung 7.2).

Der Cross-Poster erhält dann eine Nachricht von Mailman mit dem Hinweis:

```
Message rejected by filter rule match
```

Nicht sehr aufschlussreich, und auch die Log-Dateien auf dem Mailinglistenserver geben keinerlei Hinweise darauf, welche der Regeln zutraf – im Log-File steht noch nicht einmal, welche Aktion ausgeführt wurde. Es steht zu erwarten, dass dieser Missstand in einer zukünftigen Mailman-Version behoben wird. Bis dahin ist es ratsam, die Zahl der Filter gering und die dabei verwendeten regulären Ausdrücke möglichst spezifisch zu halten, um bei einer Fehlersuche schnell die zutreffende Regel identifizieren zu können.

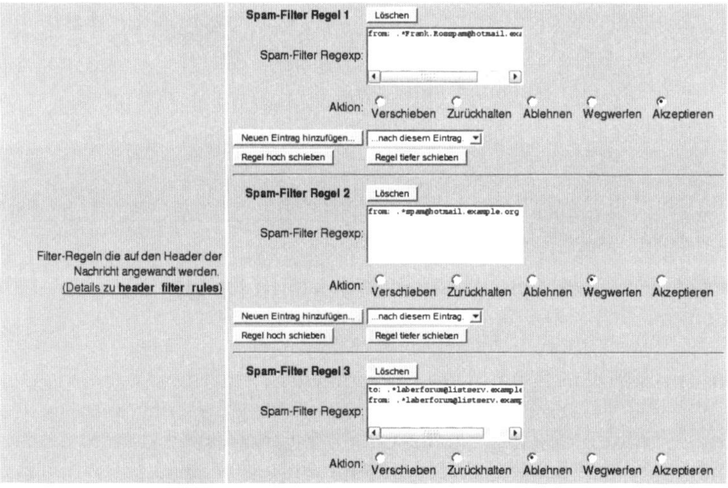

Abbildung 7.2: Eine Content-Filter-Kaskade

Häufig lässt sich durch die bewusste Wahl der Filterreihenfolge eine gewisse Übersicht herstellen. Diese können Sie ändern, indem Sie die einzelnen Filter über die Knöpfe **Regel hoch schieben** oder **Regel runter schieben** an die gewünschte Position bringen.

7.1.3 Spam-Markierungen auswerten

Sollten Sie in der glücklichen Lage sein, dass E-Mails vor der Zustellung an Ihren Mailinglistenserver einen Spam-Filter durchlaufen, der die E-Mails entsprechend markiert, können Sie sich diesen Umstand über einen Filter zu Nutze machen. Die Open-Source-Lösung SpamAssassin markiert Spam beispielsweise mit E-Mail-Headern der Form

```
X-Spam-Flag: YES
X-Spam-Level: ********
```

Die Anzahl der Sternchen gibt den Grad an, mit dem die SpamAssassin-Filter-Engine auf die E-Mail angesprochen haben. Standardmäßig erhalten Nachrichten ab fünf Sternchen den Status `X-Spam-Flag: YES`.

Wenn Sie keinen Einfluss auf die SpamAssassin-Konfiguration haben, ist es besser, auf den `X-Spam-Level` zu filtern, da Sie dann eine Kontrolle über die Grenzwerte haben, ab der Sie selbst eine E-Mail als Spam einstufen.

Beim Ausfiltern des Spam empfiehlt sich ein mehrstufiges Verfahren: Werfen Sie zunächst alle eindeutig als Spam markierten Nachrichten weg, indem Sie einen Filter

```
X-Spam-Level: **********
```

definieren und als Aktion **Wegwerfen** angeben. Die Zahl von zehn Sternchen steht hier für den Grenzwert, ab dem eine Nachricht mit sehr hoher Wahrscheinlichkeit korrekt als Spam klassifiziert wird.

Dahinter definieren Sie einen Filter

```
X-Spam-Level: *****
```

mit der Aktion **Zurückhalten**, die dafür sorgt, dass die entsprechenden Nachrichten in der Moderation landen.

Zuletzt lassen Sie E-Mails, die überhaupt keinen Spam-Score erzielt haben, mit dem an die Aktion **Akzeptieren** gebundenen Filter

```
X-Spam-Level:[^*]*$
```

durch. Der Ausdruck `[^*]` beschreibt alle Zeichen außer dem `*`, der zweite Stern besagt, dass beliebig viele Vorkommen dieser Zeichen gemeint sind, und der Ausdruck `$` passt auf das Zeilenende. In diesem Filter bleiben also Nachrichten hängen, bei denen hinter einem `X-Spam-Level:` keine Sternchen stehen, wobei Leerzeichen hinter dem Doppelpunkt erlaubt sind.

Die Zeichen `^` bzw. `$` benutzt man außerhalb von `[]`, um reguläre Ausdrücke am Zeilenanfang bzw. -ende zu *verankern*: Damit schränkt man die

Fundstellen auf jene ein, die sich direkt am Zeilenanfang oder -ende befinden. Häufig verankert man Suchmuster auch mit `\b` an einer Wortgrenze bzw. mit `\B` an einer Nicht-Wortgrenze (also mitten in einem Wort).

Mit der Auswertung fremder Spam-Markierungen bringen Sie dem externen Spam-Filter einiges an Vertrauen entgegen. Ablehnen oder Wegwerfen sollten Sie entsprechend markierte Mails daher nur, wenn Sie auf die Konfiguration des Filters Einfluss ausüben können.

Beim Filtern anhand solcher Markierungen handelt es sich um eine der effektivsten Möglichkeiten, Spam von Ihren Mailinglisten fern zu halten. Deshalb widmet sich diesem Thema ein eigenes Kapitel ab Seite 215.

7.2 MIME- und HTML-Filter

In der Kategorie **MIME-/HTML-Filter** bietet Mailman die Möglichkeit, Anhänge aus mehrteiligen Nachrichten sowohl anhand des MIME-Typs als auch anhand der Dateinamensendung zu filtern.

7.2.1 Was ist MIME?

Die *Multipurpose Internet Mail Extensions*, kurz MIME, ermöglichen es, eine E-Mail aus mehreren Teilen, darunter auch Nicht-Text-Elementen wie z. B. Bildern, zu erstellen. Jeder Mailbestandteil bekommt per Header-Eintrag einen Typ (den *Content-Type*) zugewiesen. Abhängig davon wird er in ASCII-Zeichen kodiert, um Byte-Folgen, die beim Versand der Mail z. B. als Steuerzeichen oder Dateimarkierungen interpretiert werden könnten, auszuschließen. Welches Kodierungsverfahren dabei zum Einsatz kommt, wird im `Content-Transfer-Encoding`-Header vermerkt.

Schicken Sie sich zum besseren Verständnis am besten eine Nachricht an sich selbst, in der Sie zunächst etwas Text formulieren, dann ein Bild im PNG-Format und eine Präsentation im OpenOffice/StarOffice-Format anhängen. Wenn Sie sich diese nach Erhalt im Quelltext anschauen (in Mozilla Thunderbird dient dazu das Tastenkürzel Strg+U), sehen Sie unterhalb des `Subject:` Zeilen der folgenden Form:

```
Content-Type: multipart/mixed;
 boundary="------------030109000007060000000400"

This is a multi-part message in MIME format.
--------------030109000007060000000400
Content-Type: text/plain; charset=ISO-8859-1
Content-Transfer-Encoding: 7bit

Im Anhang das Beispiel eines komplexeren Spam-Filters.
```

```
--------------030109000007060000000400 Content-Type: image/png;
name="mailman-spam_filter-2.png" Content-Transfer-Encoding: base64
Content-Disposition: inline; filename="mailman-spam_filter-2.png"

--------------030109000007060000000400
Content-Type: application/vnd.sun.xml.impress;
 name="geschaeftsmodell.sxi"
Content-Transfer-Encoding: base64
Content-Disposition: inline;
 filename="geschaeftsmodell.sxi"
```

Der `Content-Type: multipart/mixed` in der ersten Zeile legt zunächst fest, dass die Nachricht aus mehreren Teilen unterschiedlichen Typs besteht. Die nachfolgende Zeile

```
 boundary="------------030109000007060000000400"
```

gehört aufgrund des führenden Leerzeichens syntaktisch noch zum `Content-Type:` und definiert den Trenner, der die einzelnen Teile der Nachricht voneinander separiert. Da er dreimal vorkommt, besteht die Mail aus drei Teilen vom Typ `text/plain; charset=ISO-8859-1`, `image/png; name="mailman-spam_filter-2.png"` bzw. `application/vnd.sun.xml.impress; name="geschaeftsmodell.sxi"`. Der erste Teil enthält demnach den eigentlichen Nachrichtentext, der zweite das Bild und der dritte die Präsentation. Dabei werden die ursprünglichen Dateinamen mit angegeben.

E-Mail-Clients zeigen die einzelnen Teile einer Nachricht entsprechend ihren Möglichkeiten an. Wenn Sie die einzelnen Teile einer Nachricht speichern, schlagen sie Ihnen in der Regel den ursprünglichen Dateinamen vor.

Den Text `This is a multi-part message in MIME format.` zeigen E-Mail-Programme normalerweise nicht an, da er noch vor dem ersten Vorkommen des Trenners steht und somit keinem Teil zugeordnet ist. Es handelt sich hierbei um einen Standardkommentar innerhalb von Nachrichten im MIME-Format.

Der Content-Type selbst besteht aus zwei, durch einen Schrägstrich voneinander abgetrennten Teilen: dem Haupt- und dem Untertyp. Tabelle 7.1 stellt die gebräuchlichsten Haupttypen vor.

Tabelle 7.1: Die gebräuchlichsten MIME-Haupttypen

Name	Beschreibung	Beispiel für einen Untertyp
`application`	Anwendungsdaten	`vnd.sun.xml.writer` (OpenOffice/StarOffice Writer)
`audio`	Audio-Daten	`mpeg` (z. B. MP3-Dateien)
`image`	Bilder	`jpeg` (Bilder im JPEG-Format)

Fortsetzung:

Name	Beschreibung	Beispiel für einen Untertyp
inode	Systemdateien	symlink (symbolischer Link)
message	E-Mail-Nachrichten	rfc822 (entsprechend RFC822)
multipart	Kennzeichner für mehrteilige Nachrichten	mixed (bestehend aus verschiedenen Typen)
text	Text	plain (ohne Formatierungsauszeichnungen)
video	Video-Daten	x-msvideo (z. B. AVI-Dateien)

Eine nahezu vollständige Liste aller Typen und Subtypen finden Sie in der Datei /etc/mime.types auf Ihrem System.

7.2.2 MIME- und Dateiendungsfilter aktivieren

Um Postings anhand von MIME-Typen oder Dateinamensendungen zu filtern, setzen Sie zunächst den Parameter filter_content wie in Abbildung 7.3 auf **Ja**. Mailman arbeitet dann jeweils eine Liste (filter_mime_types bzw. filter_filename_extensions) ab, die definiert, welche Elemente aus der Nachricht gelöscht werden. Danach kommt eine Liste zur Anwendung, die definiert, welche Teile in der Nachricht verbleiben dürfen (pass_mime_types bzw. pass_filename_extensions).

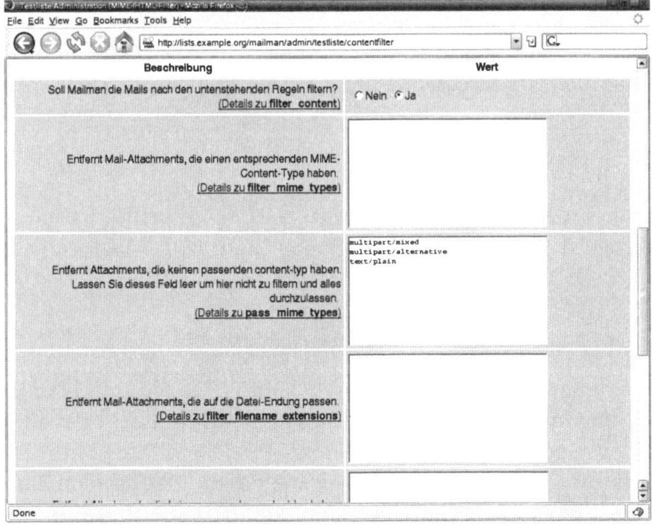

Abbildung 7.3: Beispiel einer Positivliste für MIME-Typen

Es liegt in der Natur der Sache, dass Sie entweder die filter- oder die pass-Liste benutzen (erst zu definieren, was man *nicht* darf, um dann festzulegen, was man *nur* darf, ergibt keinen Sinn). Lassen Sie dementsprechend einen der Listen-Typen leer. Ein Beispiel zeigt Abbildung 7.3.

7.2.3 Filtern per Negativ-Liste

Nehmen wir an, Sie möchten alle applikationsspezifischen Dateianhänge (z. B. Spreadsheets) aus den Postings entfernen. Dann lassen Sie das Textfeld für pass_mime_types leer und tragen bei filter_mime_types Folgendes ein:

```
application
```

Damit schneidet Mailman alle Anhänge mit dem Haupttyp application vor dem Versenden an die Abonnenten heraus.

Angewendet auf die Nachricht von Seite 81 verschwindet dabei aus der ursprünglichen MIME-Hierarchie

```
Content-Type: multipart/mixed
 |- Content-Type: text/plain
 |- Content-Type: image/png
 |- Content-Type: application/vnd.sun.xml.impress
```

der Teil mit dem Content-Type: application/vnd.sun.xml.impress. Da der Rest der Nachricht immer noch verschiedene Typen von Anhängen enthält, ändert sich am übergeordneten Typ multipart/mixed nichts.

In Fällen, in denen sich durch Entfernen von Teilen der übergeordnete Typ ändert, korrigiert Mailman den Typ automatisch. Ein Beispiel dafür demonstrieren wir im Abschnitt über das Filtern per Positiv-Liste.

Eine Negativ-Liste lässt sich beispielsweise sinnvoll einsetzen, um sämtliche Video- und Audio-Dateien aus den Postings zu verbannen. Zu diesem Zweck erweitern Sie die Liste der Filter um die Einträge

```
video
audio
```

Die Subscriber werden es Ihnen (auf den meisten Listen) danken!

Wollen Sie Anhänge, deren Dateinamen *bestimmte Endungen* tragen, herausfiltern, tragen Sie ins Textfeld für filter_filename_extensions die gewünschten Endungen ohne führenden Punkt ein. Standardmäßig sind dort bereits alle gängigen Endungen eintragen, die ausführbare Dateien eines potentiell unsicheren Betriebssystem kennzeichnen.

7.2.4 Filtern per Positiv-Liste

Auf vielen Listen möchte man ausschließlich Plaintext-Nachrichten ohne weitere Anhänge an die Mailingliste durchlassen. In diesem Fall lassen Sie das `filter_mime_types`-Textfeld leer und tragen bei `pass_mime_types` die Typen

```
multipart/mixed
multipart/alternative
text/plain
```

ein. Warum so viele? Der Typ `text/plain` beschreibt den nahezu[1] unformatierten Teil der Nachricht.

Nachrichten, die aus mehreren Teilen unterschiedlichen Typs bestehen, tragen im (alle Teile umschließenden) Mail-Header den Typ `multipart/mixed`. Wenn Sie diesen Typ nicht zulassen, kommt das einer Annulierung der gesamten Nachricht gleich.

Den Typ `multipart/alternative` sollten Sie zulassen, damit Nachrichten, deren Inhalte in mehreren Textformaten geschickt werden, erst einmal durchkommen. Erst dadurch wird die automatische Auswahl des geeigneten Formats bzw. eine Konvertierung möglich (vgl. Seite 87).

Der besprochene `pass_mime_types`-Filter streicht aus der MIME-Hierarchie

```
Content-Type: multipart/mixed
 |- Content-Type: text/plain
 |- Content-Type: image/png
 |- Content-Type: application/vnd.sun.xml.impress
```

zunächst die Teile mit `Content-Type: image/png` und `application/vnd.sun.xml.impress`, da sie nicht in der Positiv-Liste aufgeführt sind.

Den Rest der MIME-Hierarchie reduzieren Optimierungsroutinen in Mailman auf `Content-Type: text/plain`, da es nach Streichung der Nicht-Text-Teile keinen Grund mehr für die Verwendung von `Content-Type: multipart/mixed` gibt.

Im Gegensatz zu Negativ-Listen für Dateinamensendungen ist das Führen einer Positiv-Liste für Endungen kaum sinnvoll, da der (Datei-)Name eines Anhangs längst nicht immer angegeben ist.

[1] Bei Verwendung der Option `format=flowed` haben führende bzw. abschließende Leerzeichen in einer Zeile in Verbindung mit dem Zeichen > einen Einfluss auf die Formatierung, siehe dazu RFC 2646.

7.2.5 Textfilter

Hat Mailman Teile der Nachricht durch Anwendung der `filter`- bzw. `pass`-Regeln entfernt, gibt es die Möglichkeit, den verbleibenden Rest durch speziell auf Textteile zugeschnittene Regeln zu schicken.

Umgang mit Formatalternativen

Programme, die das Erstellen von E-Mails in HTML zulassen, versenden den Textteil häufig sowohl HTML-formatiert als auch als Plaintext. E-Mail-Programme zeigen davon jeweils nur eine Version an: entweder die vom Empfänger gewünschte oder die technisch sinnvolle. So wird ein reiner Text-Client wie `mutt` seinem Nutzer die Plaintext-Version präsentieren, da er mangels HTML-Parser nur den HTML-Code darstellen könnte.

Kann der Client keine Entscheidung treffen, welche Variante sich besser eignet, schreibt der Standard vor, die zuoberst angehängte Version zu verwenden.

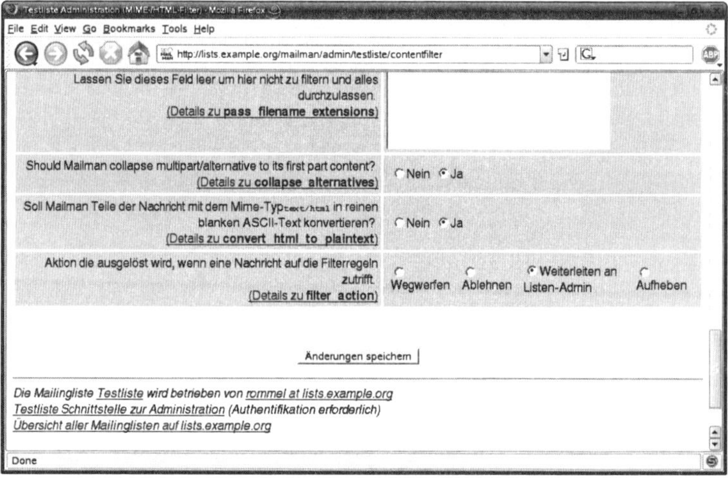

Abbildung 7.4: Einstellung der Format- und Textfilter

Technisch möglich wird die automatische Wahl des geeigneten Textteils durch den Content-Type `multipart/alternative`. Er beschreibt einen MIME-Block, der meist einen `text/plain`- und einen `text/html`-Teil umschließt.[2]

Um Ressourcen zu schonen (HTML braucht ein Vielfaches mehr an Platz als Plaintext) und die Auswahl des geeigneten Textteils vorwegzunehmen

[2] Prinzipiell lässt sich `multipart/alternative` auch auf Nicht-Text-Anhänge, z. B. ein Bild in unterschiedlichen Formaten wie GIF oder JPEG, anwenden. Allerdings ist dies eher unüblich.

(wenn manche Nutzer auf die HTML-Variante, andere auf die Plaintext-Variante eines Postings antworten, sorgt dies für unübersichtliche Threads), erlaubt es Mailman, Multipart-Alternativen auf ihren ersten (den sicheren) Teil zu reduzieren.

Zu diesem Zweck setzen Sie wie in Abbildung 7.4 den Parameter `collapse_alternatives` auf **Ja**.

Plaintextkonvertierung

Für den Fall, dass ein Text ausschließlich HTML-formatiert versendet wurde (statt unter Verwendung von `multipart/alternative` dem Empfänger die Formatwahl zu überlassen), können Sie die Nachricht in Plaintext konvertieren, indem Sie den Parameter `convert_html_to_plaintext` auf **Ja** setzen.

Wenn Sie sowohl `collapse_alternatives` als auch auf `convert_html_to_plaintext` auf **Ja** setzen, stellen Sie sicher, dass alle redundanten Textformatierungen aus der Nachricht entfernt werden, alle Listenmails also als Plaintext verteilt werden.

Dabei kann es vorkommen, dass das Ergebnis nicht optimal aussieht. Problematisch sind auch Mail-Clients, die zwar Multipart-Alternativen versenden, den (ersten) Textteil aber auf eine Meldung der Art „Um diese Mail anzusehen, müssen Sie HTML nutzen“ beschränken.

Alles weggefiltert?

Bleiben nach Anwendung der MIME- und HTML-Filter keine Teile mehr übrig, stellt sich die Frage: Was tun mit der Nachricht? Über den Parameter `filter_action` haben Sie die Wahl zwischen **Wegwerfen**, **Ablehnen**, **Weiterleiten an Listen-Admin** und **Aufheben**.

Wenn Sie die ersten Schritte mit der MIME-/HTML-Filter-Engine machen oder neue Regeln ausprobieren wollen, empfiehlt sich die Aktion **Weiterleiten an Listen-Admin**. Falls Mailman fälschlicherweise zu viele Teile aus der Nachricht streicht, hat der Owner der Mailingliste so die Möglichkeit, die Filterregeln zu korrigieren und die betroffene Nachricht an die Mailingliste zu bouncen.

Um das zu ermöglichen, erhalten Sie als Owner eine Nachricht von Mailman mit dem Text

```
Die angehängte Nachricht blieb im Filter der Mailingliste testliste2
hängen. Sie wurde nicht an die Teilnehmer weiterverteilt und auf dem
Server gelöscht. Sie erhalten hiermit die einzige noch verbleibende
Kopie der e-Mail!
```

und einer Kopie der (ungefilterten) Nachricht als Anhang.

Betreffen Ihre Filterregeln ausschließlich Spam-Nachrichten, empfiehlt sich die Aktion **Wegwerfen**; für alle anderen Situationen wählen Sie die Aktion **Ablehnen**.

Diese ähnelt der Aktion **Wegwerfen** in dem Sinne, dass das Posting unterdrückt wird und Mailman keine automatische Nachricht an den Absender schickt. Allerdings bleibt eine Kopie der Nachricht im Verzeichnis `qfiles/bad/` der Nachwelt erhalten.

7.2.6 Umgang mit weitergeleiteten E-Mails und Delivery-Reports

Nehmen wir an, Sie schicken die auf Seite 81 konstruierte MIME-Nachricht an einen Bekannten, der sie seinerseits an eine Mailingliste weiterleitet. Dann entstehen oberhalb der ursprünglichen MIME-Hierarchie zwei weitere MIME-Ebenen:

```
Content-Type: multipart/mixed
 |- Content-Type: text/plain; charset=ISO-8859-1
 |- Content-Type: message/rfc822; name="Beispiel einer Nachricht mit
    MIME-Formtierung"
      |- Content-Type: multipart/mixed
           |- Content-Type: text/plain; charset=ISO-8859-1
           |- Content-Type: image/png; name="mailman-spam_filter-2.png"
           |- Content-Type: application/vnd.sun.xml.impress;
              name="geschaeftsmodell.sxi"
```

Der (aus den ersten drei Zeilen bestehende) äußere Teil ist neu und kommt folgendermaßen zustande: Die weitergeleitete Nachricht ist technisch gesehen eine neue Nachricht (mit neuer Message-ID), die aus zwei Teilen besteht. Der erste Teil enthält Text (`Content-Type: text/plain`) von der Person, die weitergeleitet hat. Der zweite Teil besteht aus der eigentlichen, weitergeleiteten Nachricht, die mit `Content-Type: message/rfc822` gekennzeichnet wird und die komplette, bereits bekannte MIME-Hierarchie enthält. Diese beiden Teile werden – wie schon die weitergeleitete Mail selbst – auf der obersten Ebene als `Content-Type: multipart/mixed` zusammengefasst.

Welche Konsequenzen hat das für eine Mailingliste? Wenn Sie weitergeleitete Nachrichten als Postings zulassen wollen, tragen Sie dafür Sorge, dass der MIME-Typ `message/rfc822` nicht ausgefiltert wird, da ansonsten die entsprechende MIME-Unterhierarchie und damit die ursprüngliche Nachricht herausfällt.

Mails vom Typ `message/delivery-status` hingegen sollte man nicht auf die Liste durchlassen: Sie enthalten automatisch generierte Berichte über die Zustellbarkeit einer anderen Nachricht (die häufig anhängt).

7.3 Subskriptionsregeln Spam-feindlich gestalten

Wenn Sie eine offene Mailingliste (also eine, auf der sich jeder Interessent subscriben kann) betreiben, besteht potentiell die Gefahr, dass Adressen explizit zum Zweck der Spam-Verteilung über die Liste angemeldet werden. In diesem Fall sollten Sie diese E-Mail-Adresse dauerhaft als Abonnent ausschließen, indem Sie sie unter **Abo-Regeln und Adreßfilter | Abo-Regeln** ins Textfeld zu `ban_list` eintragen.

Allerdings kann der Spammer seinerseits einfach eine neue E-Mail-Adresse benutzen. In dem Fall bleibt Ihnen nur der Ausweg, die Policy der Mailingliste zu ändern und Mitglieder ausschließlich über die Zustimmung des Owners aufzunehmen.

Anders gestaltet sich der Fall, wenn die Liste unerwünschte E-Mails erreichen, weil der Absender so gefälscht wurde, dass er dem eines Listenmitglieds entspricht. In solchen Missbrauchsfällen ist es auch im Interesse des betroffenen Abonnenten, für seine Adresse das Moderationsflag zu setzen.

7.4 Anti-Spam-Maßnahmen auf andere Mailinglisten übertragen

Wer einmal einen Satz praxistauglicher Kriterien zur Aussortierung von Nachrichten bzw. funktionierender MIME- und HTML-Filter definiert hat, möchte diese meist auch auf andere Mailinglisten anwenden, und zwar ohne die Einstellungen mühsam über das Webfrontend zu übertragen.

7.4.1 Als Standard für neue Mailinglisten setzen

Sie können die erarbeiteten Kriterien zum Standard für alle neuen Mailinglisten machen, indem Sie in `Mailman/mm_cfg.py` nachfolgende Variablen entsprechend den Werten im Webinterface Ihrer Referenzmailingliste setzen. `DEFAULT_BOUNCE_MATCHING_HEADERS` nimmt die Kriterien zum Aussortieren von Nachrichten auf, während für die MIME- und HTML-Filter die Variablen `DEFAULT_FILTER_CONTENT`, `DEFAULT_FILTER_MIME_TYPES`, `DEFAULT_PASS_MIME_TYPES`, `DEFAULT_FILTER_FILENAME_EXTENSIONS`, `DEFAULT_PASS_FILENAME_EXTENSIONS`, `DEFAULT_COLLAPSE_ALTERNATIVES`, `DEFAULT_CONVERT_HTML_TO_PLAINTEXT` und `DEFAULT_FILTER_ACTION` zuständig sind. Sieht man von der Großschreibung ab und lässt man das Präfix `DEFAULT_` weg, entsprechen deren Namen den in diesem Kapitel erläuterten Parametern.

Die Variablendefinitionen für die auf Seite 83 in Abbildung 7.3 gezeigten Einstellungen lauten demnach:

```
DEFAULT_FILTER_CONTENT = Yes
DEFAULT_FILTER_MIME_TYPES = []
DEFAULT_PASS_MIME_TYPES = ['multipart/mixed',
                           'multipart/alternative',
                           'text/plain']
DEFAULT_FILTER_FILENAME_EXTENSIONS = [
    'exe', 'bat', 'cmd', 'com', 'pif', 'scr', 'vbs', 'cpl'
    ]
DEFAULT_PASS_FILENAME_EXTENSIONS = []
DEFAULT_COLLAPSE_ALTERNATIVES = Yes
DEFAULT_CONVERT_HTML_TO_PLAINTEXT = Yes
DEFAULT_FILTER_ACTION = 2
```

Die zulässigen Werte für den Parameter `DEFAULT_FILTER_ACTION` sind in `Mailman/Defaults.py` folgendermaßen definiert:

0 wegwerfen,

1 passende E-Mails ablehnen,

2 Nachricht an den Listen-Admin und

3 Nachricht aufheben.

Bedauerlicherweise gibt es keinen konfigurierbaren Parameter `DEFAULT_HEADER_FILTER_RULES`, der nach diesem Schema den Standardwert der moderneren Header-Filterregeln aufnimmt, so dass Sie diese Konfiguration manuell übertragen müssen.

7.4.2 Auf bestehende Mailinglisten per Kommandozeile übertragen

Um die Anti-Spam-Konfiguration einer Referenzmailingliste auf andere Listen zu übertragen, extrahieren Sie zunächst die Gesamtkonfiguration der Referenzliste im Klartext:

```
linux:~ # config_list -o /tmp/testliste.config testliste
```

Mit der aktuellen Konfiguration der Zielmailingliste verfahren Sie ebenso:

```
linux:~ # config_list -o /tmp/andereliste.config andereliste
```

Dann tauschen Sie die Zeilen in `/tmp/andereliste.config` gegen die entsprechenden Zeilen aus `/tmp/testliste.config` aus, so dass beispielsweise aus

```
header_filter_rules = []
```

Folgendes wird:

```
header_filter_rules = [
     ('from: .*Frank.Rosspam@hotmail.example.org', 6, False),
     ('from: .*spam@hotmail.example.org', 3, False)]
```

Die so korrigierte Konfiguration der Zielmailingliste schreiben Sie mit

```
linux:~ # config_list -i /tmp/andereliste.config andereliste
```

zurück. Die Zahlen 6 und 3 stehen dabei für die auszuführenden Aktionen, die `Mailman/Defaults.py` wie in Tabelle 7.2 definiert.

Tabelle 7.2: Aktionscodes

Code	Aktion
0	Verschieben
1	Zustimmen
2	Ablehnen
3	Wegwerfen
4	Subscriben
5	Unsubscriben
6	Akzeptieren
7	Zurückhalten

Wollen Sie die entsprechenden Filter auf eine größere Anzahl von Mailinglisten übertragen, geht das z. B. mit dem Unix-Standard-Texttool `sed` recht zügig.

Kapitel

8

Der Umgang mit Bounces

Als *Bounces* bezeichnet man E-Mail-Nachrichten, die den Absender darüber informieren, dass eine Nachricht nicht zustellbar ist. Üblicherweise enthalten sie Details zu den Umständen der Nichtzustellbarkeit (sofern diese erkennbar waren), und die ursprüngliche Nachricht wird als Anhang mitgesendet.

Der Begriff „Bounces" ist nicht zu verwechseln mit *Bouncing*, womit man das Weiterleiten einer E-Mail bezeichnet, ohne dabei den Inhalt der ursprünglichen E-Mail zu verändern oder zu erweitern.

Beide Begriffe gehen auf das englische Verb „to bounce" zurück, was soviel wie „abprallen" bedeutet, in der Fachsprache allerdings verschiedene Vorgänge bezeichnet.

8.1 Wo landen Bounces?

Im Allgemeinen gehen Nachrichten über die Nichtzustellbarkeit einer E-Mail an den im Umschlag der E-Mail spezifizierten Absender (*Envelope Sender*) zurück. Dieser spezifiziert die Person oder den System-Account, der für die Erstellung einer Nachricht in der vorliegenden Form zuständig war. Den Envelope-Sender finden Sie bei erfolgreicher Zustellung im `Return-Path`-Header wieder. Bei E-Mails, die direkt von einer Person an eine andere geschickt werden, ist der Envelope-Sender in der Regel mit der E-Mail-Adresse des Absenders identisch.

Bei Postings, die über eine Mailingliste verteilt wurden, unterscheidet sich der Envelope-Sender von der E-Mail-Adresse des Verfassers (welchen Sie im `From`-Header finden), da die Nachricht bei der Verteilung des Postings über die Mailingliste verändert wurde: Einige Header kamen hinzu, einige wurden modifiziert, der Haupttext enthält ggf. Listen-spezifische Kopf- und Fußzeilen (siehe Seite 112). Technisch gesehen versendet die Mailinglistensoftware also eine neue Nachricht.

So lautet der Absender bei Postings, die über die Liste `testliste@lists.example.org` verteilt werden, entsprechend `testliste-bounces@lists.example.org` bzw. `testliste-bounces+alex=example.net@lists.example.org`, wenn Sie VERP verwenden (siehe Seite 98).

Hinter `testliste-bounces@lists.example.org` verbirgt sich ein Mailman-Modul, welches versucht, aus der Nichtzustellbarkeitsmeldung den ursprünglichen Empfänger zu extrahieren.

8.2 Bounce-Scoring

Mailman lässt sich so konfigurieren, dass die entsprechende E-Mail-Adresse nach mehreren erfolglosen Zustellversuchen auf der Mailingliste automatisch deaktiviert und später sogar von der Liste entfernt wird. Dies ist aus mehreren Gründen ratsam:

- Existiert die E-Mail-Adresse nicht mehr oder ist sie dauerhaft blockiert, ist es nicht sinnvoll, Postings an sie zuzustellen. Damit erzeugt man nur nutzlosen E-Mail-Verkehr und strapaziert die Nerven des Postmasters der entsprechenden Domäne.
- Die Nichtzustellbarkeitsmeldungen belasten auch Ihren Server und müssen von Mailman bzw. dem Moderator bearbeitet werden.
- Wenn die defekten E-Mail-Adressen nicht dauerhaft von der Mailingliste entfernt werden, sammeln sie sich dort an. Auf Mailinglisten, die einen schnell wechselnden Teilnehmerkreis haben (z. B. Listen für Einsteiger in

ein Thema), übertreffen die Anzahl der defekten E-Mail-Adressen schon bald die Zahl der funktionierenden Adressen. Das macht die Abonnementsverwaltung auf Dauer unübersichtlich.

Die automatische Bearbeitung von Bounces aktivieren Sie in der Kategorie **Bounce-Bearbeitung** über den Parameter `bounce_processing` wie in Abbildung 8.1 gezeigt.

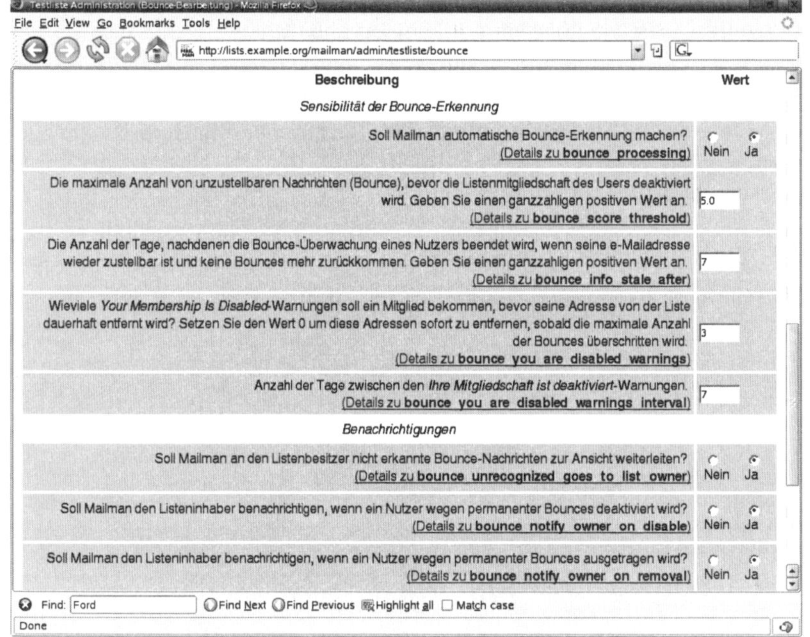

Abbildung 8.1: Parameter zur Steuerung der automatischen Bounce-Bearbeitung

Mailman führt für jede E-Mail-Adresse, die auf einer der Mailinglisten eingetragen ist, einen Bounce-Punktestand, den *Bounce-Score*. Lässt sich ein Bounce einer eingetragenen E-Mail-Adresse zuordnen, entscheidet die Software zunächst, ob es sich um einen *Soft-* oder einen *Hardbounce* handelt. Ein Softbounce signalisiert temporäre Nichtzustellbarkeit (erkennbar am SMTP-Fehler-Code `4xx`) und erhöht den Bounce-Score um 0,5 Punkte. Ein Hardbounce, der auf die SMTP-Fehler-Codes `5xx` zurückgeht, signalisiert einen permanenten Fehler und zählt 1,0 Punkte.

Mailman erhöht den Punktestand höchstens einmal pro Tag, damit ein temporärer Fehler bei einer stark frequentierten Mailingliste nicht gleich zu einem hohen Score führt. Der Zeitraum von einem Tag gibt dem betroffenen Subscriber bzw. dem Admin des zuständigen Mailservers Zeit, das Problem zu lösen.

Ab einem Punktestand, den Sie für jede Mailingliste über den Parameter `bounce_score_threshold` separat konfigurieren, deaktiviert Mailman die betroffene E-Mail-Adresse. Sie erkennen dies in der Mitgliederverwaltung an einem gesetzten `nomail`-Flag mit beigestelltem `(B)`.

Der Subscriber erhält danach in regelmäßigen Abständen eine Nachricht über die Deaktivierung. Sollte das Problem, das die Nichtzustellbarkeit verursacht, nicht behoben sein, kommen diese natürlich nicht an (und erzeugen weitere Bounces). Nach einer definierten Anzahl Benachrichtungen entfernt Mailman die E-Mail-Adresse dauerhaft von der Mailingliste. Diese konfigurieren Sie über `bounce_you_are_disabled_warnings`. Den Abstand, in dem Mailman diese Benachrichtungen versendet, konfigurieren Sie über `bounce_you_are_disabled_warnings_interval`.

Erreicht eine der Nachrichten Subscriber, ohne einen Bounce zu erzeugen, vermerkt Mailman dies und reaktiviert die Adresse nach einer definierten Zahl von Tagen, die man über `bounce_info_stale_after` festlegt.

Den Bounce-Score eines Subscribers speichert Mailman für jede Mailingliste separat. Folglich wird die kritische Schwelle, die zur Deaktivierung der Zustellung führt, auf jeder Liste zu einem anderen Zeitpunkt erreicht.

Die Entwicklung des Bounce-Scores eines Subscribers können Sie in der Logdatei `logs/bounce` beobachten. Ein Beispiel für die E-Mail-Adresse `tux@example.net` auf zwei verschiedenen Mailinglisten:

```
Oct 09 10:40:37 2006 (28918) <OutgoingRunner at -1212350964> processing
1 queued bounces
Oct 09 10:40:37 2006 (28918) tux@example.net: testliste current bounce s
core: 4.0
Oct 09 12:06:50 2006 (28918) <OutgoingRunner at -1212350964> processing
1 queued bounces
Oct 09 12:06:50 2006 (28918) tux@example.net: testliste-virtual current
bounce score: 1.0
Oct 09 12:16:51 2006 (28918) <OutgoingRunner at -1212350964> processing
1 queued bounces
Oct 09 12:16:51 2006 (28918) testliste-virtual: tux@example.net already
scored a bounce for date 09-Oct-2006
```

Der um `12:16:51` erhaltene Bounce für die Liste `testliste-virtual` wird nicht gezählt, weil am gleichen Tag bereits um `12:06:50` eine Mail an den Mailinglistenserver zurückging.

8.3 Benachrichtigung des Owners

Die bisher beschriebenen Mechanismen zur Bounce-Behandlung laufen im Hintergrund ohne Beteiligung des Listen-Owners ab.

Damit dieser über die Vorgänge informiert bleibt, aktivieren Sie für die einzelnen Bearbeitungsphasen (Erkennung, Deaktivierung, Entfernung von der Mailingliste) entsprechende Benachrichtigungsmails. Den entsprechenden Schalter finden Sie im unteren Teil der **Bounce-Bearbeitung**.

Bei Aktivierung von `bounce_unrecognized_goes_to_list_owner` leitet Mailman nicht erkannte Bounces, also solche, deren Verursacher er nicht erkennen konnte, an den Owner weiter. Damit Sie als Owner über die Deaktivierung bzw. Entfernung einer Adresse informiert werden, aktivieren Sie den Schalter `bounce_notify_owner_on_disable` bzw. `bounce_notify_owner_on_removal`.

8.4 Bounces automatisch erkennen

8.4.1 Die ungenaue Methode

Das Aussehen der Bounces hängt stark vom sendenden MTA ab. Postfix erzeugt einen mehrteiligen Bericht vom Content-Typ `multipart/report`, der einen mit `Content-Description: Notification` ausgezeichneten Teil enthält. Dieser verrät Details wie die betroffene E-Mail-Adresse und den Fehler, der bei der Zustellung auftrat:

```
This is the Postfix program at host example.net.

I'm sorry to have to inform you that your message could not
be delivered to one or more recipients. It's attached below.

For further assistance, please send mail to <postmaster>

If you do so, please include this problem report. You can
delete your own text from the attached returned message.

                        The Postfix program

<alex@example.net>: unknown user "alex"
```

Andere MTAs benutzen eine weniger strenge Form und erzeugen eine einfache Nachricht mit variablem Text. Mailman muss von daher einigen Aufwand treiben, um die E-Mail-Adresse, welche den Bounce verusacht hat, zu extrahieren. Die gängigsten MTAs (z. B. Postfix, Qmail, Microsoft Exchange und Groupwise) als auch ein paar bekannte Internetprovider mit eigener Software (z. B. Yahoo oder Compuserve) deckt Mailman mit jeweils eigenen Modulen ab. Eine Liste dieser Module finden Sie im Unterverzeichnis `Mailman/Bouncers/`.

Diese Module werden mit der Priorität angewendet, wie Sie in `Mailman/Bouncers/BouncerAPI.py` über das Array `BOUNCE_PIPELINE` vorgegeben ist.[1]

8.4.2 VERP

Unter bestimmten Voraussetzungen können Sie in Mailman ein Verfahren aktivieren, das die E-Mail-Adresse, die den Bounce verursacht hat, exakt ermittelt. Die Rede ist von VERP (*Variable Envelope Return Path*).[2]

Es handelt sich dabei um ein Verfahren, das die E-Mail-Adresse des Empfängers in die E-Mail-Adresse des im Mail-Umschlag angegebenen Absenders kodiert.

Nehmen wir an, Mailman verteilt ein Posting an die Mailingliste `testliste@lists.example.org` an eine Reihe von Adressen, u. a. an `alex@example.net`. Normalerweise lautete der Absender im Umschlag einheitlich

```
testliste-bounces@lists.example.org
```

Bei Verwendung von VERP nutzt Mailman für jeden einzelnen Empfänger einen etwas anderen Envelope-Sender. Im Fall von `alex@example.net` lautet dieser

```
testliste-bounces+alex=example.net@lists.example.org
```

Hinter der eigentlichen Absenderadresse – aber vor dem `@` – fügt Mailman also einen mit + beginnenden Teil an, der weitestgehend mit der E-Mail-Adresse des Empfängers übereinstimmt. Lediglich das Zeichen `@` wurde durch ein = ersetzt.

Führt nun die Mail mit diesem Envelope-Sender zu einem Bounce, sendet der für die Domäne `example.net` zuständige MTA eine Benachrichtigung an `testliste-bounces+alex=example.net@lists.example.org`. Der für die Domäne `lists.example.org` zuständige MTA auf unserem Mailinglistenserver muss so konfiguriert sein, dass er erkennt, dass `+alex=example.net` nur ein Adresszusatz ist und die Nachricht an `testliste-bounces` gehen soll. Das Mailman-Modul, das hinter `testliste-bounces` steht, erkennt anhand des Adresszusatzes, dass `alex@example.net` den Bounce verursachte, und führt die bereits beschriebenen Aktionen durch.

[1] Dieser Teil gehört streng genommen nicht zu den konfigurierbaren Parametern, aber im Ernstfall können Sie durch Tunen der entsprechenden Module die Erkennungsrate erhöhen.

[2] Den Begriff hat Daniel J. Bernstein, der Autor von Qmail, geprägt; er ist unter `http://cr.yp.to/proto/verp.txt` definiert und eigentümlicherweise bis heute in keinen RFC eingegangen.

Voraussetzungen für die Anwendung von VERP

Um VERP einzusetzen, muss der für die Domäne `lists.example.org` zuständige Server die Verwendung von Adresszusätzen erlauben. Wenn Sie die Nachrichten von dort aus an andere Server weiterleiten (z. B. weil Mailman nicht auf dem im DNS für die Domäne eingetragenen Mail-Exchanger (MX) laufen soll), müssen auch alle diese Server Adresszusätze erlauben, und zwar unter Verwendung eines einheitlichen Trenners (im obigen Beispiel +). Andernfalls interpretieren diese `testliste-bounces+alex=example.net` als Postfach, User oder Alias, was zwangsläufig zu einem Fehler führt, bevor die Nachricht Mailman überhaupt erreicht.

Da der Mailinglistenserver für jeden Subscriber eine eigene Nachricht erzeugt (der Sender im Umschlag variiert ja leicht), ist der Aufwand für alle involvierten MTAs erheblich höher. Ohne Verwendung von VERP hat erst der MTA, der die Nachrichten an die einzelnen Domänen der Subscriber verteilt, mehr zu tun (und selbst dann nicht zwangsläufig den gleichen wie mit VERP, da ja durchaus mehrere Subscriber aus der gleichen Domäne kommen können).

Ob das für Ihre Mailinglisten relevant ist, hängt letztlich nur vom Gesamtvolumen des erzeugten Mailaufkommens ab (also von der Anzahl der Postings multipliziert mit der Anzahl der Subscriber). Bei einem Produkt von 1000 pro Tag spielt es sicher keine Rolle, bei einem Produkt von 1 000 000 pro Tag[3] sieht das schon anders aus. Ein Mailaufkommen dieser Größenordnung erhält man z. B. mit 20 Mailinglisten, auf denen durchschnittlich 50 Beiträge täglich an etwa 1000 Subscriber verteilt werden.

Nicht zuletzt müssen die Mailserver auf der empfangenen Seite mit Absendern im VERP-Stil zurechtkommen. Nach der Neueinführung dieser Technologie gab es hier immer wieder Probleme, da die Verwendung von + und = in E-Mail-Adressen recht unüblich (wenn auch statthaft) ist. Mittlerweile sollten Sie damit keine Probleme mehr haben, auch wenn manche E-Mail-Clients (wie z. B. Lotus Notes) die Benutzung derartiger Adressen in eigenen Nachrichten nicht gestatten.

Um einem gängigen Missverständnis vorzubeugen: Der MTA, der für die Domäne `lists.example.org` zuständig ist, als auch die MTAs, die entsprechende E-Mails weiterleiten, müssen selber kein VERP unterstützen. Wichtig ist nur, dass sie alles, was vor dem Trenner für Adresszusätze steht, als Adresse und alles, was dahinter steht, als Zusatz verstehen.

Direkte Unterstützung von VERP im MTA würde bedeuten, dass Sie dem MTA bei einer Verteilung eines Postings nur Absender und Empfänger nennen und über ein Flag signalisieren, dass Sie die E-Mail im VERP-Stil ausliefern wollen. Den Rest erledigt der MTA dann selbsttätig. Davon macht

[3] Diese Zahl spiegelt in etwa das Volumen der von SUSE betriebenen Mailinglisten im Jahr 2002 wider.

Mailman aber keinen Gebrauch. Stattdessen expandiert Mailman den Absender im Umschlag selbst und gibt die Nachricht dann regulär an den MTA ab.

VERP aktivieren

Überlegen Sie sich genau, ob Sie vom + als gängigem Trenner für Adresszusätze und = als Ersatz für das @-Zeichen in den E-Mail-Adressen der Subscriber abweichen wollen. Ich empfehle, bei diesen Quasistandards zu bleiben, um den Raum der nutzbaren Zeichen für E-Mail-Adressen nicht unnötig einzuschränken und um das spätere Zerlegen der Bounce-Adresse zu erleichtern.

Stehen die Trennerzeichen fest, konfigurieren Sie zunächst den Trenner für Adresszusätze im MTA, bei Postfix über `recipient_delimiter`, im Normalfall also durch Setzen von

```
recipient_delimiter=+
```

in der Datei `main.cf`. In Mailman lässt sich VERP für unterschiedliche Nachrichtenkategorien aktivieren:

- für Postings (`VERP_DELIVERY_INTERVAL`),
- für Bestätigungsanfragen (`VERP_CONFIRMATIONS`),
- für Passwort-Erinnerungsnachrichten (`VERP_PASSWORD_REMINDERS`) sowie
- für die Zustellbarkeitstests, die die Software durchführt, ehe sie eine Adresse aufgrund von Bounces deaktiviert (`VERP_PROBES`).

Bei Postings haben Sie die Wahl zwischen abgeschaltetem VERP (`VERP_DELIVERY_INTERVAL=0`), VERP bei jedem (`VERP_DELIVERY_INTERVAL=1`) und VERP bei jedem *x*-ten Posting (`VERP_DELIVERY_INTERVAL=`*x*). Das stichprobenhafte VERP im letzten Fall beugt Problemen mit der Performanz bei der Auslieferung von Postings vor.

Ein „VERPisierter“ Mailman enthält folgende Zeilen in der Datei `Mailman/mm_cfg.py`:

```
VERP_DELIVERY_INTERVAL = 1
VERP_CONFIRMATIONS = Yes
VERP_PASSWORD_REMINDERS = Yes
VERP_PROBES = Yes
```

Um die Änderung zu aktivieren, starten Sie die Listserversoftware neu. Weiter brauchen Sie im Normalfall nichts weiter konfigurieren. Wenn Sie allerdings andere Trennzeiche wählen, müssen Sie sämtliche Mailman-Variablen mit Namen VERP_*FORMAT und VERP_*REGEXP anpassen. Standardmäßig sind diese folgendermaßen definiert (fett hervorgehoben die ggf. auszutauschenden Zeichen):

```
VERP_FORMAT = '%(bounces)s+%(mailbox)s=%(host)s'
VERP_REGEXP =
   r'^(?P<bounces>[^+]+?)\+(?P<mailbox>[^=]+)=(?P<host>[^@]+)@.*$'
VERP_PROBE_FORMAT = '%(bounces)s+%(token)s'
VERP_PROBE_REGEXP = r'^(?P<bounces>[^+]+?)\+(?P<token>[^@]+)@.*$'
VERP_CONFIRM_FORMAT = '%(addr)s+%(cookie)s'
VERP_CONFIRM_REGEXP = r'^(.*<)?(?P<addr>[^+]+?)\+(?P<cookie>[^@]+)@.*$'
```

Als alternatives Trennzeichen kommt bei Adresszusätzen der Slash (/) und anstelle des @ in der E-Mail-Adresse das Hash-Zeichen (#) in Betracht. Damit ergibt sich als Return-Path:

```
testliste-bounces/tux#lists.example.org@lists.example.org
```

9

Kapitel

Webinterface und E-Mail-Benachrichtigungen individualisieren

Mailman bietet die Möglichkeit, Teile des Webinterface einer Mailingliste anzupassen – insbesondere solche, zu denen Subscriber Zugang haben. Das Aussehen der entsprechenden Webseiten bestimmen HTML-Templates, in die sich variable Inhalte und Formulare für die Dateneingabe einbinden lassen.

Darüber hinaus müssen auch die Texte, die Mailman als Bestätigungsmeldungen (z. B. bei der Anmeldung) automatisch versendet, nur in wenigen Fällen so bleiben, wie sie die Software anfänglich vorgibt. Für alle anpassbaren Nachrichten greift Mailman auf Plaintext-Templates zurück.

Zudem lassen sich die Kopf- und Fußzeilen, die Mailman in die Postings einfügt, individuell gestalten, getrennt für Nachrichten, die regulär zugestellt werden, und solche, die den Subscriber als Digest erreichen.

9.1 Anpassungen im Administrationsinterface vornehmen

Einen Teil der Templates können Sie als Owner einer Mailingliste direkt im Administration-Interface, und zwar unter **Andere administrative Tätigkeiten | Texte und öffentliche HTML-Seiten anpassen** modifizieren. Im Einzelnen gilt dies für

- die allgemeine Informationsseite der Liste (Abbildung auf Seite 105),
- die Seite, die das Ergebnis des Anmeldevorgangs präsentiert,
- die Seite mit den benutzerspezifischen Optionen (Abbildung auf Seite 168 unten) sowie
- die Textdatei mit der Willkommensmail (Abbildung auf Seite 168 oben).

Dabei bearbeiten Sie die Templates für die Standardsprache (**Sprach-Optionen | preferred_language**) Ihrer Mailingliste. Um die Templates für andere verfügbare Sprachen zu ändern, müssen Sie zunächst die Standardsprache wechseln.

Um die Seite, auf der sich die Liste selbst vorstellt, anzupassen, wählen Sie den Punkt **Allgemeine Informationsseite der Liste**. Sie gelangen dadurch zu einem Webformular wie in Abbildung 9.1 gezeigt, in dem Sie das Template anpassen können.

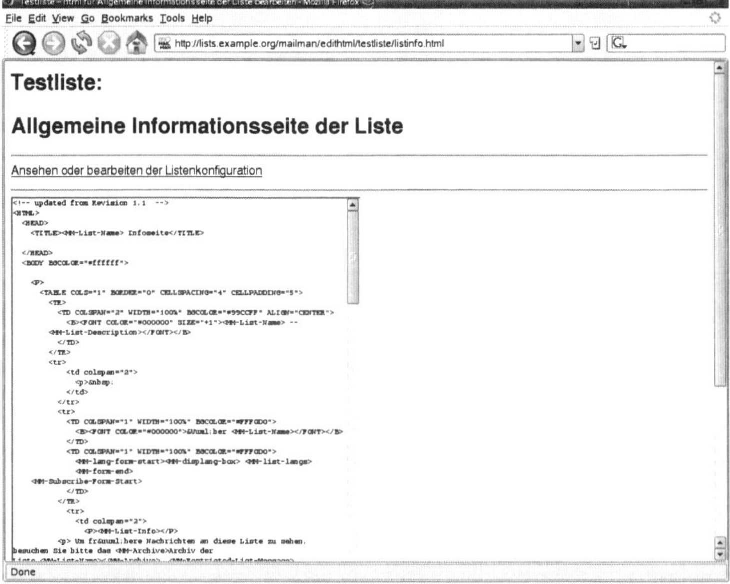

Abbildung 9.1: Bearbeitung des HTML-Templates, aus dem die allgemeine Informationsseite zu einer Liste entsteht

Das HTML-Template zeigt, dass sie per Default als Tabelle formatiert ist (`<TABLE>...</TABLE>`). Sofern Sie es bei dieser Struktur belassen wollen, hilft ein kleiner Trick, um beim Modifizieren der Seite die Übersicht zu behalten: Ändern Sie alle Vorkommen von `BORDER="0"` auf `BORDER="1"`, und klicken Sie dann auf **Änderungen übermitteln**.

Wenn Sie die Informationsseite der Liste (im Falle der `testliste` `http://lists.example.org/mailman/listinfo/testliste`) nun in einem weiteren Fenster Ihres Browsers aufrufen, sollten alle Zellen von einem Rand ähnlich wie in Abbildung 9.2 umgeben sein. Damit werden sowohl die Struktur der Tabelle als auch die Platzierung der einzelnen Elemente deutlicher und lassen sich so besser anpassen.

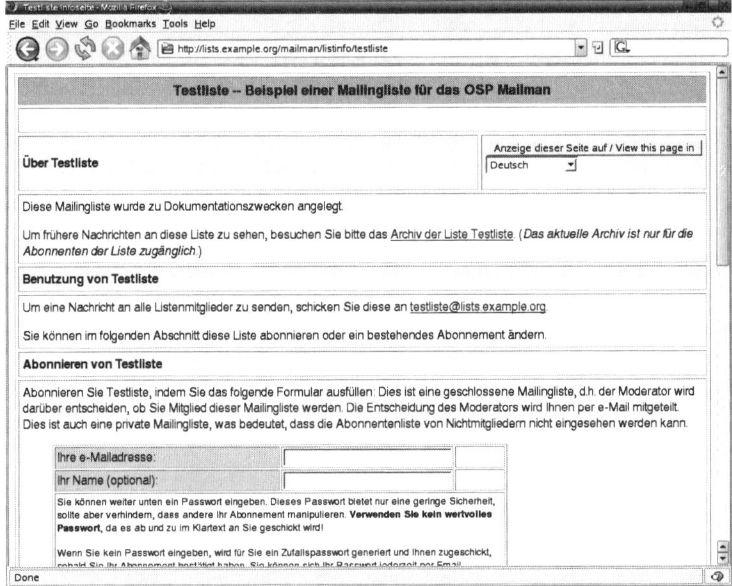

Abbildung 9.2: Die allgemeine Informationsseite der Liste mit aktivierten Rändern

9.2 Modifikationen über die Kommandozeile

Die genannten und weitere Templates lassen sich auch direkt im Dateisystem des Mailinglistenservers anpassen. Sofern Sie die Dateien nicht bereits über das Webinterface bearbeitet haben, müssen Sie sie zunächst ins Mailinglisten-spezifische Verzeichnis kopieren. Das Template für die allgemeine Informationsseite der Liste etwa heißt `listinfo.html`.

Mailman erwartet die Templates in dem zur Sprache passenden Unterverzeichnis, im Fall der Mailingliste `testliste` und der Sprache Deutsch also in `lists/testliste/de/`. Falls dieses noch nicht existiert, legen Sie es an und kopieren das gewünschte Template von `templates/de/` dort hinein:

```
linux:~ # cd /var/lib/mailman/lists/testliste
linux:/var/lib/mailman/lists/testliste # mkdir -p de
linux:/var/lib/mailman/lists/testliste # cp -a \
  /usr/lib/mailman/templates/de/listinfo.html de/
```

Falls Sie die Templates (sofern möglich) zu einem späteren Zeitpunkt über das Administrationsinterface bearbeiten wollen, müssen Sie dafür Sorge tragen, dass das kopierte Template dem Benutzer gehört, unter dessen Identität die Prozesse des Webservers ausgeführt werden.[1]

9.3 Suchreihenfolge für Templates

Das obige Beispiel geht davon aus, dass Sie nur eine Domäne mit Ihrem Mailinglistenserver bedienen – Sie haben nämlich auch die Möglichkeit, für jede Mailingliste innerhalb einer virtuellen Domäne ein eigenes Template-Verzeichnis zu verwenden. Generell sucht Mailman in dieser Reihenfolge in folgenden Verzeichnissen nach Templates:

1. Verzeichnis der Mailingliste: `lists/`*`listenname`*`/`*`sprachkürzel`*`/`
2. Listen-spezifisches Unterverzeichnis der jeweiligen virtuellen Domäne: `templates/`*`listenname.domäne`*`/`*`sprachkürzel`*`/`,[2]
3. Unterverzeichnis für globale Sprachanpassungen: `templates/site/`*`sprachkürzel`*`/`
4. Standardverzeichnis `templates/`*`sprachkürzel`*`/`

Das erste gefundene Template kommt zur Anwendung. Wenn Mailman keines finden kann, greift die Software auf das englischsprachige Template aus `templates/en/` zurück.

Da Mailman mit gleichnamigen Mailinglisten in verschiedenen Domänen *nicht* umgehen kann (siehe Seite 139), empfiehlt es sich, Anpassungen der Übersichtlichkeit halber im Verzeichnis `lists/`*`listenname`*`/`*`sprachkürzel`*`/` (*nicht* in `templates/`*`listenname.domäne`*`/`*`sprachkürzel`*`/`) vorzunehmen. Wollen Sie die Templates aller Mailinglisten auf Ihrem Server modifizieren, verwenden Sie das Verzeichnis `templates/site/`*sprachkürzel/*.

[1] Auf SUSE-Linux-Rechnern heißt dieser Benutzer `wwwrun`.

[2] Im Falle der deutschsprachigen Mailingliste `testliste@example.net` also in `templates/testliste.example.net/de/`.

Mailman 2.1.8 enthält eine Reihe Templates, für die es derzeit noch keine deutschsprachige Version gibt. Wenn Sie eines davon übersetzt haben und zum Mailman-Projekt beisteuern wollen, nehmen Sie bitte Kontakt mit dem Maintainer der deutschsprachigen Mailman-Version auf.[3]

9.4 Die allgemeine Informationsseite anpassen

In der ursprünglichen Form erlaubt es die Informationsseite zu einer Liste, die entsprechende Subscriber-Liste einzusehen – zumindestens soweit der Owner dies gestattet. Abbildung 9.3 zeigt den entsprechenden Abschnitt auf der Webseite.

Da das in der Regel nicht zu empfehlen ist, entfernen Sie diesen Teil am besten gleich aus dem entsprechenden Template, indem Sie folgenden Teil löschen:

```
<TR>
  <TD COLSPAN="2" WIDTH="100%" BGCOLOR="#FFF0D0">
    <a name="subscribers">
    <B><FONT COLOR="#000000">Abonnenten der Liste
       <MM-List-Name></FONT></B></a>
  </TD>
</TR>
<TR>
  <TD COLSPAN="2" WIDTH="100%">
  <MM-Roster-Form-Start>
  <MM-Roster-Option>
  <MM-Form-End>
  </TD>
</TR>
```

Die mit `MM-` beginnenden und mit `<...>` umschlossenen Zeichenketten sind Platzhalter, die Mailman bei der dynamischen Generierung der Webseiten durch HTML-Code ersetzt: `<MM-List-Name>` steht für Kurzform des Mailinglistennamens, `<MM-Roster-Form-Start>` und `<MM-Form-End>` stehen jeweils für den Anfang und das Ende des HTML-Formulars, und `<MM-Roster-Option>` repräsentiert den Hauptteil des Formulars.

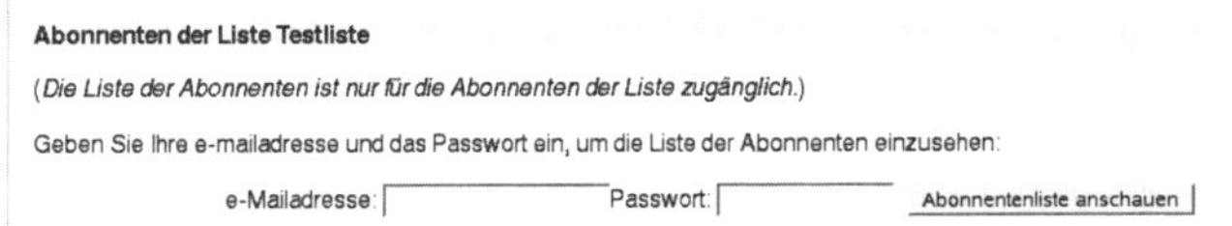

Abonnenten der Liste Testliste
(Die Liste der Abonnenten ist nur für die Abonnenten der Liste zugänglich.)
Geben Sie Ihre e-mailadresse und das Passwort ein, um die Liste der Abonnenten einzusehen:
e-Mailadresse:
Passwort:
Abonnentenliste anschauen

Abbildung 9.3: Listinfo-Seite mit Angaben, wer sonst noch auf der Liste ist

[3] Aktuell ist dies Peer Heinlein `<p.heinlein@heinlein-support.de>`.

Interessant für potentielle Abonnenten einer Mailingliste dürfte hingegen sein, wie groß der Teilnehmerkreis ist. Schließlich erlaubt diese Zahl in gewissem Rahmen einen Rückschluss auf den zu erwartenden Verkehr (sofern es sich nicht um eine Mailingliste handelt, auf der nur Auserwählte posten dürfen).

Mailman liefert diese Zahl frei Haus. Um sie in die Informationsseite einzubauen, tragen Sie etwa unterhalb von

```
<P><MM-List-Info></P>
```

folgenden Code ein:

```
<p>
   Die Mailingliste <MM-List-Name> hat <MM-Num-Members> Subscriber
   (<MM-Num-Reg-Users> regul&auml;re Subscriber und <MM-Num-Digesters>
   Subscriber des Digests).
</p>
```

Das Ergebnis dieser beiden Änderungen sehen Sie in Abbildung 9.4: Mailman ersetzt die Variablen `MM-List-Name`, `MM-Num-Members`, `MM-Num-Reg-Users` und `MM-Num-Digesters` unmittelbar beim Seitenaufruf durch die entsprechenden Werte.

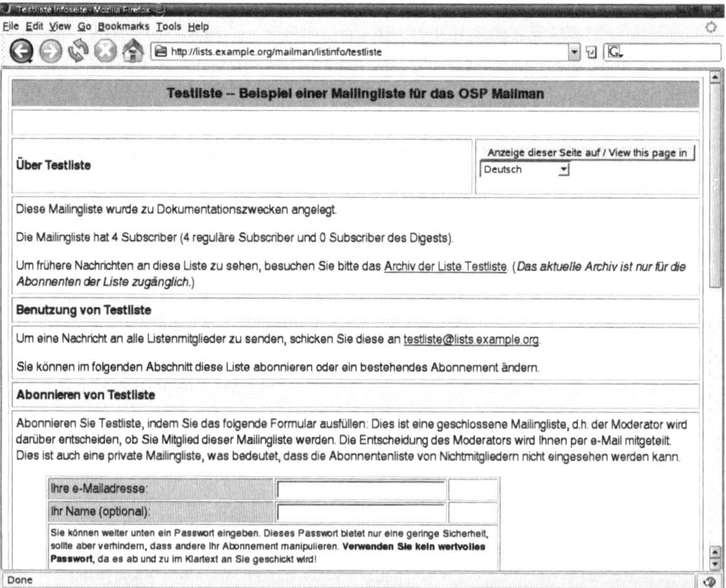

Abbildung 9.4: Die Listeninformationsseite gibt die Anzahl der Subscriber aus

Die Variable `MM-List-Info` ersetzt Mailman durch die einführende Beschreibung, die Sie im Admin-Interface unter **Allgemeine Optionen** eingetragen haben. Eine vollständige Liste aller verfügbaren Variablen finden Sie im Anhang auf Seite 298.

9.5 Welche Templates gibt es?

Im Anhang finden Sie ab Seite 293 eine kommentierte Liste aller von Mailman 2.1.8 benutzten Templates. Sollte Ihre benutzte Version zusätzliche (oder weniger) Templates verwenden, finden Sie dies heraus, indem Sie die im Verzeichnis `templates/` auf dem Mailinglistenserver liegenden Dateinamen mit den im Anhang beschriebenen abgleichen.

Dieses Verzeichnis enthält sowohl HTML-Templates, die für die Generierung des Webinterface benutzt werden, als auch Plaintext-Templates, die bei den automatisierten Nachrichten verwendet werden.

Die Liste der Templates für die von Ihnen bevorzugte Sprache ist nicht immer vollständig. Zum Beispiel fehlen für die deutsche Sprache sowohl ein paar HTML- als auch einige Plaintext-Templates. Als Konsequenz konfrontiert Sie das Mailman-Interface ab und an mit englischsprachigen Texten.

9.5.1 Templates mit Platzhaltern der Form `<MM-*>`

Platzhalter in spitzen Klammern, deren Bezeichnung mit dem Präfix `MM-` beginnt, kommen ausschließlich in HTML-Templates vor – insbesondere in solchen, die Sie über das Webinterface verändern können. Das Modul, welches das jeweilige Template benutzt, ersetzt sie durch den Wert einer oder mehrerer interner Variablen (im Falle von `MM-Num-Members` also durch die Anzahl der Subscriber).[4]

Dabei spielt die Groß-/Kleinschreibung des Platzhalters keine Rolle – der besseren Lesbarkeit halber schreibt man das Präfix `MM-` aber üblicherweise groß.

Welche Platzhalter jeweils zur Verfügung stehen, hängt vom Modul ab, das das Template verwendet (vgl. die Übersicht auf Seite 293). So greift das Modul `Mailman/Cgi/subscribe.py` auf das HTML-Template `subscribe.html` zu, um Sie über Erfolg oder Misserfolg einer Anmeldung zu informieren.

Dabei werden die Platzhalter `<MM-List-Name>`, `<MM-Results>` und `<MM-Mailman-Footer>` jeweils durch den Namen der Mailingliste, durch das Ergebnis der Aktion (in diesem Fall der Anmeldung) und durch die Fußzeilen der Liste (entsprechend dem Wert von `msg_footer` unter `Non-Digest-Optionen` im Admin-Interface) ersetzt.

[4] Die Variablennamen im Modul haben von der Form her selten etwas mit dem Namen des korrespondierenden HTML-Platzhalters zu tun.

Für die Ersetzung greifen die Module auf Methoden der Klasse `MailList` zu. Der folgende Codeausschnitt aus `Mailman/Cgi/subscribe.py` ist dabei repräsentativ:

```
replacements = mlist.GetStandardReplacements(lang)
replacements['<mm-results>'] = results
output = mlist.ParseTags('subscribe.html', replacements, lang)
```

Die beiden Platzhalter `<MM-List-Name>` und `<MM-Mailman-Footer>` sind nicht spezifisch für das Modul `Mailman/Cgi/subscribe.py`, sondern stehen über eine in der Datei `Mailman/HTMLFormatter.py` definierte Liste allen Modulen zur Verfügung. Diese Standardersetzungen liest die Methode `GetStandardReplacements()` in der ersten Zeilen zunächst aus.

Die nachfolgende Zeile definiert, dass `<MM-Results>` durch das vorher in der Variablen `results` zusammengestellte Ergebnis des Anmeldevorgangs ersetzt wird. Die letzte Zeile wendet alle definierten Ersetzungen auf die Datei `subscribe.html` an.

9.5.2 Templates mit Python-Formatstrings als Platzhalter

Platzhalter der Form `%(`*`platzhalter`*`)s`, auch *Python Format Strings* genannt,[5] ersetzt das Modul, das das jeweilige Template benutzt, durch den Wert einer Variablen. Diese Form von Templates kommt in allen Plaintext-Templates und den meisten HTML-Templates vor.

Schauen wir uns z. B. das Template `templates/de/help.txt` an. Das Modul `Mailman/Commands/cmd_help.py` benutzt es, um dem Subscriber eine Kurzanleitung für den Umgang mit der jeweiligen Mailingliste zu senden:

```
Hilfetext zur Mailingliste %(listname)s:

Sie lesen den Hilfetext für Email-Befehle des Mailinglistenservers
"Mailman", Version %(version)s. Im Folgenden werden Befehle beschrieben,
die Sie senden können, um Informationen über Ihre Abonnements zu
erhalten oder diese zu ändern. Alle Befehle können in der Betreffzeile
(Subject) oder im Nachrichtentext (Body) stehen.

Auf viele der folgenden Befehle kann auch über ein Webinterface
zugegriffen werden, das Sie unter

    %(listinfo_url)s

finden.

...
```

[5] Siehe `http://www.python.org/doc/current/lib/typesseq-strings.html`

```
Die folgenden Befehle sind gültig:

    %(commands)s

Alle Befehle sollten an

    %(requestaddr)s

gesendet werden.

Fragen und Anliegen, die eines menschlichen Wesens bedürfen, sollten an

    %(adminaddr)s

gesendet werden.
```

Die Werte für `%(listname)s`, `%(version)s`, `%(listinfo_url)s`, `%(commands)s`, `%(requestaddr)s` und `%(adminaddr)s` werden in `Mailman/Commands/cmd_help.py` definiert und über die Methode `maketext` in den Text eingebunden:

```
    helptext = Utils.maketext(
        'help.txt',
        {'listname'     : mlist.real_name,
         'version'      : mm_cfg.VERSION,
         'listinfo_url': mlist.GetScriptURL('listinfo', absolute=1),
         'requestaddr'  : mlist.GetRequestEmail(),
         'adminaddr'    : mlist.GetOwnerEmail(),
         'commands'     : commands,
         }, mlist=mlist, lang=res.msgdata['lang'], raw=1)
```

Das mit dem Namen `mlist` angesprochene Objekt der Mailinglistenklasse `MailList` repräsentiert die Mailingliste an sich. Um auf den Inhalt einer Klassenvariable zuzugreifen oder eine Methode dieser Klasse aufzurufen, fügt man deren Namen, durch einen Punkt getrennt, an den Objektnamen an. Im obigen Beispiel erzeugt die Methode `mlist.GetRequestEmail()` die *Request-E-Mail-Adresse* der Mailingliste, also z. B. `testliste-request@lists.example.org`. An diese senden Subscriber ihre für Mailman gedachten E-Mail-Kommandos oder die Antworten auf Bestätigungsaufforderungen (siehe Seite 203).

Mit `mm_cfg.` greift man direkt auf globale Mailman-Konfigurationsparameter zu. Welche es gibt, verrät ein Blick in die Datei `Mailman/Defaults.py`.

Im Gegensatz zu den Platzhaltern der Form `<MM-*>` gibt es für `%(`*`platzhalter`*`)s` keine Standardersetzungen. Das heißt, alle im Template enthaltenen Platzhalter müssen direkt im verwendeten Modul definiert werden. In der Praxis bedeutet das, dass Sie, um zusätzliche Variablen dieser Form in einem Template zu verwenden, das entsprechende Modul modifizieren müssen.

Dabei ist es umso ärgerlicher, dass Module nicht als Konfigurationsdateien gekennzeichnet sind und daher bei einem Mailman-Update überschrieben werden. Denken Sie also daran, von modifizierten Modulen z. B. vor Sicherheitsupdates ein Backup anzulegen!

9.6 Kopf- und Fußzeilen der Postings anpassen

Wie andere Mailinglistensoftware erlaubt es auch Mailman, Kopf- bzw. Fußzeilen in eintreffende Postings vor dem Verteilen an die Subscriber einzufügen. Im Administrationsinterface legen Sie die entsprechenden Texte in der Kategorie **Non-Digest-Optionen** über die Parameter `msg_header` bzw. `msg_footer` fest. Für die automatisch erstellten Listen-Digests lassen sich separate Kopf- und Fußzeilen in der Kategorie **Optionen für Nachrichtensammlungen** über die Parameter `digest_header` bzw. `digest_footer` festlegen.

Die Kopf- und Fußzeilen schreibt Mailman jeweils an den Anfang bzw. ans Ende des E-Mail-Haupttextes. Sobald eine Nachricht nicht nur aus reinem Text besteht (der übergeordnete MIME-Type also nicht `text/plain` lautet), fügt die Software sie jeweils als MIME-Anhang in die Nachricht ein.

Standardmäßig definiert Mailman keine Kopfzeilen. Als Fußzeile hängt die Software per Default sowohl an die Einzelpostings als auch ans Ende einer Nachrichtensammlung Folgendes an:

```
_______________________________________________
%(real_name)s mailing list
%(real_name)s@%(host_name)s
%(web_page_url)slistinfo%(cgiext)s/%(_internal_name)s
```

Im Fall unserer Testliste resultiert das in folgenden Fußzeilen:

```
_______________________________________________
Testliste mailing list
Testliste@lists.example.org
http://lists.example.org/mailman/listinfo/testliste
```

Welche Platzhalter der Form `%(`*`platzhalter`*`)s` an dieser Stelle zulässig sind, entnehmen Sie der Tabelle 9.1.

Tabelle 9.1: Gültige Variablen in Kopf- und Fußzeilen

Variable	Inhalt
`real_name`	Üblicherweise der Listenname in Groß-/Kleinschreibung
`list_name`	Name der Liste für diverse URLs, in denen die Groß-/Kleinschreibung eine Rolle spielt
`host_name`	FQDN (*Fully Qualified Domain Name*) des Listservers
`web_page_url`	Basis-URL für Mailman
`description`	kurze Beschreibung der Mailingliste
`info`	ausführliche Beschreibung der Mailingliste
`cgiext`	Dateinamenserweiterung für CGI-Skripte

Für deutschsprachige Mailinglisten passt man die Fußzeilen z. B. so an:

```
_______________________________________________
Mailingliste "%(real_name)s"
%(real_name)s@%(host_name)s
%(web_page_url)slistinfo%(cgiext)s/%(_internal_name)s
```

In unserer Testliste hängt Mailman dann folgenden Text an die Postings an:

```
_______________________________________________
Mailingliste "Testliste"
Testliste@lists.example.org
http://lists.example.org/mailman/listinfo/testliste
```

9.6.1 Signaturen

Wenn Sie die Fußzeilen als Signatur kenntlich machen wollen, ersetzen Sie die lange Trennlinie aus Unterstrichen (_) durch eine Zeile, die mit `--` beginnt und unmittelbar danach exakt mit einem Leerzeichen endet.

Es handelt sich dabei um einen Quasi-Standard für Signaturen, den die meisten E-Mail-Programme verstehen: Wenn Sie auf ein derart gestaltetes Posting antworten, entfernt ein entsprechend programmierter E-Mail-Client zunächst die Signatur (in diesem Fall also die Fußzeilen) aus der E-Mail. Fußzeilen *nicht* zu zitieren, gilt als wünschenswertes Verhalten, sofern diese nicht selbst Gegenstand der Diskussion sind. Insbesondere bei Antworten auf Antworten vermeidet man so, dass Postings unnötig lang werden.

Wenn die Mehrheit der aktiven Subscriber eigene Signaturen verwendet, empfiehlt es sich, auf Fußzeilen zu verzichten, damit die Gesamtsignatur nicht zu lang wird und das Erscheinungsbild des Postings stört.

Auch bei Verteilerlisten, die für Bekanntmachungen etwa innerhalb eines Unternehmens genutzt werden, empfehlen sich Fußzeilen dann nicht, wenn die Empfänger keinen Einfluss auf ihre Subscription haben oder wenn darin enthaltene Informationen überflüssig sind, etwa weil das Archiv der Liste nicht genutzt wird.

Kapitel

10

Archivierung

Archive sind das Gedächtnis einer Mailingliste. Wenn Sie eine Mailingliste betreiben, die als Diskussionsforum genutzt wird und gut besucht ist, werden manche Themen nach einer gewissen Zeit wiederkehren. In dieser Situation ist es von großem Vorteil, wenn man das Thema nicht wieder von vorne aufrollen muss, sondern zunächst auf das Archiv verweisen kann.

So können auch neue Subscriber eine ältere Diskussion um neue Aspekte bereichern, indem sie Postings an die Mailingliste verfassen, die ältere Artikel z. B. per Message-ID oder per URL-Angabe auf den Beitrag im Archiv referenzieren. Auch darüber hinaus haben Archive einige Vorteile:

- Subscriber, die schon länger dabei sind, werden nicht durch das unnötige Wiederkehren eines Themas gelangweilt.
- Das Wissen, dass die Postings archiviert werden, sollte den Subscribern Ansporn sein, ein Thema möglichst akkurat zu behandeln.
- Nicht-Subscriber profitieren von öffentlichen Archiven, da sie die Liste nicht selbst beziehen müssen, um an die gewünschten Informationen zu

kommen. Die Indexierung durch Suchmaschinen verhilft der Mailingliste zudem zu einem höheren Bekanntheitsgrad und neuen Subscribern.

- Subscriber müssen dank öffentlichen oder privaten Archiven nicht ständig aktiv an der Diskussion auf einer Mailingliste teilnehmen, um an Informationen zu kommen.
- Archive schonen die Ressourcen der Subscriber. Stark frequentierte Mailinglisten zu Fachthemen haben das Problem, dass die Zahl der Beiträge nach ein paar Jahren derart groß wird, dass sich diese nicht mehr sinnvoll mit üblichen Mailclients verwalten lassen.

Dem stehen nur wenige Nachteile gegenüber:

- Private Archive müssen vor unbefugtem Zugriff geschützt werden.
- Die Integrität von Archiven muss gewährleistet sein. Unbefugte Veränderung gilt es also zu unterbinden; nach befugten Änderungen muss die referentielle Integrität erhalten bleiben bzw. wieder hergestellt werden.
- Die Bereitstellung eines Archivs sowie der Zugriff darauf erfordert zusätzliche Ressourcen. Inbesondere bei großen, öffentlichen Archiven spielt der Zugriff von externen Suchmaschinen eine gewisse Rolle.

Mailman hilft Ihnen dabei, den Zugriff zu kontrollieren. Zusatzmodule erlauben es, Archive sogar nachträglich zu verändern (sollte das wirklich notwendig werden), ohne dass Querverweise dabei kaputt gehen.

Die Ressourcen-Frage ist im Zeitalter breitbandiger Internet-Anschlüsse, riesiger Festplattenkapazitäten und schnellerer Systeme längst nicht mehr so kritisch wie noch vor 10 Jahren. Damit müssen Sie schon gute Gründe haben, eine Mailingliste *nicht* zu archivieren.

10.1 Archivierungsoptionen

Sobald Sie im Admin-Interface in der Kategorie **Archivierungsoptionen** den Parameter `archive` auf **Ja** setzen, erzeugt Mailman ein Listenarchiv, und zwar ab dem ersten Posting, das eintrifft, nachdem Sie **Änderungen speichern** angewählt haben.

Sofern Sie keinen externen Archivierer konfiguriert haben (siehe Seite 249), verwendet Mailman das mitgelieferte Archivierungstool Pipermail. Sie können dieses über die nachfolgend beschriebenen Optionen konfigurieren. Bei Verwendung externer Archivierer haben die Optionen keinen Einfluss – es sei denn, Sie machen diese dem jeweiligen Programm wie ab Seite 253 beschrieben zugänglich.

Soll das Archiv öffentlich zugänglich sein, wählen Sie für den Parameter `archive_private` den Wert **Nein**. Anderenfalls belassen Sie es beim Standardwert **Ja**. Der Zugriff auf das Archiv ist dann (neben dem Owner und dem Sysadmin) nur den Subscribern möglich. Dazu müssen sich diese auf dem Webinterface über ihr Mailinglisten-spezifisches Passwort authentifizieren.[1]

Sie können zu einem späteren Zeitpunkt die Archivierungspolicy ohne Umstände ändern, und zwar ohne dass dabei Archive in andere Webbereiche verschoben oder neu aufgebaut werden. Warum dies so einfach ist, beschreibt Kapitel 10.2 ab Seite 119.

Abbildung 10.1: Teil eines Archivs, nach Threads sortiert

Mailman-Archive stellen Postings sortiert nach Thread (wie in Abbildung 10.1), Betreff, Autor oder Datum dar.

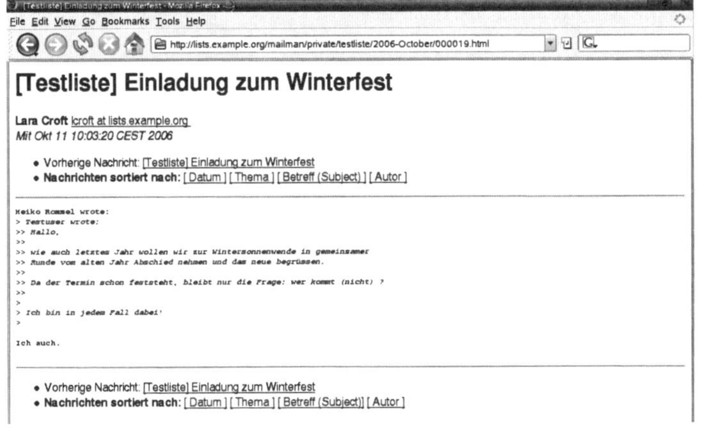

Abbildung 10.2: Darstellung eines Postings im Archiv

[1] Per Mail-Interface hat man bei Mailman grundsätzlich keinen Zugriff aufs Archiv.

Derartige Übersichtsseiten führen jedes Posting samt Betreff und Autor auf. Der Betreff ist mit einem Link hinterlegt, der zur Darstellung der gesamten Nachricht (allerdings ohne Header) führt. Ein Beispiel zeigt Abbildung 10.2.

Da sich aus Performanz- und Ressourcengründen nicht alle Postings einer Mailingliste auf einer einzigen Webseite darstellen lassen (Stellen Sie sich das Archiv einer mehrere Jahre aktiven Mailingliste vor, auf der täglich 50 Postings eingehen!), bricht Mailman das Archiv automatisch in einzelne Nachrichtensammlungen auf. Wie oft eine neue Nachrichtensammlung angelegt wird, legen Sie über den Parameter `archive_volume_frequency` fest. Sie haben die Wahl zwischen **jährlich**, **monatlich**, **quartalsweise**, **wöchentlich** und **täglich**. Diesen Parameter dürfen Sie jederzeit nachträglich ändern. Er wirkt sich jedoch nicht automatisch auf bereits vorhandene Nachrichtensammlungen aus. Wie man diese umstellt, wird ab Seite 122 erklärt.

Mailman baut auf der Basis dieser Einstellung eine Übersichtsseite über alle Nachrichtensammlungen einer Mailingliste zusammen. Ein Beispiel für eine monatliche Archivierung zeigt Abbildung 10.3. Sie ist zunächst nicht lokalisiert.[2]

Abbildung 10.3: Archivübersichtsseite mit monatlicher Archivierung

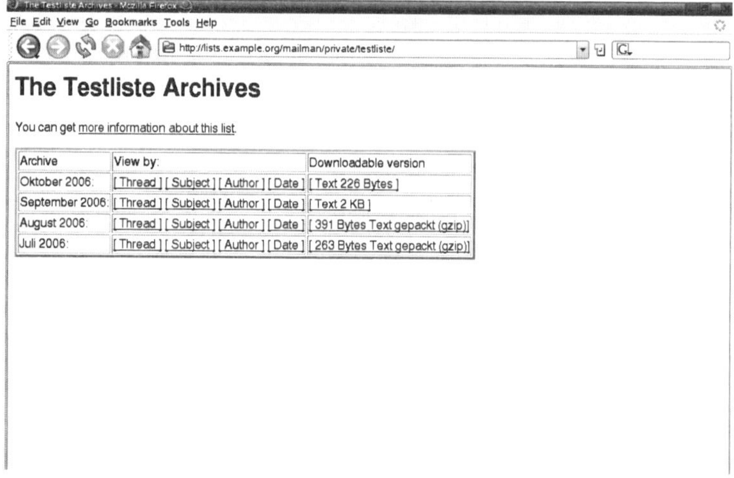

Diese Zusammenstellung dient auch als Einstiegsseite ins Archiv der Liste, die Sie aus dem Admin-Interface heraus über den Link **Zum Archiv der Mailingliste gehen**, welcher unter **Andere administrative Tätigkeiten** aufgeführt ist, erreichen.

Es empfiehlt sich, den Wert für `archive_volume_frequency` so zu wählen, dass die Übersichtsseite einer Nachrichtensammlung üblicherweise mehr als eine Bildschirmseite im Browser einnimmt, d. h. mehr als 25 Postings.

2 Wie man zu deutschsprachigen Archivseiten kommt, klären wir ab Seite 126.

Da die Nachrichtensammlungen untereinander nicht verlinkt sind (sondern nur über die Übersichtseite in Verbindung gebracht werden), steigt sonst die Gefahr, dass Threads auseinandergerissen werden.

Zwar können Sie nachträglich händisch Links in bereits abgeschlossene Nachrichtensammlungen einfügen (z. B. um auf spätere Postings zu einem Thread zu verweisen) – dies kann allerdings sehr aufwendig werden, da Sie keine Kontrolle darüber haben, ob ein Thread nicht etwa zu einem späteren Zeitpunkt (z. B. nach Monaten) fortgeführt wird.

Andererseits sollten Sie verhindern, dass eine Nachrichtensammlung zu viele Postings aufnimmt, da ansonsten das Laden und die Darstellung der entsprechenden HTML-Seite die Ressourcen und damit auch die Nerven sowohl der Benutzer als auch der Admins strapazieren. Darüber hinaus steigt der Aufwand beim Einsortieren eines neuen Beitrags mit der Anzahl der in einer Nachrichtensammlung abgelegten Postings, da Mailman die HTML-Seiten, in denen es die Postings nach unterschiedlichen Schlüsseln sortiert anzeigt, statisch generiert. Beispielsweise muss die Software beim Sortieren nach Threads zunächst untersuchen, ob und, wenn ja, in welchen Thread sich der neue Beitrag einsortieren lässt.

Das Verfahren, mit dem Mailman Archive generiert und darstellt, eignet sich nicht für große Archive. Alternativen erläutert Kapitel 20 ab Seite 249.

10.2 Implementationsdetails

Unabhängig von der Archivierungspolicy liegen die von Mailman erstellten Archive in `archives/private/`*`mailingliste`*`/`. Da `archives/` außerhalb der `DocumentRoot` des Webservers liegen, ist der direkte Zugriff per HTTP nicht möglich.

Den Zugang zu privaten Archiven ermöglicht das CGI `private`. Dieses entnimmt der URL `http://lists.example.org/mailman/private/`*`mailingliste`*`/` die Ziel-Mailingliste und überprüft per Passwort-Abfrage die Identität des Zugreifenden.

Für öffentliche Archive legt Mailman einfach einen symbolischen Link im Verzeichnis `archives/public/` an, welcher auf das private Archiv verweist. Da sich das Verzeichnis `archives/public/` über den Alias `/pipermail/` in der Apache-2-Konfiguration erreichen lässt, wird das ehemals private Archiv über `http://lists.example.org/pipermail/`*`mailingliste`*`/` zu einem öffentlichen. Damit dies funktioniert, aktiviert die Installationsroutine für das Verzeichnis `archives/public/` das Verfolgen symbolischer Links.

Der Unterschied zwischen einem öffentlichen und einem privaten Archiv besteht aus technischer Sicht also allein in der Existenz eines entsprechenden symbolischen Links im Verzeichnis `archives/public/`. Wenn Sie die

Archivierungspolicy von `private` auf `public` ändern, legt Mailman ihn an, im umgekehrten Fall verschwindet der Link.

10.3 Nachrichtensammlungen in Mail-Programme importieren

Die Übersichtsseite eines Archivs enthält wie in Abbildung 10.3 Verweise auf die Nachrichtensammlungen im Originalzustand (**Downloadable version**). Dabei handelt sich um Dateien im sogenannten MBOX-Format.[3] Um Platz zu sparen, liegen Archive zeitlich abgeschlossener Nachrichtensammlungen mittels `gzip` gepackt vor.

E-Mail-Programme für Linux (darunter Mozilla Thunderbird, KMail, Mutt und Pine) verstehen das MBOX-Format direkt. So lassen sich Teile des Archivs ins eigene Mail-Programm importieren oder – wie im Falle von Mutt oder Pine – direkt verwenden. Dies geht auch für mehrere Nachrichtensammlungen gleichzeitig. Zu diesem Zweck entpacken Sie die heruntergeladenen Archive mit `gunzip` und fügen sie mit `cat` zu einer einzigen Mailbox zusammen:

```
user@linux:$ mkdir import
user@linux:$ cd import
user@linux:~/import$ for m in 2006-August 2006-July; do \
  wget --quiet -c \
http://lists.example.org/pipermail/testliste/$m.txt.gz; \
done
user@linux:~/import$ for m in *.txt.gz; do gunzip $m.txt.gz; done
user@linux:~/import$ cat *.txt.gz > testliste-import
```

Im Beispiel legen wir zunächst ein Import-Verzeichnis (`import`) an, laden ausgewählte Nachrichtensammlungen (2006-`August` und 2006-`July`) herunter, packen sämtliche noch nicht ausgepackten Nachrichtensammlungen (`*.txt.gz`) aus und fügen sie in einer einzigen Datei (`testliste-import`) zusammen. Diese MBOX lesen Sie in Ihr Mail-Programm ein.

10.4 Neuaufbau eines Archivs

Neben dem eigentlichen Archiv-Ordner gibt es ein Verzeichnis `archives/private/`*`mailingliste`*`.mbox/`, welches eine Datei im MBOX-Format mit sämtlichen Postings der Mailingliste enthält. Im Gegensatz zum Archiv ist diese Datei also nicht in einzelne Nachrichtensammlungen aufgeteilt. Sie dient vorrangig dem Zweck, das Archiv einer Mailingliste neu aufzubauen.

[3] Das MBOX-Format als unter Unix/Linux gebräuchlichstes Format zum Speichern von E-Mails ist in RFC 4155 spezifiziert.

Normalerweise haben User keinen Zugriff darauf – insbesondere, weil diese Dateien schnell groß werden, weshalb externe Suchmaschinen und Robots (bei öffentlicher Archivierung) beim Herunterladen viel Bandbreite verbrauchen. Um ihn dennoch zu erlauben, fügen Sie folgende Zeile in `Mailman/mm_cfg.py` ein:

```
PUBLIC_MBOX = Yes
```

Diese Einstellung wird im Webinterface erst dann sichtbar, wenn eine neue Nachrichtensammlung angefangen und die entsprechende Übersichtsseite aktualisiert wird. Diese enthält dann einen direkten Link auf die MBOX.

Der Neuaufbau eines Archivs mit dem Mailman-Befehl `arch` kann aus verschiedenen Gründen nötig sein:

- wenn das Archiv durch Datenverlust nicht mehr vollständig oder konsistent ist,
- wenn sich die Zeitspanne, die einzelne Nachrichtensammlungen abdecken, nach Beginn der Archivierung verändert,
- wenn einzelne Postings aus dem Archiv entfernt wurden und die referentielle Integrität nicht mehr gewährleistet ist,
- wenn das Archiv aus Platzgründen kurzfristig entfernt werden musste oder
- wenn Sie mit sofortiger Wirkung den Zugriff auf die MBOX einer Mailingliste gestatten wollen.

Wichtig dabei: Da es auf Linux-Systemen bereits einen Befehl `arch` gibt, der die Hardware-Architektur ermittelt, rufen Sie den Mailman-Befehl mit voller Pfadangabe auf. Um das Archiv der Mailingliste `testliste` neu aufzubauen, geben Sie entsprechend Folgendes ein:

```
linux:~ # /usr/lib/mailman/bin/arch --quiet --wipe  testliste
```

Die Option `--quiet` unterdrückt die sehr ausführliche Ausgabe, in der `arch` Informationen über jedes einzelne Posting und jeden erstellten Index gibt. `--wipe` entfernt vor dem Neuaufbau das alte Archiv. Wenn Sie nur neue Artikel hinzugefügt haben, können Sie diese Option getrost weglassen. In allen anderen Fällen sollten Sie jedoch von dieser Option Gebrauch machen, um zu verhindern, dass beispielsweise nach einer Änderung an `archive_volume_frequency` oder nach der Entfernung des letzten Postings einer Nachrichtensammlung ungewollte Verzeichnisse und Dateien stehenbleiben.

10.4.1 Archiv nach Änderung der `archive_volume_frequency` neu generieren

Ändern Sie nach Beginn der Archivierung das Zeitinterval, nach dem neue Nachrichtensammlungen angefangen werden (z. B. weil eine Nachrichtensammlung im Schnitt zu viele Postings enthält), zeigt sich die Umstellung deutlich in der Übersichtsseite. Abbildung 10.4 gibt dafür ein Beispiel.

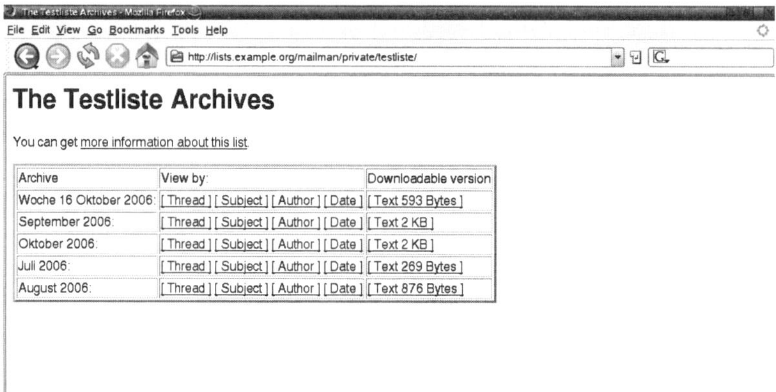

The Testliste Archives

You can get more information about this list.

Archive	View by:	Downloadable version
Woche 16 Oktober 2006:	[Thread] [Subject] [Author] [Date]	[Text 593 Bytes]
September 2006:	[Thread] [Subject] [Author] [Date]	[Text 2 KB]
Oktober 2006:	[Thread] [Subject] [Author] [Date]	[Text 2 KB]
Juli 2006:	[Thread] [Subject] [Author] [Date]	[Text 269 Bytes]
August 2006:	[Thread] [Subject] [Author] [Date]	[Text 876 Bytes]

Abbildung 10.4: Archivübersicht nach Wechsel von monatlicher zu wöchentlicher Archivierung

In diesen Fällen empfiehlt es sich, das Archiv wie oben beschrieben mit der Option `--wipe` neu aufzubauen. Damit löst sich auch das Problem der übervollen Nachrichtensammlungen. Abbildung 10.5 zeigt ein Beispiel für ein neu aufgebautes Archiv.

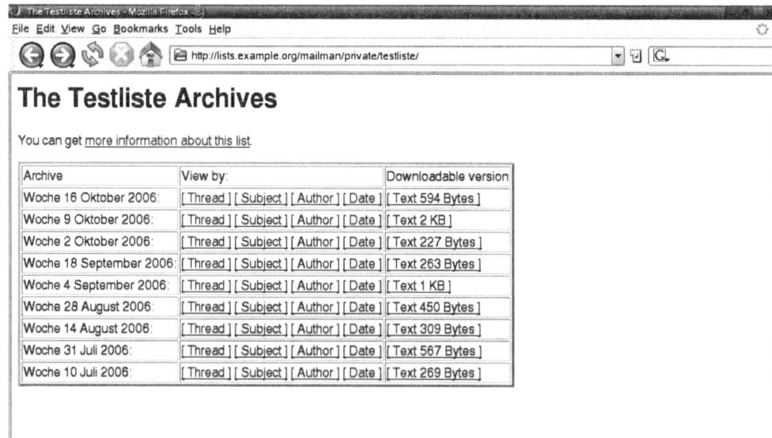

The Testliste Archives

You can get more information about this list.

Archive	View by:	Downloadable version
Woche 16 Oktober 2006:	[Thread] [Subject] [Author] [Date]	[Text 594 Bytes]
Woche 9 Oktober 2006:	[Thread] [Subject] [Author] [Date]	[Text 2 KB]
Woche 2 Oktober 2006:	[Thread] [Subject] [Author] [Date]	[Text 227 Bytes]
Woche 18 September 2006:	[Thread] [Subject] [Author] [Date]	[Text 263 Bytes]
Woche 4 September 2006:	[Thread] [Subject] [Author] [Date]	[Text 1 KB]
Woche 28 August 2006:	[Thread] [Subject] [Author] [Date]	[Text 450 Bytes]
Woche 14 August 2006:	[Thread] [Subject] [Author] [Date]	[Text 309 Bytes]
Woche 31 Juli 2006:	[Thread] [Subject] [Author] [Date]	[Text 567 Bytes]
Woche 10 Juli 2006:	[Thread] [Subject] [Author] [Date]	[Text 269 Bytes]

Abbildung 10.5: Archivübersicht nach Wechsel zu wöchentlicher Archivierung und Neuaufbau

10.4.2 Postings aus Archiven entfernen

Als Owner einer Mailingliste handelt man häufig aus eigenem Antrieb, wenn man Postings aus den Archiven seiner Mailinglisten entfernt. Ein Grund könnte das Bestreben sein, ein Archiv von Spam zu säubern. In anderen Fällen muss man vielleicht ein Posting entfernen, das die Persönlichkeitsrechte Dritter verletzt.

In seltenen Fällen wird man von Subscribern kontaktiert, die einen bitten, eines ihrer Postings aus den Archiven zu löschen. Auch wenn Ihrerseits dazu keine rechtliche Verpflichtung besteht (es sei denn, der Subscriber war nachweislich zu dem Zeitpunkt nicht im Bilde darüber, dass er auf eine Mailingliste postet), sollten Sie dieser Aufforderung nachkommen. Im gleichen Zug sollten Sie allerdings dem Subscriber klar machen, dass Sie keine Kontrolle darüber haben, wer das fragliche Posting sonst noch archiviert und veröffentlicht hat – selbst bei privaten Archiven ohne Archiv kann ein Subscriber alle Postings sammeln und ein eigenes Archiv aufbauen.

Die Erweiterung `editarch`

Manche Linux-Distributoren liefern das Mailman-Paket mit einer Erweiterung aus, die es möglich macht, das Archiv komplett per Webfrontend zu editieren. Gibt es auf Ihrem System die Datei `Mailman/Cgi/editarch.py`, haben Sie diese bereits installiert.

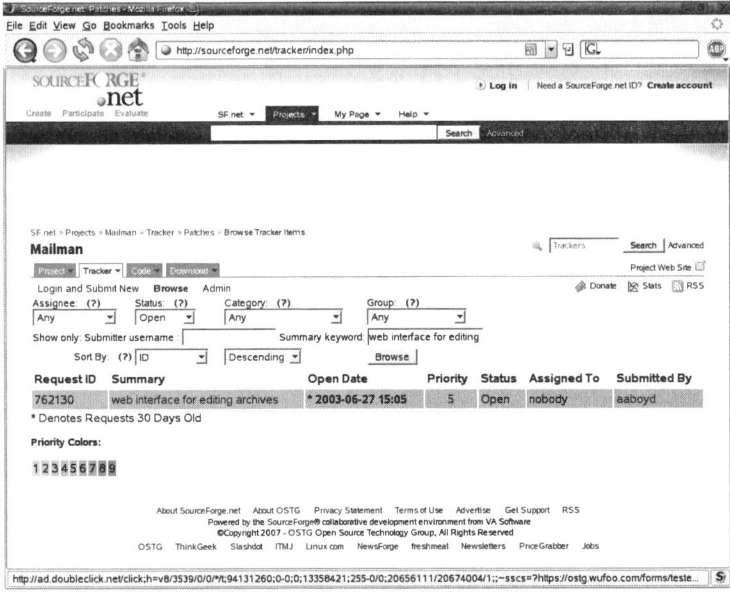

Abbildung 10.6: Adriane Boyds Patch versteckt sich gut auf der Mailman-Sourceforge-Seite

Andernfalls finden Sie den entsprechenden Patch von Adriane Boyd auf `http://sourceforge.net/projects/mailman/`, wenn Sie unter **Patches** nach dem **Summary keyword** `web interface for editing archives` suchen (Abbildung 10.6). Die Autorin passt ihn regelmäßig an die aktuellen Mailman-Versionen an.

Die Erweiterung ergänzt das Admin-Interface unter **Andere administrative Tätigkeiten** um den neuen Punkt **Edit the list archives**. Dieser führt Sie auf eine Archiv-Ansicht, die der normalen Darstellung ähnelt. Lassen Sie sich dort den Artikel, den Sie löschen wollen, anzeigen, und wählen Sie **Delete this message** gefolgt von **Confirm delete**. Abbildung 10.7 zeigt ein Beispiel.[4]

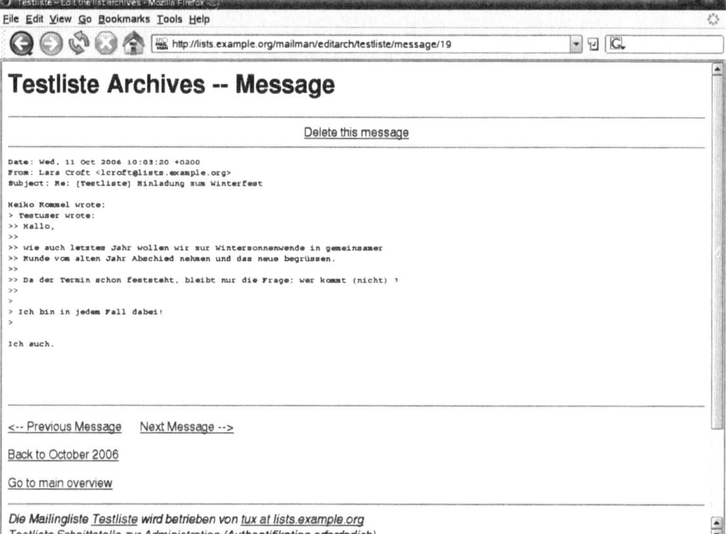

Abbildung 10.7: Löschen eines ausgewählten Postings per Webfrontend

Dieser Vorgang kann eine Weile dauern, denn sobald Sie die Löschung bestätigen, löscht Mailman die Nachricht aus der MBOX auf dem Server. Aus dem Webarchiv verschwindet sie allerdings erst zu einem späteren Zeitpunkt (normalerweise nachts), da das Archiv aufwendig neu konstruiert werden muss. Diesen Vorgang erledigt der Cron-Job `nightly_archives`, der Teil der Erweiterung ist.

Im Gegensatz zum manuellen Löschen hat diese Methode den Vorteil, dass Sie Mailman nicht anhalten müssen, um zu verhindern, dass neue Dateien in die MBOX geschrieben werden, während Sie diese editieren.

[4] Vergleichen Sie diese Darstellung auch mit Abbildung 10.2 auf Seite 117, die das Posting in der normalen Archiv-Ansicht zeigt.

Manuelles Entfernen eines Postings aus dem Archiv

Kommen Sie in die Verlegenheit, ein Posting manuell aus dem Archiv löschen zu müssen, ändern Sie die MBOX `archives/private/`*`mailingliste`*`.mbox/` und bauen das Archiv danach neu auf.

Es empfiehlt sich nicht, das Archiv selbst zu editieren, da Sie dann auch die Indexseiten anpassen und die referentielle Integrität sicherstellen müssen – bei einer aktiven Mailingliste ist das von Hand äußerst mühsam. Darüber hinaus stellt ein Neuaufbau des Archivs zu einem späteren Zeitpunkt das gelöschte Posting wieder her.

Um zu verhindern, dass neue Nachrichten hereinkommen, während Sie die MBOX des Archivs editieren, halten Sie Mailman vor der Änderung zunächst an.[5]

Erstellen Sie danach eine Kopie der MBOX, und laden Sie das Original in einen Editor. Sobald Sie das Posting (z. B. über die Message-ID) gefunden haben, entfernen Sie die entsprechenden Zeilen, angefangen mit dem für das MBOX-Format typischen `From`-Eintrag

```
From tux@lists.example.org  Tue Aug  1 23:02:23 2006
```

bis einschließlich der Leerzeile unmittelbar vor der nächsten derartigen `From`-Zeile.

Achten Sie beim Speichern der geänderten MBOX darauf, dass der Editor die Datei nicht in ein anderes Format oder einen anderen Zeichensatz konvertiert. Bauen Sie das Archiv mit dem Mailman-Befehl `arch` neu auf, und starten Sie Mailman. Auf der Kommandozeile geht dieser Vorgang anhand der Mailingliste `testliste` etwa so vonstatten:

```
linux:~ # rcmailman stop
linux:~ # cd /var/lib/mailman/archives/private/testliste.mbox/
linux:testliste.mbox # cp -a testliste.mbox testliste.mbox.backup
linux:testliste.mbox # vi testliste.mbox
linux:testliste.mbox # /usr/lib/mailman/bin/arch --quiet \
  --wipe testliste
linux:testliste.mbox # rcmailman start
```

10.4.3 Wiederherstellen des Archivs nach (Teil-)Löschung

Die von Mailman erzeugten Archive sind als statische HTML-Seiten ein Vielfaches größer als die als Plaintext vorliegende MBOX. Um wie viel größer, hängt vom durchschnittlichen Verhältnis von Text zu Attachments auf

[5] Mailman benutzt zwar Lockfiles, um den Zugriff auf das Archiv zu regeln, aber wenn diese *nicht* von der laufenden Mailman-Instanz angelegt werden, beachtet die Software sie nicht.

Ihrer Mailingliste ab. Je nachdem, ob (und bis zu welcher E-Mail-Gesamtgröße) Sie Attachments zulassen, müssen Sie mit einem Faktor von 2 bis 10 rechnen.

Falls Sie aus Platzgründen das Archiv (oder den älteren Teil davon) löschen, hilft Mailman bei der selektiven Rekonstruktion des Archivs. Über die Option `--start=`*`posting-nr.`* spezifizieren Sie, ab welcher Nachricht Sie das Archiv rekonstruieren wollen. Mit der zusätzlichen Option `--wipe` löscht Mailman die nicht mehr gewollten Postings aus dem Archiv.

Die Nummer des Postings finden Sie mit den Kommandos `grep` und `nl` heraus, z. B. anhand der `Message-ID`:

```
linux:~ # cd /var/lib/mailman/archives/private/testliste.mbox/
linux:testliste.mbox # grep -Ei "^Message-ID: " testliste.mbox | nl -v 0
     0  Message-Id: <20060711212834.1E0E22F29F@lists.example.org>
     1  Message-Id: <20060801210223.D484D2F380@lists.example.org>
   ...
    14  Message-ID: <45294E27.20607@lists.example.org>
    15  Message-ID: <452CA35A.2090907@lists.example.org>
    16  Message-ID: <452CA44E.2040308@lists.example.org>
   ...
    23  Message-ID: <4537369C.8060407@lists.example.org>
    24  Message-ID: <4537376F.6000602@lists.example.org>
```

Wollen Sie das Archiv für alle Postings ab Nummer 15 neu aufbauen, geben Sie Folgendes ein:

```
linux:~ # /usr/lib/mailman/bin/arch --quiet --wipe --start=15 testliste
```

Die aktualisierte Archiv-Übersicht in Ihrem Browser schweigt sich nun über die Wochen und Monate aus, die vor dem angegebenen Posting liegen.

10.5 Individuelle Gestaltung des Archivs

Die meisten Teile des Archivs sind in Mailman 2.1.8 noch nicht an die deutsche Sprache angepasst, wie z. B. Abbildung 10.1 auf Seite 117 anhand des teilweise übersetzten Menüs **Archives by Diskussionsfaden** zeigt. Wenn Sie das Archiv ohnehin an das Aussehen Ihrer eigenen Webseiten anpassen wollen, schlagen Sie zwei Fliegen mit einer Klappe, indem Sie die entsprechenden Templates gleich mit übersetzen.

Wir konzentrieren uns im Folgenden auf die Anpassung der Templates für die Archivierung. Wenn Sie grundlegende Fragen zum Umgang mit Templates in Mailman haben, sollten Sie einen Blick ins Kapitel 9 ab Seite 103 werfen.

Da Mailman die HTML-Seiten statisch aus den Templates generiert, müssen Sie das Archiv nach Änderungen an den Templates wie ab Seite 120 beschrieben neu aufbauen. Andernfalls wird die Darstellung des Archivs inkonsistent.

10.5.1 Gestaltung des einzelnen Postings

Für die Darstellung der einzelnen Postings greift Mailman nur auf ein einziges Template namens `article.html` zu. Dieses Template ist im Vergleich zu den übrigen Archiv-Templates recht komplex und verwendet eine Vielzahl von Variablen. Diese werden im Detail ab Seite 300 erklärt.

Den kommentierten Bereich in der Mitte der Datei

```
<!--beginarticle-->
%(body)s
<!--endarticle-->
```

ersetzt Mailman durch den Haupttext eines Postings. Alle übrigen Teile können Sie frei umsortieren oder auch entfernen. So empfiehlt es sich, den Teil

```
<A HREF="mailto:%(email_url)s"
   TITLE="%(subject_html)s">%(email_html)s
   </A><BR>
```

durch

```
<A HREF="mailto:%(email_url)s"
   TITLE="%(subject_html)s">%(author_html)s
   </A><BR>
```

zu ersetzen, um zu verhindern, dass die E-Mail-Adresse des Autors im Mailarchiv zu lesen ist. Stattdessen verwenden wir seinen Namen. Die Umsetzung der cleveren Lösung, die E-Mail-Adresse in lediglich privat zugänglich Archiven weiterhin anzuzeigen, während das Template für öffentliche Archive sie verbirgt, scheitert leider daran, dass es für das Template `article.html` keine Variable gibt, der man entnehmen könnte, ob ein Archiv öffentlich ist.

10.5.2 Gestaltung der Nachrichtensammlungen

Für die Darstellung einer Nachrichtensammlung sortiert nach einem der Kriterien Betreff, Autor, Datum oder Thread werden wie in Abbildung 10.8 gezeigt drei Templates verwendet:

`archidxhead.html`
: definiert den Kopfteil der Seite, die per Default die Überschrift setzt, Zugriff auf andere Sortierungen erlaubt und verrät, welchen Archivteil die Nachrichtensammlung abdeckt.

`archidxentry.html`
: ist für den Mittelteil der Seite und damit für die Auflistung der Postings (per Default unter Angabe von Betreff und Autor) zuständig.

`archidxfoot.html`
: beschreibt den Fußteil der Seite, der per Default festlegt, wie die Aktualitätsinformationen und der Zugriff auf andere Sortierungen aussehen.

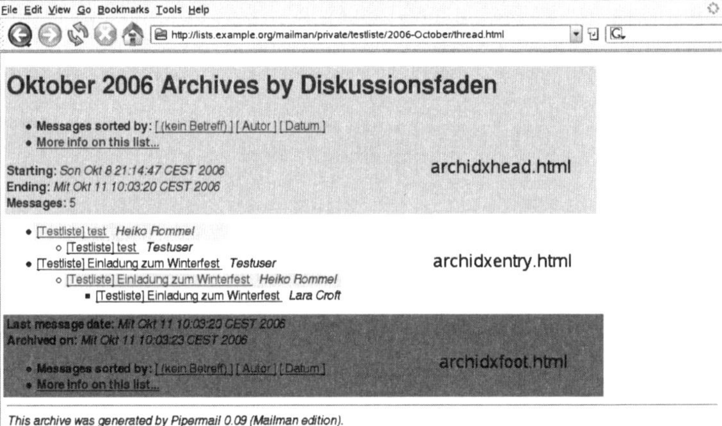

Abbildung 10.8: Die Archiv-Templates für die Anzeige der Nachrichtensammlungen

Abbildung 10.9 zeigt, wie es aussieht, wenn man diese drei Templates komplett an die deutsche Sprache anpasst. (Das Original zum Vergleich finden Sie in Abbildung 10.1 auf Seite 117.)

Das übersetzte Template `archidxhead.html` sieht folgendermaßen aus:

```
<!DOCTYPE HTML PUBLIC "-//W3C//DTD HTML 3.2//EN">
<HTML>
  <HEAD>
     <title>%(listname)s Archivteil %(archive)s sortiert nach
           %(archtype)s</title>
     <META NAME="robots" CONTENT="noindex,follow">
     %(encoding)s
  </HEAD>
  <BODY BGCOLOR="#ffffff">
      <a name="start"></A>
      <h1>Archivteil %(archive)s sortiert nach %(archtype)s</h1>
      <ul>
```

```
      <li> <b> Nachrichten sortieren nach:</b>
             %(thread_ref)s
             %(subject_ref)s
             %(author_ref)s
             %(date_ref)s

         <li><b>
         <a href="%(listinfo)s">Mehr Informationen &uuml;ber diese
            Liste...
         </a></b></li>
   </ul>
   <p><b>Beginn:</b> <i>%(firstdate)s</i><br>
      <b>Ende:</b> <i>%(lastdate)s</i><br>
      <b>Nachrichten:</b> %(size)s<p>
  <ul>
```

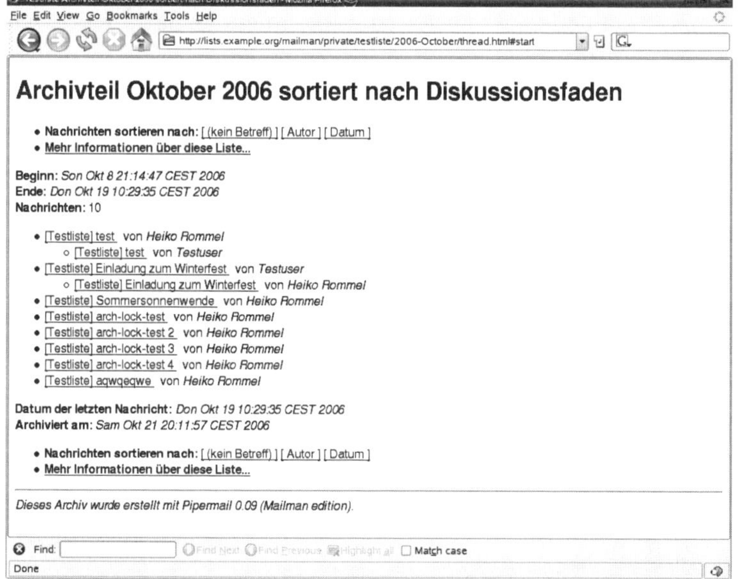

Abbildung 10.9: Deutschsprachige Archiv-Templates für Nachrichtensammlungen

10.5.3 Gestaltung der Übersicht über die Nachrichtensammlungen

Für die Übersicht über alle Nachrichtensammlungen einer Mailingliste greift Mailman wie in Abbildung 10.10 gezeigt auf folgende Templates zu:

`archtoc.html` und `archtocnombox.html`
: definieren standardmäßig, wie der Titel und der Link zur Informationsseite der Mailingliste aussehen. Wenn Sie den Download der gesamten MBOX erlauben, kommt das Template `archtoc.html` zum Einsatz, das einen direkten Link zur MBOX präsentiert. Andernfalls wird das Template `archtocnombox.html` verwendet.

  Beide Templates betten die nachfolgend beschriebenen drei Templates ein. Dazu werden folgende Variablen verwendet:

  - `archive_listing_start` dient als Platzhalter für das Template `archliststart.html`.
  - `archive_listing` wird durch eine Liste der `archtocentry.html`-Templates ersetzt, für jede Nachrichtensammlung eines.
  - `archive_listing_end` sorgt dafür, dass das Template `archlistend.html` eingelesen wird.
  - `noarchive_msg` wird im Falle eines leeren Archivs durch einen Text ersetzt, der darauf hinweist, dass das Archiv keine Postings enthält.

`archliststart.html`
: legt den Kopf der Liste der Nachrichtensammlungen fest. Im Standard-Template ist dieser als HTML-Tabelle angelegt.

`archtocentry.html`
: definiert die Links für eine einzelne Nachrichtensammlung. Im Standard-Template werden sie zu einer HTML-Tabellenzeile zusammengefügt.

`archlistend.html`
: legt den Abschluss der Liste der Nachrichtensammlungen fest. Im Standard-Template ist dieser als HTML-Tabelle angelegt.

Abbildung 10.10: Archiv-Templates für die Übersicht über ein Listenarchiv

Das Template `archtocentry.html` enthält standardmäßig direkte Links zu Seiten, die die Nachrichtensammlung in jeweils unterschiedlicher Sortierung enthalten:

```
<tr>
<td>%(archivelabel)s:</td>
<td>
  <A href="%(archive)s/thread.html">[ Diskussionsfaden ]</a>
  <A href="%(archive)s/subject.html">[ Betreff ]</a>
  <A href="%(archive)s/author.html">[ Author ]</a>
  <A href="%(archive)s/date.html">[ Datum ]</a>
</td>
%(textlink)s
</tr>
```

Die Variable `archive` wird durch den Namen des Unterverzeichnisses ersetzt, das die Nachrichtensammlung enthält (beispielsweise `2006-August`). `archivelabel` ist Platzhalter für den aufbereiteten Namen der Sammlung (beispielsweise `August 2006`). `textlink` enthält den Link zur entsprechenden MBOX, unglücklicherweise inklusive der HTML-Markierung `<td>`, sodass Sie diese Variable nur in Tabellen verwenden können:

```
<td><A href="2006-August.txt">[ Text 3 KB ]</a></td>
```

Beispiele für Änderungen am Erscheinungsbild des Mailarchivs

Eine der wohl häufigsten Änderungen am Mailarchivdesign besteht darin, das Firmen- oder Organisationslogo in der Archivübersicht der Mailingliste einzublenden. Zu diesem Zweck passt man das Template `archtoc.html` an. Im folgenden Beispiel übersetzen wir den Inhalt dieser Seite gleich mit ins Deutsche und ersetzen die Überschrift

```
<h1>Die Archive von %(listname)s</h1>
```

durch eine HTML-Tabelle mit einer Zeile und zwei Spalten:

```
<table width="100%%">
<tr>
<td align="left"> <h1>Die Archive von %(listname)s</h1> </td>
<td align="right"> <img src="/mailmanicons/PythonPowered.png"> </td>
</tr>
</table>
```

Die linke Spalte ist links ausgerichtet und enhält die Überschrift, die rechte Spalte ist rechts ausgerichtet und enthält das Logo `PythonPowered.png`. Durch das Attribut `width` legen wir fest, dass die Tabelle die ganze Breite des Browserfensters einnimmt.

Innerhalb der Templates müssen Sie darauf achten, Prozentzeichen durch doppelte Prozentzeichen zu ersetzen (in diesem Fall also `width="100%%"`), damit die Template-Engine von Mailman korrekt funktioniert.

Das vollständige Template `archtoc.html` sieht damit folgendermaßen aus:

```
<!DOCTYPE HTML PUBLIC "-//W3C//DTD HTML 3.2//EN">
<HTML>
  <HEAD>
    <title>Die Archive von %(listname)s</title>
    <META NAME="robots" CONTENT="noindex,follow">
    %(meta)s
  </HEAD>
  <BODY BGCOLOR="#ffffff">
    <table width="100%%">
    <tr>
    <td align="left"> <h1>Die Archive von %(listname)s</h1> </td>
    <td align="right"> <img src="/mailmanicons/PythonPowered.png"> </td>
    </tr>
    </table>
    <p>
     Sie k&ouml;nnen <a href="%(listinfo)s">mehr Informationen
     &uuml;ber diese Liste</a> erhalten oder
     <a href="%(fullarch)s">das komplette Archiv herunterladen</a>
     (%(size)s).
    </p>
    %(noarchive_msg)s
    %(archive_listing_start)s
    %(archive_listing)s
    %(archive_listing_end)s
    </BODY>
    </HTML>
```

Der Ergebnis spiegelt Abbildung 10.11 wider. Versäumen Sie nicht, die gleiche Änderung im alternativen Template `archtocnombox.html` für Archivübersichten ohne direkten Link auf die MBOX durchzuführen.

Die Tabellenüberschriften in der Tabelle, die die einzelnen Nachrichtensammlungen auflistet, sind mit `<td>` ausgezeichnet. Gefälliger wirkt es, wenn Sie dies im Template `archliststart.html` in `<th>` ändern und die Überschriften in die deutsche Sprache übersetzen:

```
<table border=1>
  <tr>
  <th>Archiv</th>
  <th>Anzeigen sortiert nach:</th>
  <th>Herunterladbare Version</th>
  </tr>
```

Das Template `archlistend.html` enthält im Originalzustand keinen Text und muss von daher nicht übersetzt werden. Natürlich steht es Ihnen jederzeit frei, Ihre eigene Fußzeile zu definieren.

Das für die Darstellung der Links auf die einzelnen Nachrichtensammlungen verwendete Template `archtocentry.html` erfordert hingegen ein wenig Übersetzerfleiß:

```
<tr>
<td>%(archivelabel)s:</td>
<td>
  <A href="%(archive)s/thread.html">[ Diskussionsfaden ]</a>
  <A href="%(archive)s/subject.html">[ Betreff ]</a>
  <A href="%(archive)s/author.html">[ Autor ]</a>
  <A href="%(archive)s/date.html">[ Datum ]</a>
</td>
%(textlink)s
</tr>
```

Abbildung 10.11 zeigt das Gesamtergebnis (vergleichen Sie es mit Abbildung 10.3 auf Seite 118).

Abbildung 10.11: Archivübersicht in deutscher Sprache mit Python-Logo

10.6 Suche in Archiven

Im Laufe der Zeit nimmt das Archiv einer Mailingliste unter Umständen Ausmaße an, die die manuelle Suche im Archiv unpraktikabel werden lassen. Spätestens dann dürften Archivbenutzer Sie ansprechen, ob Sie nicht ein Suchfeld in die Archivseiten einbauen können.

Leider unterstützen Mailman und Pipermail weder die Indexierung oder die Suche in Archiven. Sie müssen sich deshalb auf die Suche nach externen Lösungen machen.

10.6.1 Internetsuchmaschinen

Sofern das Archiv Ihrer Mailingliste öffentlich ist und von Internetsuchmaschinen erfasst wird (siehe Seite 288), können Sie Suchformulare in die Mailman-Templates einbetten, die die Suchmaschinen für Ihre Zwecke nutzen.

Wir demonstrieren das Vorgehen im folgenden Beispiel anhand von Google. Sie können im Prinzip aber auch jede andere Internetsuchmachine verwenden. Beachten Sie dabei die Vorgaben der Suchmaschinenbetreiber – insbesondere was die Verwendung von Logos und die für die Suche verwendeten Parameter betrifft. Im Fall von Google finden Sie entsprechende Hinweise unter `http://www.google.de/intl/de/searchcode.html`.

Das Suchformular platzieren wir auf der Übersichtsseite für die einzelnen Nachrichtensammlungen. Hierzu verwenden wir das auf Seite 131 modifizierte Template `archtoc.html` (bzw. `archtocnombox.html`, falls Sie den Download der Mailbox des Archives nicht gestatten) und fügen unterhalb des HTML-Codes

```
<td align="right"> <img src="/mailmanicons/PythonPowered.png"> </td>
</tr>
```

folgende Zeilen ein:

```
<tr>
<td>
<form method="GET" action="http://www.google.de/search">
<a href="http://www.google.de">
<img src="http://www.google.de/logos/Logo_40wht.gif"
     align="absmiddle" alt="Google" border="0">
</a>
<input type="text" name="as_q" size="31" maxlength="255" values="">
<input type="hidden" name="hl" value="de">
<input type="hidden" name="as_sitesearch"
       value="lists.example.org/pipermail/testliste">
<input type="submit" name="btnG" value="Google Suche">
</form>
</td>
</tr>
```

Im Vergleich zu Googles Standardformular haben wir in der Zeile

```
<input type="text" name="q" size="31" maxlength="255" values="">
```

den Wert des name-Attributs geändert

```
<input type="text" name="as_q" size="31" maxlength="255" values="">
```

um anstatt der einfachen Suche (name="q") die erweiterte Suche (name= "as_q") zu nutzen. Indem wir

```
<input type="hidden" name="as_sitesearch"
       value="lists.example.org/pipermail/testliste">
```

ergänzen, beschränken wir die Suche auf das Archiv der Mailingliste.

Sobald die Indexseite des Archivs neu erstellt wird (entweder automatisch bei Beginn einer neuen Nachrichtensammlung oder wie auf Seite 120 beschrieben durch den Neuaufbau des Archivs), kommen diese Änderungen zur Geltung. Abbildung 10.12 zeigt das Ergebnis anhand unserer Testliste.

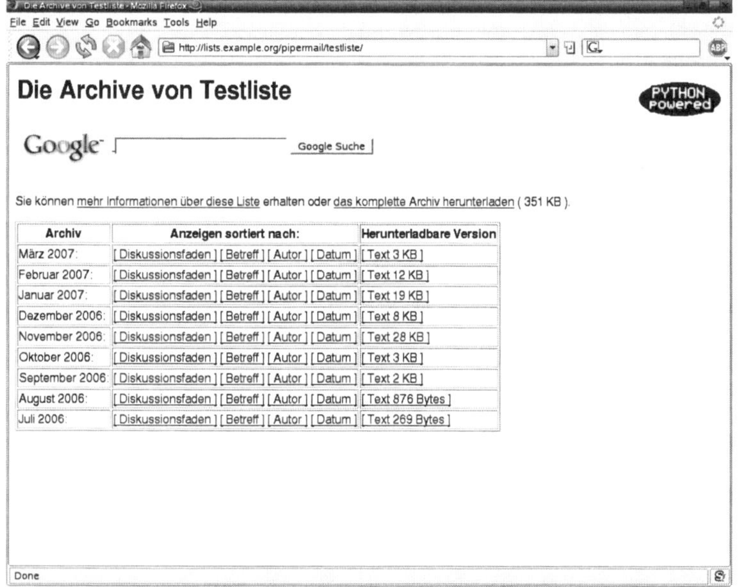

Abbildung 10.12: Google-Suche im Archiv der Mailingliste `testliste`

10.6.2 Nutzung des Mailarchivierers mail-archive.com

Wenn Sie sich nicht darauf verlassen wollen, dass das Archiv Ihrer Mailingliste von Internetsuchmaschinen erfasst wird, lassen Sie Ihre Mailingliste von Dienstleistern archivieren, die sich explizit um Mailinglisten kümmern, und benutzen deren Suchformulare.

Das wohl größte derartige Mailarchiv ist „The Mail Archive".[6] Es erfasst derzeit über 4500 Mailinglisten mit über 40 Millionen archivierten Nachrichten. Darunter befinden sich auch die offiziellen Mailinglisten des Mailman-Projekts.

Um die eigenen Mailinglisten in die Obhut von „The Mail Archive" zu übergeben, subscriben Sie einfach die E-Mail-Adresse `archive@mail-archive.com` auf Ihrer Mailingliste. Achten Sie darauf, dass bei diesem Vorgang keine Bestätigungsaufforderung versendet wird – diese kann `archive@mail-archive.com` nicht beantworten.

Fortan archiviert „The Mail Archive" alle neuen Nachrichten, die über Ihre Mailingliste verteilt werden. Im Fall unserer Testliste `testliste@example.org` lautete die URL zum Archiv `http://www.mail-archive.com/testliste%40example.org/`.

Um ein bereits bestehendes Archiv zu integrieren, nehmen Sie Kontakt mit dem Support von „The Mail Archive" auf. Im einfachsten Fall senden Sie die URL zu *Ihrem* Archiv mit. Das Support-Team wird das Archiv dann einfach herunterladen und integrieren.

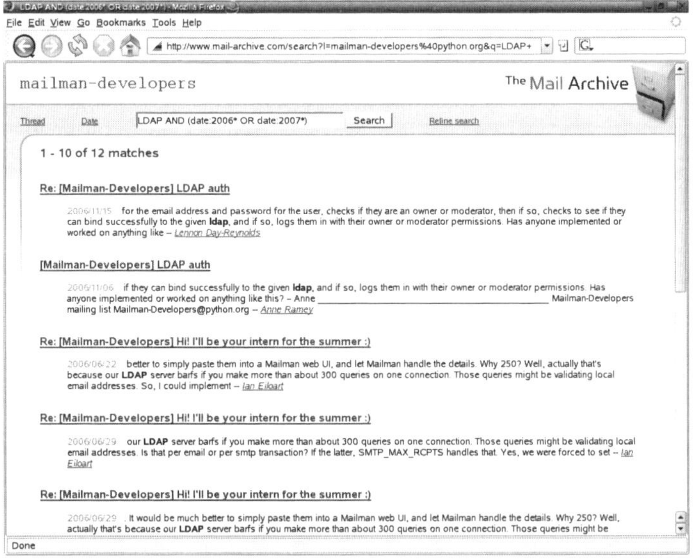

Abbildung 10.13: Die Mailingliste `mailman-developers@python.org` im Suchindex von `http://www.mail-archive.com/`

Das Suchformular von „The Mail Archive" unterstützt die Verknüpfung unterschiedlicher Suchparameter. Beispielsweise können Sie mit dem Ausdruck

```
LDAP AND (date:2006* OR date:2007*)
```

[6] `http://www.mail-archive.com/`

nach allen Postings suchen, in denen das Wort LDAP vorkommt und die im Jahr 2006 oder 2007 erstellt wurden. Abbildung 10.13 zeigt das Suchformular und die entsprechenden Suchergebnisse.

Eine genaue Beschreibung der Suchsyntax sowie weitere Tipps finden Sie unter `http://www.mail-archive.com/faq.html`.

10.6.3 Aufbau eines eigenen Index

Wenn das Archiv Ihrer Mailingliste privat (d. h. passwortgeschützt) oder nicht aus dem Internet erreichbar ist, kommen Sie nicht um den Aufbau einer eigenen Suchmaschine herum.

Es gibt eine ganze Reihe mehr oder weniger geeigneter Softwaresysteme für die Indexierung und Suche in HTML-Archiven. Das vielleicht bekannteste ist die Open-Source-Lösung *ht://Dig*[7]. Auch wenn deren Entwicklung scheinbar im Juni 2004 stehen geblieben ist, erfreut sie sich nach wie vor einer breiten Benutzerbasis.

Ein weitere Open-Source-Lösung ist *Swish-e*[8]. Im Gegensatz zu ht://Dig wird Swish-e stetig weiterentwickelt und bietet neben Filtern für die Indexierung von PostScript-Dateien, PDFs und `gzip`-Archiven Programmierschnittstellen für Perl und C, über die sich die Funktionalität erweitern lässt.

Beiden Lösungen ist eines gemeinsam: Sie können momentan nicht mit Zeichensätzen umgehen, die mehr als acht Bit zur Darstellung eines Zeichens benutzen (wie z. B. UTF-8).

Eine weitere, vielversprechende Open-Source-Lösung ist *Perlfect Search*,[9] welche sich durch eine einfache Installation und (zunächst) gute Erweiterbarkeit (da in Perl geschrieben) auszeichnet.

Die Verwendung von MIME und von modernen Zeichensätzen in E-Mails ruft geradezu nach einer eigenen Klasse von Suchmaschinen, die nicht nur Text indexiert, sondern auch die Suche nach besonderen Attributen einer E-Mail erlaubt, beispielsweise nach E-Mails mit PDF-Anhängen bestimmter Größe oder nach Nachrichten, die in einem bestimmten Zeitraum geschrieben wurden. Eine solche Lösung, die versteht, wie E-Mails aufgebaut sind, und die leistet, was moderne E-Mails-Clients leisten, ist dem Autor bislang allerdings nicht bekannt.

[7] `http://htdig.org/`
[8] `http://www.swish-e.org/`
[9] `http://perlfect.com/freescripts/search/`

Kapitel

11

Mailinglisten für mehrere Domänen

Mailman bietet Ihnen die Möglichkeit, die Mailinglisten mehrerer Domänen auf einem Host zu betreiben. Im Gegensatz zur Virtualisierung der Hardware (z. B. mittels Xen[1]) hat Software-Virtualisierung (in diesem Fall also die von Mailman) den enormen Vorteil, dass Sie nur einen einzigen Host warten müssen und sich nicht mit der Installation und Wartung des Betriebssystems, des Webservers, ... auf vielen virtuellen Hosts plagen müssen.

Wenn Sie beispielsweise die Webseiten verschiedener Kunden oder Projekte betreuen, haben Sie Ihren Webserver in der Regel so konfiguriert, dass er die unterschiedlichen Webpräsenzen jeweils über eigene, kunden- bzw. projektspezifische Domänen ausliefert. Mailman bietet Ihnen die Möglichkeit, dasselbe für die Mailinglisten zu tun.

[1] `http://www.cl.cam.ac.uk/research/srg/netos/xen/`

11.1 Grenzen der Virtualisierung

Leider ist Mailman nicht in der Lage, Listen gleichen Namens auf unterschiedlichen Domänen zu betreiben: `testliste@lists.example.org` und `testliste@example.net` können auf einer einzigen Mailman-Installation *nicht* nebeneinander existieren. Diese Beschränkung betrifft allein Mailman, denn sowohl Web- als auch Mailserver virtualisieren (zumindest im Fall von Apache 2 und Postfix) Domänen komplett: Den Webserver interessiert nur die Domäne und im Mailserver erreicht man eine strikte Trennung durch virtuelle Mailboxen und Aliase.

Bei zu erwartenden Namenskollisionen bei Listen haben Sie grundsätzlich zwei Möglichkeiten: Sie können entweder versuchen, eine der beiden beteiligten Parteien dazu zu bewegen, ihre Mailingliste umzubenennen, oder Sie virtualisieren die Hardware.[2]

Ein andere Beschränkung betrifft die Parameter, mit denen Mailman betrieben wird: Sämtliche Parameter, die unabhängig von den einzelnen Listen sind, sind auch unabhängig von den Domänen. Dies betrifft insbesondere alle Parameter in `Mailman/Defaults.py` und `Mailman/mm_cfg.py` sowie das Master-Passwort und das Passwort, das Sie für die Erstellung neuer Mailinglisten über das Webinterface festgelegt haben. Das bedeutet beispielsweise, dass Sie für alle Mailinglisten den gleichen Archivierer benutzen müssen, oder dass Sie die Zustellung mittels VERP nur für alle Mailinglisten gleichzeitig aktivieren können.

11.2 Hinzufügen neuer Domänen

Nehmen wir an, Sie wollen Mailinglisten in der E-Mail-Domäne `example.net` betreiben. Das Webinterface soll über `http://www.example.net/...` erreichbar sein. Teilen Sie Mailman dies mit, indem Sie folgende Zeile an die Datei `Mailman/mm_cfg.py` anhängen:[3]

```
add_virtualhost('www.example.net', 'example.net')
```

Starten Sie danach Mailman neu. Falls die DNS-Einträge für `www.example.net` bzw. `example.net` noch nicht auf Ihren Host zeigen, veranlassen Sie derartige Einträge beim zuständigen Admin.

[2] Die dritte Möglichkeit, eine zweite Mailman-Instanz mit anderen Pfaden auf dem gleichen Host zu installieren, schließe ich an dieser Stelle angesichts der zu erwartenden Komplexität aus.

[3] Falls Sie eine SUSE-Distribution einsetzen, können Sie auch `MAILMAN_VIRTUAL_HOSTS="www.example.net,example.net"` in `/etc/sysconfig/mailman` setzen und `SuSEconfig` laufen lassen.

11.2.1 Anpassen des Webservers

Stellen Sie sicher, dass Ihr Webserver auf `http://www.example.net/` anspricht, indem Sie in einem Browser die URL `http://www.example.net/mailman/admin/` aufrufen. Sie sollten dann das Mailman-Admin-Webinterface für die Domäne `www.example.net` wie in Abbildung 11.1 zu sehen bekommen.

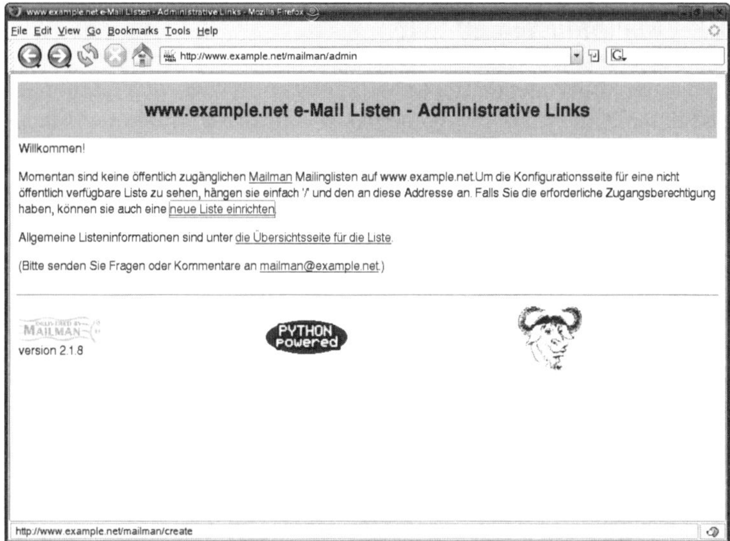

Abbildung 11.1: Admin-Interface der virtuellen Domäne `www.example.net`

Falls das bei Ihnen nicht klappt, müssen Sie unter Umständen einen virtuellen Host für `www.example.net` in Ihrem Webserver konfigurieren und dort ähnliche Einstellungen für Mailman vornehmen, wie Sie dies für die primäre Domäne bereits gemacht haben. Konsultieren Sie dazu die Dokumentation Ihres Webservers!

11.2.2 Anpassen des Mailservers

Stellen Sie sicher, das der zuständige Mailserver E-Mails für die Domäne `example.net` annimmt und an lokale Aliase bzw. Benutzer zustellt. Mit Postfix erreichen Sie dies, in dem Sie `example.net` mit in den Parameter `mydestinations` aufnehmen und Postfix neu starten[4].

[4] Bei SUSE können Sie auch `example.net` mit in den Parameter `POSTFIX_LOCALDOMAINS` in `/etc/sysconfig/postfix` aufnehmen und `SuSEconfig` laufen lassen.

11.3 Anlegen und Löschen neuer Mailinglisten in der virtuellen Domäne

Über das Admin-Interface für die neue Domäne (im Beispiel unter `http://www.example.net/mailman/admin/` zu erreichen, siehe Abbildung 11.1) lassen sich nun Domänen-spezifische Mailinglisten anlegen.

11.3.1 Mailinglisten erstellen

Das Verfahren zum Anlegen neuer Mailinglisten in virtuellen Domänen unterscheidet sich nicht vom Vorgehen in der primären Domäne: Man folgt dem Link **neue Mailingliste einrichten** im Webfrontend.

Auf der Kommandozeile müssen Sie über die Parameter `--urlhost` und `--emailhost` Mailman mitteilen, in welcher Domäne die Mailingliste liegen soll. Wenn Sie die virtuelle Domäne wie oben beschrieben mit `add_virtualhost` hinzugefügt haben, reicht der Parameter `--urlhost`. Mailman schlägt den dazugehörigen Wert für `--emailhost` dann selbständig nach. Um eine neue Mailingliste namens `testliste-virtual@example.net` zu erstellen, die im Web unter `http://www.example.net/mailman/listinfo/testliste-virtual` erreichbar sein soll, geben Sie ein:

```
linux:~ # newlist --urlhost=www.example.net testliste-virtual
Enter the email of the person running the list: tux@lists.example.org
Initial testliste-virtual password: listen-passwort
Hit enter to notify testliste-virtual owner...
```

11.3.2 Auflisten von Mailinglisten

Standardmäßig zeigt Mailman auf dem Webinterface nur die Mailinglisten für die jeweilige Domäne an. Auf der Kommandozeile führt `list_lists` zwar weiterhin alle Mailinglisten aller Domänen auf. Sie können allerdings über den Parameter `-V` spezifizieren, dass Sie nur die Listen einer bestimmten Domäne sehen wollen. Als Argument für `-V` können Sie wahlweise den URL- oder den E-Mail-Host angeben:

```
linux:~ # list_lists -V example.net
1 matching mailing lists found:
    Testliste-virtual - [no description available]
```

Wollen Sie unabhängig von der Admin-URL bzw. dem Parameter `-V` stets *alle* Mailinglisten in der Übersicht sehen, setzen Sie in `Mailman/mm_cfg.py`

```
VIRTUAL_HOST_OVERVIEW = Off
```

Diese Einstellung ist allerdings nicht empfehlenswert, da Sie dann keine einfache Möglichkeit mehr haben, eine Liste der Mailinglisten einer bestimmten Domäne zu erstellen: Im Dateisystem des Mailman-Servers sieht die Mailingliste einer virtuellen Domäne genauso aus wie die einer primären Domäne.

11.3.3 Löschen von Mailinglisten

Das Löschen einer Mailingliste aus einer virtuellen Domäne ist wie das Löschen einer Mailingliste aus der primären Domäne nur über die Kommandozeile möglich (siehe Seite 44). Da es keine zwei Mailinglisten gleichen Namens geben, reicht zum Löschen einfach der Listenname.

11.4 Anpassen des Webinterface mittels Templates

Wie auf Seite 106 erläutert, durchsucht Mailman verschiedene Verzeichnisse nach Templates und hält dabei eine bestimmte Reihenfolge ein.

`lists/`*`listenname`*`/`*`sprachkürzel`*`/` im Verzeichnis der Liste kommt nur dann zum Einsatz, wenn Sie Templates über das Webinterface modifizieren. Es gibt diesbezüglich keinen Unterschied zu Mailinglisten der primären Domäne.

`templates/`*`listenname.domäne`*`/`*`sprachkürzel`*`/` ist historisch bedingt und funktional redundant: Da der Listenname immer eindeutig ist, gibt es keinen Grund, einen zweiten Listen-spezifischen Template-Pfad zu benutzen. Sie sollten in diesem Verzeichnis deshalb keine Templates ablegen.

Das domänenspezifische Unterverzeichnis `templates/`*`domäne`*`/`*`sprache`*`/` ist interessant: Dort können Sie Templates ablegen, die alle Mailinglisten einer virtuellen Domäne benutzen. Logos Ihrer Kunden oder Projekte, die in die Gestaltung der Webseiten einfließen sollen, legen Sie ebenfalls dort ab. Damit brauchen Sie in den Templates der einzelnen Listen nur Listen-spezifische, aber keine domänenbezogenen Änderungen mehr anzubringen.

Legen Sie zunächst den entsprechenden Template-Pfad für die Zielsprache an, im Fall der virtuellen Domäne `example.net` und der Sprache `de` etwa mit

```
linux:/usr/lib/mailman # mkdir -p templates/example.net/de/
```

Kopieren Sie nun das anzupassende Template (hier `listinfo.html`) aus dem globalen Verzeichnis:

```
linux:/usr/lib/mailman # cp -a templates/de/listinfo.html \
  templates/example.net/de/
```

Wenn Sie vorhaben, von vornherein mit separaten Templates für die virtuelle Domäne zu arbeiten, kopieren Sie am besten alle Templates für alle Sprachen ins Verzeichnis Ihrer virtuellen Domäne:

```
linux:/usr/lib/mailman # cp -a ?? ??_?? templates/example.net/
```

Um ein Hintergrundbild auf der Informationsseite jeder Mailingliste einzubauen, erweitern Sie den HTML-Tag `<BODY>` in `listinfo.html` um das Attribut `BACKGROUND`:

```
<BODY BACKGROUND="/mailmanicons/mailman-large.jpg" BGCOLOR="#ffffff">
```

In diesem, zugegebenermaßen nicht sehr ansehnlichen Beispiel kommt das Mailman-Logo als Hintergrundbild zum Einsatz. Hier ist die Kreativität Ihrer Webdesigner gefragt.

Kapitel

12

Anbindung an einen Newsserver

Lange bevor Mailinglisten den heutigen Verbreitungsgrad erreicht hatten, gab es mit dem Usenet eine global verfügbare Plattform für den Austausch von Diskussionsbeiträgen. Auch wenn sich das Format der Nachrichten in beiden Systemen sehr ähnelt, unterscheiden sich die Ansätze der Verteilung der Nachrichten fundamental:

- Usenet-Newsgruppen sind hierarchisch organisiert. Dies spiegelt sich unmittelbar im Namen einer Newsgruppe wider. So bezeichnet beispielsweise `de.comp.lang.java` die deutschsprachige (`de.`) Newsgruppe, die sich mit Computing (`comp.`), genauer: mit der Programmiersprache (`lang.`) Java, beschäftigt. Im Gegensatz dazu gibt es für die Strukur von Mailinglistennamen keinen anerkannten Standard.

- Ein dezentrales Netz von Newsservern sorgt dafür, dass Newsgruppen und deren Postings global verteilt werden. Mailinglisten dagegen werden zentral auf einem Server verwaltet und deren Postings nur an registrierte Abonnenten (Subscriber) verteilt.

- Newsgruppen sind grundsätzlich offen, d. h., jedes Posting kann global von jedem gelesen werden – es sei denn, der Betreiber des Newsservers, den Sie benutzen, hat eine eigene Newsgruppe angelegt und verteilt deren Postings nicht an andere Newsserver.

- Die Newsserver stellen die Postings einer Newsgruppe nur für eine begrenzte Zeit (typischerweise ein paar Wochen) bereit. Auch die Newsclients („Newsreader“) wie z. B. Mozilla Thunderbird, SLRN[1] oder Tin[2] löschen standardmäßig Newspostings nach Ablauf der für die Newsgruppe festgelegten Zeit aus ihrem Cache.

Mailman bietet Ihnen die Möglichkeit, eine Mailingliste an eine Newsgruppe zu koppeln. Sie haben dabei die Kontrolle über beide Richtungen: Sie können sowohl alle Postings an die Mailingliste an eine Newsgruppe weitergeben (*Mail2News*) als auch alle Postings an eine Newsgruppe von Mailman einsammeln und an die Mailingliste verteilen lassen (*News2Mail*).

Aufgrund der offenen Struktur der Newsserver bietet sich eine derartige Kopplung in erster Linie für öffentliche Mailinglisten an – es sei denn, Sie koppeln Ihre Mailingliste an eine Newsgruppe auf Ihrem eigenen Newsserver und unterbinden die Weitergabe der entsprechenden Postings an andere Newsserver.

Doch welche Vorteile bringt die Kopplung einer Mailingliste an eine Newsgruppe? Zunächst einmal ist es für die Teilnehmer sehr viel einfacher, eine Newsgruppe zu abonnieren als die zugehörige Mailingliste zu subscriben, da sich das Problem der Authentifizierung eines Abonnenten nicht stellt: Dieser lädt die Postings einfach in seinen Newsreader. Des Weiteren sorgt das eingebaute Verfallsdatum wie auch die effiziente Verteilung der Postings an die Newsserver dafür, dass alle Beteiligten sehr schonend mit den Ressourcen Speicherplatz und Bandbreite umgehen. Zu guter Letzt erreichen Sie durch die Bereitstellung der Postings über News auch solche Veteranen, die sich nicht von ihrem Newsreader trennen wollen.

12.1 Suche nach einer geeigneten Newsgruppe

Im strengeren Sinn umfasst das Usenet nur die in Tabelle 12.1 gezeigten acht Hierarchien.

[1] `http://www.slrn.org/`
[2] `http://www.tin.org/`

Tabelle 12.1: Die Haupthierarchien des Usenet

Hierarchie	**Typische Themen**
`comp.`	Computer und Informationstechnologie (*computing*)
`sci.`	Wissenschaft und Technik (*science*)
`soc.`	Die Gesellschaft und einzelne gesellschaftliche Gruppen betreffende Themen (*social*)
`talk.`	Allgemeines über Dies und Das
`rec.`	Alle Themen rund um Freizeit und Erholung (*recreational*)
`news.`	In dieser Hierarchie ist das Usenet selbst Gesprächsthema
`humanities.`	Literatur, Kunst, Musik, Philosophie
`misc.`	Alles, was nicht in einer der oben genannten Hierarchien Thema ist (*miscellaneous*)

Nach der Gründung des Usenet im Jahr 1979 kamen weitere Hierarchien hinzu, inbesondere solche für einzelne Länder (z. B. `de.`), einzelne Regionen (z. B. `nrw.`) und Themen, die sich aus Policy-Gründen nicht in eine der bestehenden Hierarchien eingliedern lassen (z. B. `alt.` für *alternative*). Für die Gesamtheit dieser Hierarchien findet man verschiedene Bezeichnungen, z. B. *Internet News* oder einfach nur *News*. Im Folgenden schließen wir uns dem allgemeinen Sprachgebrauch an und bezeichnen auch die erweiterte Hierarchie als Usenet.

Sofern Sie Ihre Mailingliste nicht an eine bereits existierende Newsgruppe koppeln, stellt sich die Frage, wie Sie eine geeignete Newsgruppe beantragen. Das Vorgehen hängt von der Hierarchie und deren Eigentümer ab, in der die Newsgruppe untergebracht werden soll.

Um eine Newsgruppe in der `de`-Hierarchie zu beantragen, senden Sie einen sogenannten *Request for Discussion* (RfD), also einen Antrag auf Diskussion an die Moderationsadresse `moderator@dana.de`. Dieser Antrag muss einer gewissen Form genügen, die auf dem Server für das deutschsprache Usenet unter `http://www.dana.de/mod/` erläutert wird.

Sobald sich ausreichend triftige Gründe bzw. genügend Interessenten finden, wird der Moderator die beantragte Newsgruppe anlegen. Bis die neue Newsgruppe an andere Newsserver propagiert wurde und auch dort verfügbar ist, kann allerdings etwas Zeit verstreichen.

Wenn Sie eine Newsgruppe in einer anderen Hierarchie anlegen wollen, sollten Sie einen Blick auf die Webseite `http://www.newsgruppen.de/dncreate.html` werfen. Sie erläutert das entsprechende Vorgehen für die einzelnen Hierarchien. Die Liste der Moderatoren finden Sie auf der Webseite `http://www.newsgruppen.de/admin.html`.

Für die ersten Versuche sollten Sie allerdings eine lokale Newsgruppe verwenden, deren Postings *nicht* an andere Newsserver verteilt werden. Diese müssen Sie in der Regel selber auf Ihrem lokalen Newsserver anlegen. Wählen Sie dafür die Hierarchie `test`, um sie deutlich von den übrigen Newsgruppen abzusetzen. Im Folgenden koppeln wir die Testmailingliste `testliste@lists.example.org` an die Newsgruppe `test.testliste`.

12.2 Mailinglisten-unabhängige Einstellungen

Unabhängig von den Einstellungen der einzelnen Mailinglisten gibt es eine Reihe Parameter für die Konfigurationsdatei `Mailman/mm_cfg.py`, die das Zusammenspiel zwischen Mailman und den Newsservern regeln.

Über die Variable `DEFAULT_NNTP_HOST` legen Sie den Namen des Newsservers fest, den Sie standardmäßig verwenden wollen. Sofern dieser eine Authentifizierung erfordert, speichern Sie den Benutzernamen und das Passwort in den Variablen `NNTP_USERNAME` und `NNTP_PASSWORD`. Anderenfalls belassen Sie beide Variablen auf dem Standardwert `None`.

Im Fall unseres Testsystems, das auch den Newserver beherbergt, lauten die Einstellungen:

```
DEFAULT_NNTP_HOST = 'lists.example.org'
NNTP_USERNAME = None
NNTP_PASSWORD = None
```

Manche Newsserver sind recht empfindlich, was die in Postings enthaltenen Header betrifft – insbesondere, wenn diese Header einen Hinweis darauf enthalten, dass das Posting schon einmal über eine Newsgruppe verteilt wurde. Mailman bietet deshalb über die Variable `NNTP_REMOVE_HEADERS` die Möglichkeit, bestimmte Header aus einem Posting zu entfernen, bevor dieses an einen Newsserver weitergereicht wird. Standardmäßig enthält die Variable folgende Werte:

```
NNTP_REMOVE_HEADERS = ['nntp-posting-host', 'nntp-posting-date',
                       'x-trace', 'x-complaints-to', 'xref',
                       'date-received', 'posted', 'posting-version',
                       'relay-version', 'received']
```

Damit entfernt Mailman die Header `nntp-posting-host`, `nntp-posting-date` usw. automatisch aus den Postings.

Darüber hinaus sollten manche Header nur einmal vorkommen. Mailman bietet deshalb über die Variable `NNTP_REWRITE_DUPLICATE_HEADERS` die Möglichkeit, das zweite und folgende Vorkommen ein- und desselben Headers durch einen frei definierbaren Header zu ersetzen. Üblicherweise stellt man dem Originalheader das Präfix `X-` oder `X-Original-` voran. Die Standardeinstellung von Mailman sieht dementsprechend folgendermaßen aus:

```
NNTP_REWRITE_DUPLICATE_HEADERS = [
  ('to', 'X-Original-To'),
  ('cc', 'X-Original-Cc'),
  ('content-transfer-encoding', 'X-Original-Content-Transfer-Encoding'),
  ('mime-version', 'X-MIME-Version'),
  ]
```

Mit diesen Einstellungen wird das zweite und folgende Vorkommen des cc-Headers durch X-Original-Cc ersetzt usw.

Im Gegensatz zum Namen des Newsservers lassen sich die Variablen NNTP_USERNAME, NNTP_PASSWORD, NNTP_REMOVE_HEADERS und NNTP_REWRITE_DUPLICATE_HEADERS *nicht* für die einzelnen Mailinglisten anpassen. Wenn Sie sich dem Newsserver gegenüber authentifizieren müssen, legen Sie sich deshalb auf einen Newsserver fest (es sei denn, Sie können die Zugangsdaten für die einzelnen verwendeten Newsserver synchronisieren).

Sollten Sie auf die Verwendung verschiedener Newsserver angewiesen sein, bleibt Ihnen nichts anderes übrig, als einen eigenen Newsserver aufzusetzen. Auf diesem können Sie sowohl lokale als auch offizielle Newsgruppen betreiben und die aus Ihrem Netzwerk bzw. über Mailman erhaltenen Postings an die übergeordneten Newsserver weiterleiten (man spricht hier von *Newsfeeds* oder einfach nur *Feeds*).

Die wohl bekannteste Software für den Betrieb eines Newsservers ist InterNetNews (INN). Wie viele andere kritische Bestandteile des Internets stammt er vom Internet Systems Consortium.[3] Daneben gibt es aber auch Newsserver-Software für kleines bis mittleres News-Aufkommen wie z. B. Leafnode.[4] Letzterer zeichnet sich insbesondere durch einfache Handhabbarkeit aus.

12.3 Mailinglisten-spezifische Einstellungen

Die Anbindung einer Mailingliste an eine Newsgruppe konfigurieren Sie im Admin-Interface in der Kategorie **Mail<->News Schnittstelle**. Abbildung 12.1 zeigt den entsprechenden Abschnitt mit den Werten für unsere Testliste.

Den Namen des zu kontaktierenden Newsservers legen Sie über die Variable nntp_host fest. Standardmäßig steht dort der Wert, den Sie über DEFAULT_NNTP_HOST in Mailman/mm_cfg.py festgelegt haben. Sie können den Namen des Newsservers an dieser Stelle aber jederzeit ändern.

Die Variable linked_newsgroup stellt die Verbindung zu einer Newsgruppe her. Im Fall unserer Testliste tragen wir hier den Wert test.testliste ein.

[3] http://www.isc.org/

[4] http://www.leafnode.org/

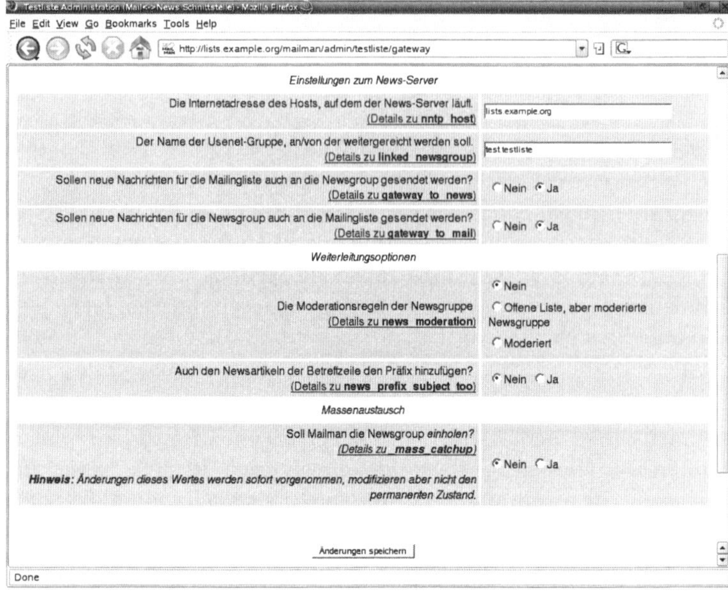

Abbildung 12.1: Mailmans Konfigurationsinterface für die Anbindung einer Mailingliste an eine Usenet-Newsgruppe

Die Variablen `gateway_to_news` und `gateway_to_mail` steuern, in welche Richtung die Verbindung zwischen Mailingliste und Newsgruppe funktioniert. Wenn Sie Postings an die Mailingliste auch an die Newsgruppe verteilen wollen, setzten Sie `gateway_to_news` auf **Ja**. Andernfalls wählen Sie **Nein**. Wenn Sie Postings an die Newsgruppe auch an die Mailingliste verteilen wollen, setzen Sie `gateway_to_mail` auf **Ja**, andernfalls wählen Sie **Nein**. Für eine bidirektionale Verbindung setzen Sie beide Variablen auf **Ja**.

Die Variable `news_moderation` ist nur in den Fällen interessant, in denen Sie `gateway_to_news` auf **Ja** gesetzt haben. Sie legt fest, ob Sie Postings moderieren wollen, bevor diese an die Mailingliste und an die Newsgruppe verteilt werden. Wir behandeln dieses Thema in einem eigenen Abschnitt ab Seite 151. Wünschen Sie keine Moderation, setzen Sie `news_moderation` auf **Nein**.

`news_prefix_subject_too` legt fest, ob das in der Kategorie **Allgemeine Optionen** über die Variable `subject_prefix` festgelegte Präfix im Betreff[5] auch bei Postings eingefügt wird, die an einen Newsserver geschickt werden. Derartige Präfixe sind in Newsgruppen in der Regel unerwünscht, weil die Newsreader die Information, welche Newsgruppe Sie gerade lesen,

5 Präfixe im Betreff wie z. B. `[Testliste]` sind bei Postings, die in Form von E-Mails verteilt werden, üblich, da in der Regel weder der Header `From` noch der Header `To` oder `Cc` Auskunft darüber geben, über welche Mailingliste ein Posting verteilt wurde.

ohnehin anzeigen. Es empfiehlt sich deshalb, `news_prefix_subject_too` auf **Nein** zu setzen.

Normalerweise wird Mailman, sobald Sie `gateway_to_mail` auf **Ja** setzen, alle Postings, die auf dem Newsserver verfügbar sind und die noch nicht an Ihre Mailingliste verteilt wurden, herunterladen und an die Liste weiterleiten. Zu diesem Zweck merkt sich Mailman für jede Mailingliste die Nummer des letzten synchronisierten Postings (siehe Seite 153). Da dies einerseits zu einer erheblichen Last auf Ihrem Mailinglistenserver führen kann, sich Postings aus dem Bestand eines Newsservers andererseits nur umständlich löschen lassen, können Sie Mailman anweisen, so zu tun, als ob alle Postings bereits an Ihre Mailingliste verteilt wurden. Setzen Sie dafür `_mass_catchup` auf **Ja**. Wenn Sie **Nein** setzen, wird Mailman im Hintergrund sämtliche News-Postings vom Newsserver abholen und an die Mailingliste verteilen, sobald Sie auf **Änderungen speichern** klicken.

12.4 Moderation bei Anbindung an eine Newsgruppe

Über die Variable `news_moderation` legen Sie fest, ob Postings, die Mailman an eine Newsgruppe weitergibt, einer speziellen Moderation auf Mailman-Seite unterliegen. Diese Variable ist somit nur dann relevant, wenn Sie `gateway_to_news` auf **Ja** gesetzt haben, und gleicht in gewisser Hinsicht die Posting-Policy Ihrer Mailingliste an die Posting-Policy der Newsgruppe an.

Wenn Sie `news_moderation` auf **Nein** setzen, kommt die reguläre Absender-Moderation Ihrer Mailingliste zum Tragen (siehe Seite 66). Danach wird das Posting ohne weitere Moderationsschritte an die Abonnenten der Liste und an die Newsgruppe verteilt. Diese Einstellung sollte bei Anbindung einer Mailingliste an eine unmoderierte Newsgruppe verwendet werden.

Der Wert **Offene Liste, aber moderierte Newsgruppe** ist für die Kopplung an eine moderierte Newsgruppe gedacht. Damit verhält sich Ihre Mailingliste ähnlich, allerdings fügt Mailman in diesem Fall in das an den Newsserver weitergegebene Posting einen Header wie den folgenden ein:

```
Approved: testliste@lists.example.org
```

Ursprünglich reichte die Existenz eines `Approved`-Headers in der Regel aus, um ein Posting an eine moderierte Newsgruppe durchzuwinken. Die heutige Konfiguration moderierter Newsgruppen (zumindest der deutschsprachigen) verlangt allerdings, dass der Moderator die wichtigsten Header des fraglichen Postings signiert. Diese Signatur überprüft der Newsserver, bevor er das Posting zulässt; sie sieht beispielsweise so aus:

```
X-PGP-Sig: 2.6.3ia Approved,Newsgroups,Followup-To,From,Sender,
           Subject,Date,Message-ID
        iQEVAwUBPIFrUvs4qyOby855AQFvTwf+OWRW13iJAi8F029hnOvFvLawQEerR26b
        d6J5tAE1Yc2+XJf0y0P+iMxDaelRJmSlIGRR5ERknRy7x6fTtzJPiuBEW1+rdiIp
        /FJXCQiW19uLaQBJISEoJCjUfyykMYVfgoL5JVrVH31vZTuhYjDDl2xJSpCbGRvd
        jdwWU7zplhXgR9fvdkr25QCC5IN3As7eYs0CXrpaLHjdXqQ1aMmvSLPglbwih6iC
        Js2fG1anlhZ3OUVrfjfa6WLVQ75uFsU8kWhLA0SJUDVlbwZZd1gnv3XvJk8JU/oe
        RZ6GBPIQhu03aqp0UdQWhMEspXLa7PeKLUT2W4HxPCEh8GOkr0sjKQ==
        =IgcL
X-PGP-Key: Paul Hink <paul@nrw.usenetverwaltung.de>
X-PGP-Key-ID: 0x9BCBCE79
```

In diesem Fall hat Paul Hink mit seinem privaten PGP-Schlüssel und dem Tool PGP 2.6.3ia die E-Mail-Header `Approved`, `Newsgroups`, `Followup-To`, `From`, `Sender`, `Subject`, `Date` und `Message-ID` signiert. Die dabei entstehende Signatur ist in der Zeichenkette `iQEVA...=IgcL` enthalten. Der Newsserver kann mit Hilfe des öffentlichen PGP-Schlüssels von Paul Hink überprüfen, ob die Signatur wirklich von ihm stammt.

Um ausgewählte Header eines Postings zu signieren, müssten Sie die Nachricht als Owner der Mailingliste auf dem Server modifizieren, bevor es an die moderierte Newsgruppe weitergegeben werden kann. Da Mailman keinerlei Webschnittstelle dafür bietet, ist dies nicht praktikabel. Sie müssen deshalb trotz der Existenz des einfachen `Approved`-Headers mit einem weiteren Moderationsschritt des Moderators der Newsgruppe rechnen. In diesem Fall können Sie den Wert der Variable `news_moderation` auch gleich auf den Wert **Nein** setzen.

Abbildung 12.2: Moderation eines Postings, bevor es an die Mailingliste und die Newsgruppe verteilt wird

Um grundsätzlich *alle* Postings an die Mailingliste der Moderation auf Mailman-Seite zu unterwerfen, setzen Sie die Variable `news_moderation` auf den Wert **Moderiert**. Jedes Postings erzeugt dann einen Eintrag in der Moderationswarteschlange, wie ihn Abbildung 12.2 zeigt.

Bei Zustimmung des Moderators wird die Nachricht an die Abonnenten der Mailingliste und an die Newsgruppe verteilt. Dabei fügt Mailman in das Posting an die Newsgruppe den oben beschriebenen `Approved`-Header ein.

In der anderen Richtung (also für Postings, die Mailman vom Newsserver erhält und an die Mailingliste weitergibt (News2Mail)) haben Sie keine Möglichkeit, einen Moderationsschritt einzubauen: unabhängig vom Moderationsbit der einzelnen Subscriber und der Einstellung von `default_member_moderation` (siehe Seite 66) reicht Mailman alle Postings vom Newsserver direkt an die Subscriber durch. Das bedeutet auch, dass der Verfasser eines News-Postings Ihre Mailingliste gar nicht abonniert haben muss, um an alle Abonnenten zu posten.

Dieses Verhalten ist in der Annahme begründet, dass Sie – falls Sie sich dazu entschließen, eine Mailingliste an eine Newsgruppe zu koppeln – *alle* Postings an die Newsgruppe an die Abonnenten Ihrer Mailingliste weitergeben wollen. Wird es nötig, die Postings zu moderieren, kann dies bereits auf dem Newsserver erfolgen, der das Posting entgegennimmt.

Hier lauert eine Konfigurationsfalle: Wenn Sie eine Mailingliste in beide Richtungen an eine nicht moderierte Newsgruppe gekoppelt haben und `news_moderation` auf **Nein** setzen, sollte man annehmen, dass alle Postings ohne Moderation durchgehen, unabhängig davon, ob sie an die Mailingliste oder die Newsgruppe gehen. Doch weit gefehlt: Für Postings, die direkt an Ihre Mailingliste gesendet werden, gelten weiterhin die Moderationsbits der einzelnen Abonnenten. Da ein Abonnent die Moderation in diesem Fall ohnehin einfach umgehen kann, indem er statt an die Mailingliste direkt an die Newsgruppe postet, sollten Sie die Moderationsbits aller Abonnenten löschen und `default_member_moderation` auf **Nein** setzen.

12.5 Logging und zeitliche Synchronisation

Postings an Ihre Mailingliste, die auch an eine Newsgruppe verteilt werden, übergibt Mailman (ggf. nach der optionalen Moderation) unmittelbar an den zugehörigen Newsserver. Reguläre Subscriber und Newsserver erhalten Postings also nahezu zeitgleich.

Leider führt Mailman über das Posten an den Newserver nicht Buch, so dass Sie bei der Suche nach möglichen Fehlern auf die Logdateien des Newsservers angewiesen sind.

Die an den Newsserver übermittelten Postings enthalten die meisten der von Mailman eingefügten Header (sofern diese nicht über die Variablen

NNTP_REMOVE_HEADERS und NNTP_REWRITE_DUPLICATE_HEADERS ausgefiltert wurden). Der Header X-BeenThere spielt hier eine besondere Rolle: Mailman macht damit kenntlich, dass das Posting von einer Mailingliste stammt. Dieser Header darf auf keinen Fall ausgefiltert werden.

Für die Synchronisation in die andere Richtung fragt Mailman mit Hilfe des Skriptes cron/gate_news die nummerierte Liste der auf dem Newsserver vorgehaltenen Postings ab und vergleicht sie mit dem zuletzt gesehenen Stand. Alle neuen Postings (in der Regel tragen sie höhere Nummern als die zuvor synchronisierten) werden an die Mailingliste gepostet – sofern Sie keine auf die Mailingliste passenden Header X-BeenThere enthalten. Die Existenz eines solches Headers signalisiert ja, dass das Posting ursprünglich von der Mailingliste stammt und deshalb nicht erneut an diese verteilt werden darf.

12.5.1 Aufbau der Logdatei

Das Skript cron/gate_news wird standardmäßig alle fünf Minuten aus der Mailman-Crontab heraus gestartet (siehe Seite 30) und schreibt die wichtigsten Synchronisationskenndaten in die Logdatei logs/fromusenet. Für jeden Synchronisationsvorgang enthält sie mindestens zwei Zeilen:

```
Feb 28 08:55:01 2007 (1647) testliste: [1..3]
...
Feb 28 08:55:01 2007 (1647) testliste watermark: 3
```

Die erste Zeile zeigt an, welche Postings der Newsserver für die an die Mailingliste testliste gekoppelte Newsgruppe vorhält. Sie sehen an dieser Stelle *nicht* den Namen der Newsgruppe, sondern nur den Namen der gekoppelten Mailingliste. Die Nummerierung der Postings gibt der Newsserver vor, er fängt in der Regel bei 1 an und nummeriert danach fortlaufend. Im obigen Beispiel warten die Postings mit den Nummern 1 bis 3 darauf, synchronisiert zu werden.

Die letzte Zeile zeigt neben dem Schlagwort watermark (Pegelstand) die höchste Postingnummer, die erfolgreich zwischen Mailingliste und Newsgruppe synchronisiert wurde. Zukünftige cron/gate_news-Läufe berücksichtigen nur noch Postings mit höheren Nummern.

Zwischen diesen beiden Zeilen finden Sie Hinweise auf die von cron/gate_news durchgeführten Aktionen. Eine Zeile der Form

```
Feb 28 09:00:02 2007 (1658) nothing new for list testliste
```

zeigt an, dass Mailingliste und Newsgruppe auf dem gleichen Stand sind und keine Synchronisation nötig ist. Sehen Sie nur eine Zeile der Form

```
Feb 28 08:55:01 2007 (1647) gating testliste articles [3..3]
```

dann fand Mailman zwar ein neues Posting auf dem Newsserver vor (in diesem Fall das Posting mit der Nummer 3) – dieses enthält aber offenbar einen auf die Mailingliste passenden `X-BeenThere`-Header und wurde daher ignoriert.

Im Falle wirklich neuer Postings sehen Sie unter einer solchen `gating`-Nachricht für jedes an die Mailingliste zugestellte Posting eine Zeile der Form

```
Feb 28 09:05:01 2007 (1682) posted to list testliste:       4
```

Folgender Ausschnitt aus `logs/fromusenet` demonstriert den Fall, in dem zwischen zwei `cron/gate_news`-Läufen sowohl ein neues Posting über die Mailingliste an die Newsgruppe verteilt, als auch ein neues Posting von der Newsgruppe an die Mailingliste geschickt wurde:

```
Feb 28 09:10:01 2007 (1746) testliste: [1..6]
Feb 28 09:10:01 2007 (1746) gating testliste articles [5..6]
Feb 28 09:10:01 2007 (1746) posted to list testliste:       6
Feb 28 09:10:01 2007 (1746) testliste watermark: 6
```

Das Posting mit der Nummer 5 wird zwar für die Synchronisation erfasst (`gating testliste articles [5..6]`), aber nur Posting Nummer 6 gelangt tatsächlich an die Mailingliste (`posted to list testliste: 6`). Dies ist ein indirekter Hinweis darauf, dass Posting Nummer 5 von der Mailingliste stammt.

12.5.2 Zurückverfolgen von Postings

Ab und an ist es im Nachhinein wichtig festzustellen, ob ein Posting direkt an eine Mailingliste oder indirekt über eine Newsgruppe an eine Mailingliste gesendet wurde, z. B. wenn Sie eine Schleife zwischen Mailinglisten- und Newsserver aufdecken wollen.

Enthält ein von Ihnen empfangenes Posting einen der folgenden Header, können Sie davon ausgehen, das es zuerst an eine Newsgruppe gepostet und von dort von Ihrem Mailinglistenserver aufgegriffen wurde:

```
Newsgroups: test.testliste
NNTP-Posting-Host: lists.example.org
NNTP-Posting-Date: Wed, 28 Feb 2007 08:26:13 +0000 (UTC)
X-Trace: lists.example.org 1172651173 1823 172.16.66.13 (28 Feb 2007 08:
26:13 GMT)
X-Complaints-To: news@lists.example.org
Xref: lists.example.org test.testliste:8
Path: lists.example.org!not-for-mail
```

Der `Newsgroups`-Header enthält die Liste aller Newsgruppen, an die das vorliegende Posting adressiert wurde. Er entspricht in etwa der Kombination der Header `To` und `Cc` bei E-Mails.

Die Header `NNTP-Posting-Host` und `NNTP-Posting-Date` setzt der Newsserver, der das Posting vom Newsclient entgegennimmt. Sie enthalten den Namen des Clients (oder die IP-Adresse) sowie das Eingangsdatum. Bei der Weitergabe an andere Newsserver werden diese beiden Header in der Regel nicht mehr verändert.

Das Format des `X-Trace`-Headers ist nicht genormt. In der Regel enthält er mindestens die Informationen der Header `NNTP-Posting-Host` und `NNTP-Posting-Date`, darüber hinaus häufig auch das Eingangsdatum in Unix-Zeit (`1172651173` entspricht dem `28. Februar 2007 um 9:26:13 Uhr`).

Der `Xref`-Header verrät den Newsserver, von dem Sie das Newsposting bezogen haben, sowie die zugehörige Newsgruppe und Artikelnummer.

`Path` beschreibt den Pfad, den das Posting vom Client zum von Ihnen genutzten Newsserver genommen hat. Die einzelne Stationen sind durch Ausrufezeichen voneinander getrennt. Die Namen der Stationen lehnen sich in der Regel an den DNS-Eintrag des Servers an. Der erste Teil des Weges steht ganz rechts. Nachfolgende Stationen werden davor gesetzt.

Die Kombination der Header `X-Trace` und `Path` gibt in den meisten Fällen den genauesten Aufschluss darüber, woher ein Posting stammt.

13

Kapitel

Postings thematisch zuordnen

Als Owner einer Mailingliste haben Sie die Möglichkeit, Postings anhand von Stichwörtern bestimmten Themen zuzuordnen. Dazu definieren Sie im Admin-Interface in der Kategorie **Themen** zunächst einen Themennamen und anschließend einen dazu passenden regulären Ausdruck. Passt eine Zeichenkette im `Subject`- oder `Keywords`-Header der Mail auf dieses Muster, ordnet Mailman sie diesem Thema zu.

Standardmäßig prüft die Software auch, ob es unter den ersten fünf Zeilen im *Haupttext* eines Postings solche gibt, die mit `Subject` oder `Keywords` anfangen und deren Text auf den angegebenen regulären Ausdruck passt.[1] Damit ist es möglich, auch solche Postings einem Thema zuzuordnen, die vom Betreff her nicht passen würden. Damit auch Antworten auf diese Postings als zum Thema gehörig erkannt werden, müssen die Nutzer die entsprechenden `Subject`- und `Keywords`-Zeilen allerdings weiterverwenden.

[1] Sofern sich vor diesen Zeilen noch andere befinden, ist wichtig, dass auch diese Header-ähnlichen Charakter haben (also der Form **`Bezeichner:`** genügen), da Mailman andernfalls die weitere Suche abbricht.

Ob und wie viele Zeilen des Haupttextes untersucht werden, legen Sie über den Parameter `topics_bodylines_limit` fest. Abbildung 13.1 zeigt Ihnen die Definition zweier Themen für unsere Testliste.

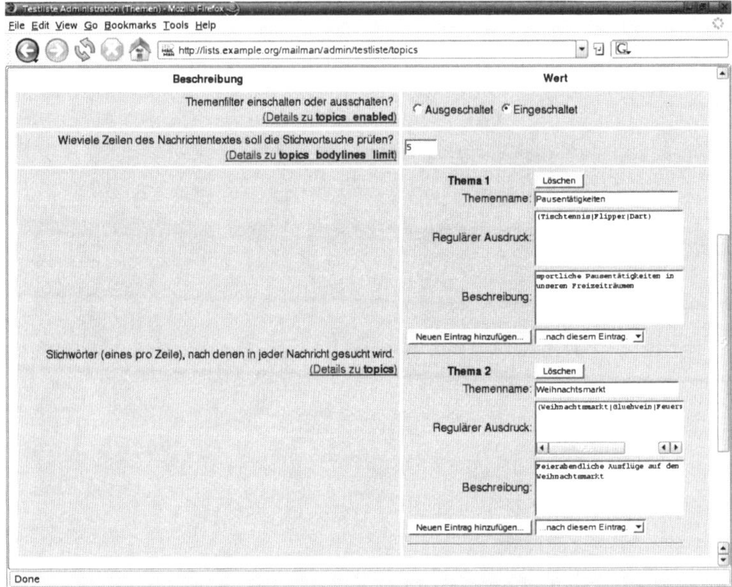

Abbildung 13.1: Die Definition dieser zwei Themen erlaubt es den Subscribern, nur Listenmails zu lesen, die etwas mit Freizeitgestaltung zu tun haben

Ein Subscriber hat daraufhin auf der Mitgliederoptionsseite die Möglichkeit, die ihn ansprechenden Themen auszuwählen. (Abbildung 13.2 zeigt die zu Abbildung 13.1 passende Wahlmöglichkeit.) Sobald er eine Auswahl trifft, stellt Mailman ihm Postings, die sich *keinem* der ausgewählten Themen zuordnen lassen, standardmäßig gar nicht erst zu. Anderenfalls erhält er weiterhin alle Postings. Ob er diese Funktion überhaupt nutzt, kann jeder einzelne Subscriber somit für sich selbst entscheiden. Wenn ein Subscriber die Filterung per Thema kurzzeitig aussetzen will, kann er alternativ zur Abwahl aller Themen die Frage **Möchten Sie Nachrichten erhalten, auf die kein Themen-Filter "paßt"?** mit **Ja** beantworten. Er spart sich damit bei langen Themenlisten eine Menge Mausklicks.

Themen für eine Mailingliste definiert man typischerweise dann, wenn die Mailingliste einen festgelegten Personenkreis (z. B. die Mitarbeiter eines Unternehmens an einem bestimmten Standort) erreichen soll, thematisch aber wenig fokussiert ist. Sobald bestimmte Themen wiederkehren, wirkt eine entsprechende Auffächerung als Ordnungsmoment.

Die Alternative – für jedes Thema eine eigene Mailingliste zu erstellen – führt zu erhöhtem Verwaltungsaufwand und wirkt kontraproduktiv, wenn die Listenmitgliedschaft für den Personenkreis obligatorisch sein soll.

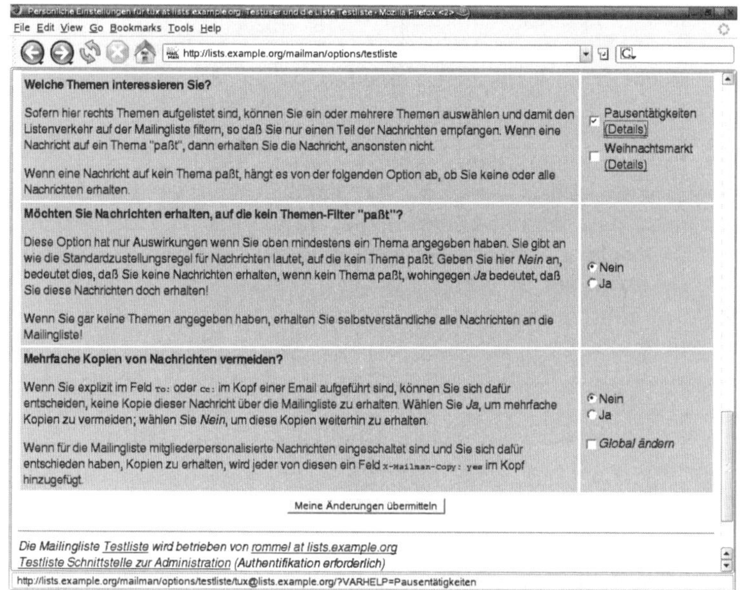

Abbildung 13.2: Der Themenauswahldialog aus Nutzersicht

Die in Abbildung 13.2 aufgeführte Option **Mehrfache Kopien vermeiden** ist nicht themenspezifisch und wird in Kapitel 15.3.5 auf Seite 180 behandelt.

13.1 Probleme mit Themen

Leider hat die Implementation der Themen-Funktion in Mailman einige Tücken:

- Im Mailman-Webinterface heißt es, dass Sie die „Stichwörter“ (gemeint sind die regulären Ausdrücke) untereinander (eines pro Zeile) angeben können. Das ist falsch. Mehrzeilige Ausdrücke werden nicht korrekt ausgewertet. Im Gegenteil – Sie müssen streng darauf achten, *keine* Leerzeilen im Webformular einzugeben. Darüber hinaus müssen Sie Leerzeichen innerhalb der Stichwörter „escapen“, also z. B. `Essen\ gehen` anstatt `Essen gehen` schreiben.
- Umlaute in den regulären Ausdrücken erzeugen in aller Regel keine Treffer, da es bedingt durch die verschiedenen Zeichensätze (UTF-8, ISO-8859-1, ...) und Transportkodierungen zahlreiche Möglichkeiten gibt, wie diese im Quelltext des Postings (darauf werden die regulären Ausdrücke angewendet) aussehen. Das Wort `Glühwein` im Header `Subject:` kann z. B. auch so aussehen: `=?iso-8859-1?q?Gl=FChwein?=`.

- Wenn der Owner die Verwendung von Themen nachträglich über den Schalter `topics_enabled` deaktiviert, führt dies bei vielen Subscribern dazu, dass diese *überhaupt keine* Postings mehr erhalten. Betroffen sind alle Subscriber, die mindestens ein Thema ausgewählt haben und die die Frage **Möchten Sie Nachrichten erhalten, auf die kein Thema passt?** mit **Nein** beantworten haben (dies ist die Standardeinstellung).
- Wenn der Owner ein Thema umbenennt oder löscht, welches ein Subscriber ausschließlich verwendet hat, erhält jener *überhaupt keine* Postings mehr, weil Mailman die Mitgliederoptionen nicht korrekt aktualisiert. Der Subscriber kann diesen Fehler zwar selbst beheben, indem er die Optionen auf der Mitgliedsseite neu speichert (dabei werden alle ungültigen Einträge entfernt), danach das umbenannte Thema auswählt und erneut speichert. Allerdings erhält er keinen Hinweis auf die Fehlerursache, weil das ursprünglich ausgewählte (und nicht mehr existierende) Thema nicht mehr angezeigt wird. Betroffen sind alle Subscriber, die die Frage **Möchten Sie Nachrichten erhalten, auf die kein Thema passt?** mit **Ja** beantworten haben (die Standardeinstellung).

Wenn Ihnen trotz der aufgeführten Problemen die Verwendung von Themen wünschenswert erscheint, sollten Sie zudem daran denken, dass Ihnen niemand die Treffsicherheit eines Themenfilters garantieren kann. Vielleicht hat der Owner der Mailingliste nachträglich einen Tipp- oder Denkfehler in den zum Thema gehörenden regulären Ausdruck eingebaut, vielleicht hat sich der Verfasser des Postings vertippt. In beiden Fällen führt dies u. U. dazu, dass der Subscriber das Posting nicht erhält, *obwohl* es thematisch sehr gut in den Kreis der gewünschten Postings passt!

Da sich an der Implementation von Themen in Mailman 2.1.x voraussichtlich nichts mehr ändern wird (und wenn ja, wären dies inkompatible Änderungen), rät der Autor von deren Verwendung grundsätzlich ab.

Teil II

Der Listserver aus User-Sicht

Kapitel

14

Listen abonnieren und kündigen

Für potentielle Interessenten einer Mailingliste gibt es grundsätzlich drei verschiedene Wege, eine Mailingliste zu abonnieren:

- Der Owner der Mailingliste trägt sie einfach ein. Dafür kann er wahlweise die Web-Funktion **Masseneintrag neuer Mitglieder** oder das Kommandozeilentool `add_members` benutzen. In beiden Fällen hat er dabei die Möglichkeit, ihnen eine Willkommensnachricht zu senden. In Abbildung 14.5 sehen Sie ein Beispiel für eine derartige Nachricht. Da die Abonnenten in diesem Fall nichts weiter tun müssen, gehen wir auf diesen Fall nicht weiter ein.
- Sie benutzen wahlweise das Webinterface oder E-Mail-Kommandos, um die Subscription zu beantragen.
- Alternativ kann der Owner der Mailingliste mutmaßlichen Interessenten eine Einladung schicken. Dies entbindet die Angesprochenen davon, selbst einen Antrag auf Subscription zu stellen und erfordert nur eine *persönliche* Bestätigung von ihnen.

Das oben Gesagte gilt analog für das Kündigen von Mailinglistenabos. Dem Owner einer Mailingliste steht allerdings keine Entsprechung zur Einladung (also keine „Ausladung“ nach dem Motto „Wollen Sie unsere Mailingliste nicht verlassen?“) zur Verfügung.

14.1 Das Vorgehen beim Abonnieren einer Liste

Abbildung 14.1 zeigt schematisch, welche Schritte auf einen Antrag auf Subscription folgen.

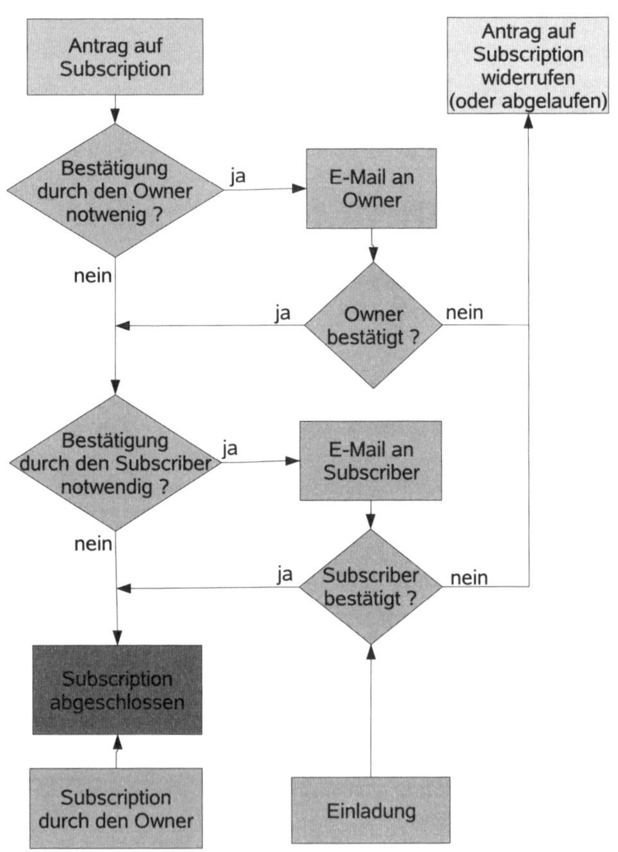

Abbildung 14.1: Der Ablauf einer Subscription

14.1.1 Antragstellung

Je nachdem, wie Sie auf eine Mailingliste aufmerksam wurden, erhalten Sie die URL oder die E-Mail-Adresse, über die Sie die Liste beziehen können, auf verschiedenem Weg. Im Allgemeinen entspricht die URL der sogenannten *Listinfo-Seite*, die Informationen zur Liste bereithält. Im Fall der hier verwendeten Testliste `testliste@lists.example.org` findet man sie unter `http://lists.example.org/mailman/listinfo/testliste`.

Viele Mailinglistenanbieter lotsen potentielle Nutzer auf den Projekt- oder Vereins-Webseiten allerdings auf eine veränderte oder vereinfachte Seite zur Subscription, statt die von Mailman generierte Listinfo-Seite für diesen Zweck zu nutzen.

Liegt Ihnen eine E-Mail der Mailingliste vor, verrät ein Blick in deren Quelltext die für die Subscription nötigen Details: Der E-Mail-Header `List-Subscribe` enthält die exakte URL bzw. E-Mail-Adresse, die Sie zum Subscriben verwenden sollen, im Fall unserer Testliste:

```
List-Subscribe: <http://lists.example.org/mailman/listinfo/testliste>,
        <mailto:testliste-request@lists.example.org?subject=subscribe>
```

Auf der Listinfo-Seite haben Sie bei wenig oder gar nicht modifizierten Mailman-Installationen in der Sektion **Abonnieren von listenname** die Möglichkeit, einen Antrag auf Subscription unter Angabe Ihrer E-Mail-Adresse vorzunehmen. Abbildung 14.2 zeigt das Beispiel der Testliste.

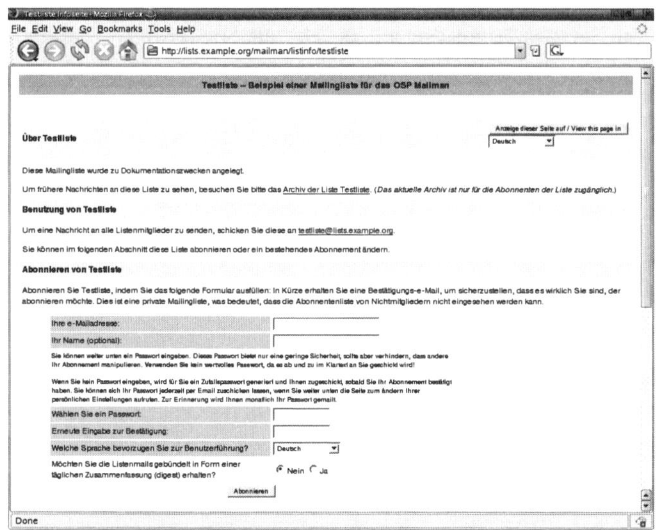

Abbildung 14.2: Abonnieren einer Mailingliste über die Listinfo-Seite

Optional können Sie dort Ihren vollen Namen angeben sowie Ihr Passwort festlegen. Letzteres benötigen Sie später, um Ihre Einstellungen zu ändern oder um auf geschützte Mailinglisten-Archive zuzugreifen. Geben Sie hier kein Passwort an, erzeugt Mailman ein zufälliges für Sie und sendet es Ihnen per E-Mail zu.

Sofern der Owner der Mailingliste zusätzliche Sprachen aktiviert hat, können Sie hier wählen, in welcher davon sich das Webinterface präsentieren soll.

Beantworten Sie die Frage **Möchten Sie die Listenmails gebündelt in Form einer täglichen Zusammenfassung erhalten?** mit **Ja**, erhalten Sie die Postings als Digest. Mailman unterstützt zwei verschiedene Digestformate: Sie erhalten die Nachrichten entweder als MIME-Anhänge oder in Form eines zusammenhängenden Texts („Plain Text"). Beim Abonnieren desselben wählt Mailman für Sie zunächst das Format aus, das der Owner für die Mailingliste als Standard definiert hat. Als Abonnent können Sie dies allerdings nachträglich wie auf Seite 179 beschrieben ändern.

Sollten Sie die Digest-Option nicht sehen, hat der Owner vermutlich den Bezug von Digests für die gesamte Mailingliste abgeschaltet.

Sobald Sie auf **Abonnieren** klicken, versendet der Mailinglistenserver – je nach Einstellung der Mailingliste – bis zu zwei Bestätigungsaufforderungen. Die eine davon geht an die eingetragene E-Mail-Adresse (also an Sie), die andere an den Owner der Mailingliste.

14.1.2 Bestätigung des Antrags

Die Version der Bestätigungsmail, die Sie als Subscriber erhalten, enthält neben einer Angabe zum Ursprung des Antrags eine Anleitung, wie Sie die Subscription per Webinterface oder per E-Mail bestätigen. Abbildung 14.3 zeigt ein Beispiel.

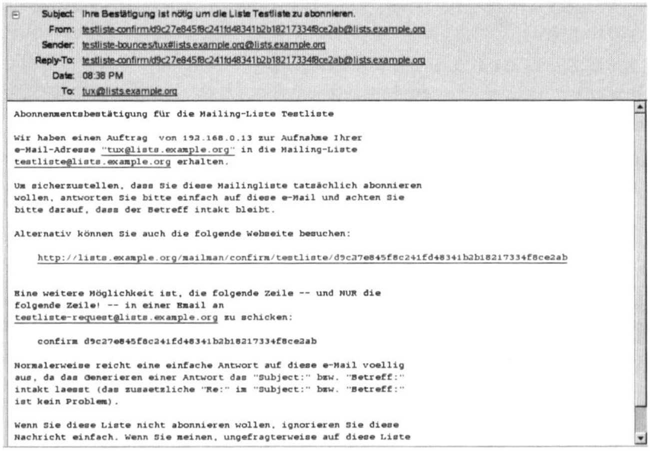

Abbildung 14.3: Aufforderung zur Bestätigung einer Subscriptionanfrage

Subject: Ihre Bestätigung ist nötig um die Liste Testliste zu abonnieren.
From: testliste-confirm/d9c27e845f8c241fd48341b2b18217334f8ce2ab@lists.example.org
Sender: testliste-bounces/tux#lists.example.org@lists.example.org
Reply-To: testliste-confirm/d9c27e845f8c241fd48341b2b18217334f8ce2ab@lists.example.org
Date: 08:38 PM
To: tux@lists.example.org

```
Abonnenmentsbestätigung für die Mailing-Liste Testliste

Wir haben einen Auftrag  von 192.168.0.13 zur Aufnahme Ihrer
e-Mail-Adresse "tux@lists.example.org" in die Mailing-Liste
testliste@lists.example.org erhalten.

Um sicherzustellen, dass Sie diese Mailingliste tatsächlich abonnieren
wollen, antworten Sie bitte einfach auf diese e-Mail und achten Sie
bitte darauf, dass der Betreff intakt bleibt.

Alternativ können Sie auch die folgende Webseite besuchen:

    http://lists.example.org/mailman/confirm/testliste/d9c27e845f8c241fd48341b2b18217334f8ce2ab


Eine weitere Möglichkeit ist, die folgende Zeile -- und NUR die
folgende Zeile! -- in einer Email an
testliste-request@lists.example.org zu schicken:

    confirm d9c27e845f8c241fd48341b2b18217334f8ce2ab

Normalerweise reicht eine einfache Antwort auf diese e-Mail voellig
aus, da das Generieren einer Antwort das "Subject:" bzw. "Betreff:"
intakt laesst (das zusaetzliche "Re:" im "Subject:" bzw. "Betreff:"
ist kein Problem).

Wenn Sie diese Liste nicht abonnieren wollen, ignorieren Sie diese
Nachricht einfach. Wenn Sie meinen, ungefragterweise auf diese Liste
```

Wie Sie dieser Aufforderung per E-Mail nachkommen, darauf gehen wir ab Seite 203 gesondert ein. Die Anleitung für das Vorgehen via Webinterface enthält einen Link wie diesen: `http://lists.example.org/mailman/confirm/testliste/b3285dc0b2f03d2903f86ae7bc610dbe50224baa`.

Die Zeichenfolge `b3285dc0b2f03d2903f86ae7bc610dbe50224baa` ist eine Art Einmal-Passwort, mit dem Sie ausschließlich Ihren Antrag auf Subscription eine gewisse Zeit lang bestätigen können. Verstreicht diese Zeit, ohne dass Sie ihre Subscription bekräftigen, müssen Sie – andauerndes Interesse an der Mailingliste vorausgesetzt – einen neuen Antrag stellen.

Folgen Sie dem Link, gelangen Sie auf eine Seite, die in etwa aussieht wie in Abbildung 14.4 gezeigt.

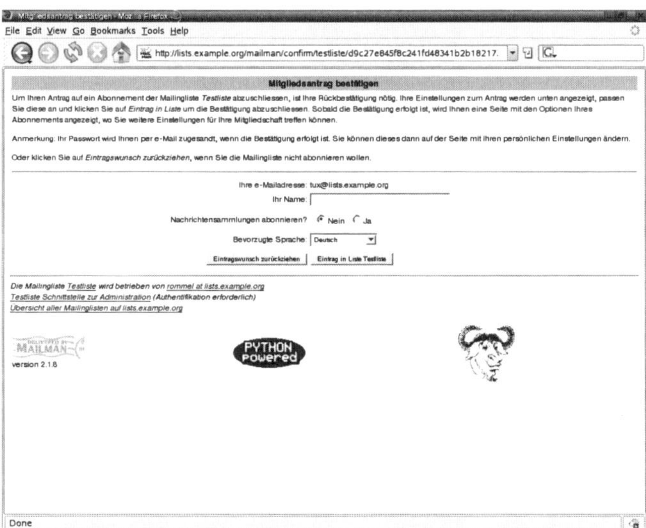

Abbildung 14.4: Bestätigung einer Subscription per Webinterface

Sie können dort die beim Antrag auf Subscription gemachten Angaben falls nötig korrigieren und das Abonnement über den Knopf **Eintrag in die Liste** abschließen. Über die Aktion **Eintragswunsch zurückziehen** löschen Sie das von Mailman erstellte Einmal-Passwort und brechen damit effektiv den gesamten Subscriptionsvorgang ab. Sobald Sie die Subscription dagegen bestätigen, quittiert Mailman den Erfolg dieser Aktion.

14.1.3 Willkommen auf der Liste

Sobald Sie ein Listenabonnement erfolgreich abgeschlossen haben, erhalten Sie eine Willkommensnachricht wie in Abbildung 14.5.

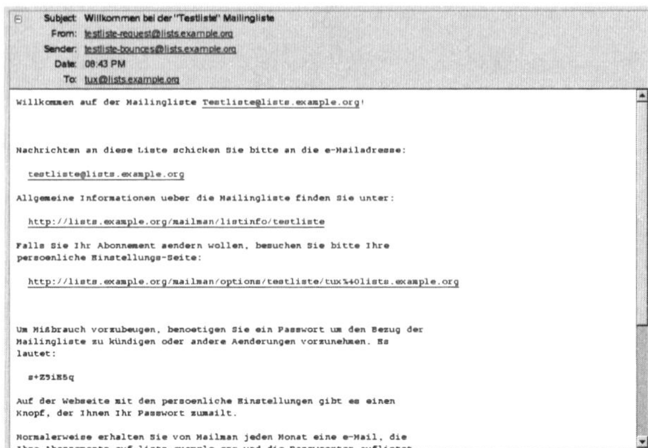

Subject: Willkommen bei der "Testliste" Mailingliste
From: testliste-request@lists.example.org
Sender: testliste-bounces@lists.example.org
Date: 08:43 PM
To: tux@lists.example.org
Willkommen auf der Mailingliste Testliste@lists.example.org!
Nachrichten an diese Liste schicken Sie bitte an die e-Mailadresse:
testliste@lists.example.org
Allgemeine Informationen ueber die Mailingliste finden Sie unter:
http://lists.example.org/mailman/listinfo/testliste
Falls Sie Ihr Abonnement aendern wollen, besuchen Sie bitte Ihre persoenliche Einstellungs-Seite:
http://lists.example.org/mailman/options/testliste/tux%40lists.example.org
Um Mißbrauch vorzubeugen, benoetigen Sie ein Passwort um den Bezug der Mailingliste zu kündigen oder andere Aenderungen vorzunehmen. Es lautet:
s+Z5iE5q
Auf der Webseite mit den persoenliche Einstellungen gibt es einen Knopf, der Ihnen Ihr Passwort zumailt.
Normalerweise erhalten Sie von Mailman jeden Monat eine e-Mail, die

Abbildung 14.5: Willkommensnachricht

Sie sollten diese gut aufheben, denn Sie enthält meist folgende Angaben:

- die Posting-Adresse der Mailingliste, an die Sie die Mails richten, die alle Mitabonnenten zu Gesicht bekommen sollen,
- die URL der Listinfo-Seite der Mailingliste,
- einen Link zu Ihren persönlichen Einstellung auf der Mailingliste sowie
- Ihr persönliches Passwort für diese Mailingliste.

Wenn Sie dem Link zu Ihren persönlichen Einstellung folgen, gelangen Sie auf eine Seite ähnlich der in Abbildung 14.6 gezeigten.

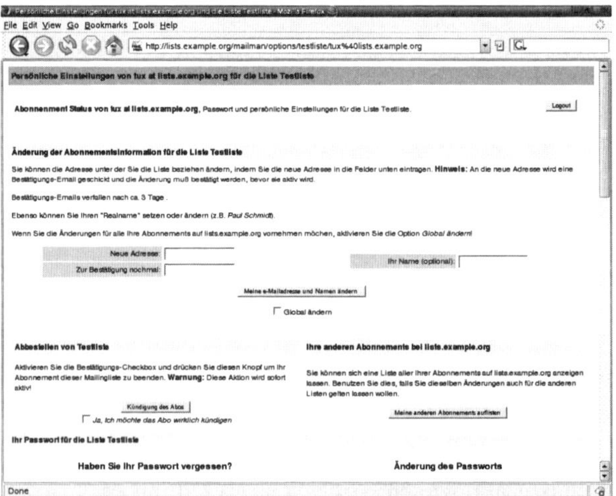

Abbildung 14.6: Die Mitgliedsseite der Mailingliste `testliste`

Sie können dort wesentlich mehr als nur die beim Antrag auf Subscription angebotenen Parameter beeinflussen. Ab Seite 173 gehen wir genauer auf die einzelnen Parameter ein.

14.2 Einladungen annehmen und ausschlagen

Wenn Sie der Owner einer Mailingliste dazu einlädt, sich auf seiner Mailingliste zu subscriben, kann er dafür eine entsprechende Funktion aus der Mitgliederverwaltung von Mailman benutzen. Sie erhalten daraufhin eine E-Mail, die in etwa so aussieht wie in Abbildung 14.7.

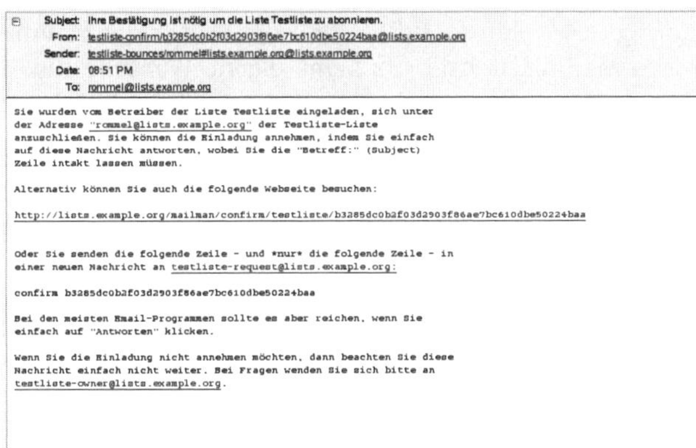

Subject: Ihre Bestätigung ist nötig um die Liste Testliste zu abonnieren.
From: testliste-confirm/b3285dc0b2f03d2903f86ae7bc610dbe50224baa@lists.example.org
Sender: testliste-bounces/rommel#lists.example.org@lists.example.org
Date: 08:51 PM
To: rommel@lists.example.org

Sie wurden vom Betreiber der Liste Testliste eingeladen, sich unter der Adresse "rommel@lists.example.org" der Testliste-Liste anzuschließen. Sie können die Einladung annehmen, indem Sie einfach auf diese Nachricht antworten, wobei Sie die "Betreff:" (Subject) Zeile intakt lassen müssen.

Alternativ können Sie auch die folgende Webseite besuchen:

http://lists.example.org/mailman/confirm/testliste/b3285dc0b2f03d2903f86ae7bc610dbe50224baa

Oder Sie senden die folgende Zeile - und *nur* die folgende Zeile - in einer neuen Nachricht an testliste-request@lists.example.org:

confirm b3285dc0b2f03d2903f86ae7bc610dbe50224baa

Bei den meisten Email-Programmen sollte es aber reichen, wenn Sie einfach auf "Antworten" klicken.

Wenn Sie die Einladung nicht annehmen möchten, dann beachten Sie diese Nachricht einfach nicht weiter. Bei Fragen wenden Sie sich bitte an testliste-owner@lists.example.org.

Abbildung 14.7: Einladung zur Subscription einer Mailingliste

Die Einladung enthält wie die bereits vorgestellte Bestätigungsaufforderung für reguläre Anträge auf Subscription einen Link. Dieser führt auf eine Webseite wie in Abbildung 14.4, auf der Sie Ihre Subscription bestätigen.

Falls Sie die Einladung ignorieren, verfällt diese nach ein paar Tagen. (Der genaue Zeitraum wird für alle Mailinglisten vom Admin des Mailinglistenservers wie auf Seite 72 erläutert festgelegt.) Sollten Sie es sich anders überlegen, können Sie zu einem späteren Zeitpunkt ganz regulär einen Antrag auf Subscription stellen.

14.3 Kündigen einer Subscription

Üblicherweise muss nur der Abonnent, der seine Subscription kündigt, dies noch einmal bestätigen, um Missbrauch auszuschließen. Sofern es sich um eine private E-Mail-Adresse handelt, haben Sie als Person im Rahmen der informationellen Selbstbestimmung sogar einen Anspruch auf Kündigung ohne das Mitspracherecht Dritter.

Handelt es sich allerdings um eine E-Mail-Adresse und um eine Mailingliste, die im Rahmen eines Arbeitsvertrags genutzt werden, kann der Owner das Recht in Anspruch nehmen, der Kündigung einer Subscription zustimmen zu müssen (die entsprechenden Optionen für den Owner sind auf Seite 47 erläutert). Dies ist z. B. dann sinnvoll, wenn die Mailingliste als Verteiler innerhalb eines Teams oder einer Abteilung genutzt wird.

14.3.1 Suche nach dem Ausstiegspunkt

Um eine Subscription zu kündigen, können Sie wahlweise E-Mail-Kommandos an Mailman senden oder das Webfrontend nutzen. Da wir uns den E-Mail-Kommandos ab Seite 203 widmen, konzentrieren wir uns hier auf die Verwendung des Webfrontends. Sofern der Owner der Mailingliste bzw. der Admin des Mailinglistenservers keine eigene Webseite für Abmeldungen vorsieht, dient auch hier die Listinfo-Seite als Anlaufpunkt.

Alternativ folgen Sie dem Link in der Willkommensnachricht (die Sie hoffentlich aufgehoben haben), um sich mit Ihrem Passwort einzuloggen. Sofern Sie Ihr Kennwort zwischenzeitlich nicht geändert haben, verrät diese Mail es zumeist.

Der genannte Link sieht im Fall unserer Testliste für den Nutzer mit der E-Mail-Adresse `tux@lists.example.org` so aus:

```
http://lists.example.org/mailman/options/testliste/tux%40lists.example.
org
```

In der Praxis kommt es allerdings häufig vor, dass man die Willkommensnachricht nicht auffinden kann, das Passwort vergessen hat oder nicht mehr weiß, mit welcher E-Mail-Adresse man sich auf einer Mailingliste subscribt hat. Im letztgenannten Fall steht Ihnen zur Orientierung hoffentlich noch ein einzelnes Posting zur Verfügung, welches Sie über die Mailingliste erhalten haben.

Herausfinden der eigenen E-Mail-Adresse

Wenn der Admin des Mailinglistenservers VERP-Unterstützung angeschaltet hat (siehe Seite 98), können Sie dem `Return-Path`-Header im Quelltext einer Listenmail entnehmen, an welche Adresse sie geschickt wurde. Im Fall unserer Testliste lautet dieser Header für die E-Mail-Adresse `tux@lists.example.org`:

```
Return-Path: <testliste-bounces+tux=lists.example.org@lists.example.org>
```

Die gesuchte E-Mail-Adresse folgt in diesem Fall dem Pluszeichen, wobei statt dem Klammeraffen in `tux@lists.example.org` ein Gleichheitszeichen steht.

Ohne VERP-Unterstützung wird die Suche nach der richtigen E-Mail-Adresse schwieriger. Dann bleibt Ihnen nur, alle in Frage kommenden Möglichkeiten durchzuprobieren oder sich an den Owner der Mailingliste zu wenden und diesen um Hilfe zu bitten.

14.3.2 Kündigung per Webfrontend

Mit der abzumeldenden E-Mail-Adresse im Kopf gehen Sie auf die Listinfo-Seite der Mailingliste und tragen diese dort in der Sektion **Austragen/Ändern einer E-Mail-Adresse** ein.

Sobald Sie auf **Abonnement abbestellen oder Einstellungen bearbeiten** klicken, gelangen Sie zu einer Login-Maske wie in Abbildung 14.8 gezeigt.

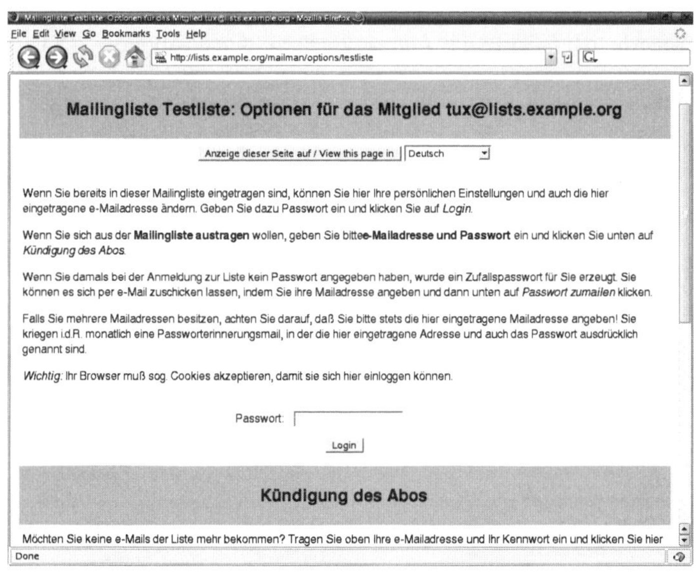

Abbildung 14.8: Login für Mitglieder zwecks Kündigung einer Subscription

Geben Sie dort Ihr Passwort ein. Wenn Sie es vergessen oder nicht zur Hand haben, fordern Sie einfach weiter unten auf der Seite über die Aktion **Passwort zumailen** eine Passwort-Erinnerungs-E-Mail an. Abbildung 14.9 zeigt diesen Abschnitt am Beispiel unserer Testliste.

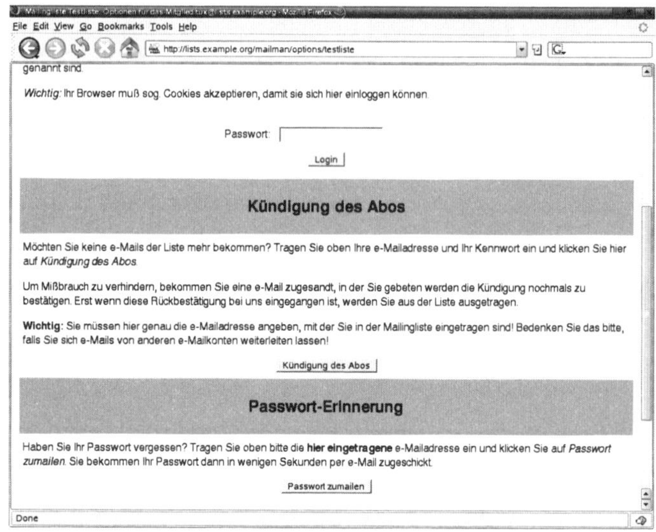

Abbildung 14.9: Passwort per Webfrontend anfordern

Mit dem Passwort gelangen Sie auf die Webseite, wo Sie Ihre Einstellungen verändern können. Suchen Sie den Abschnitt **Abbestellen von ...**, und wählen Sie **Ja, ich möchte das Abo wirklich kündigen** (Abbildung 14.10).

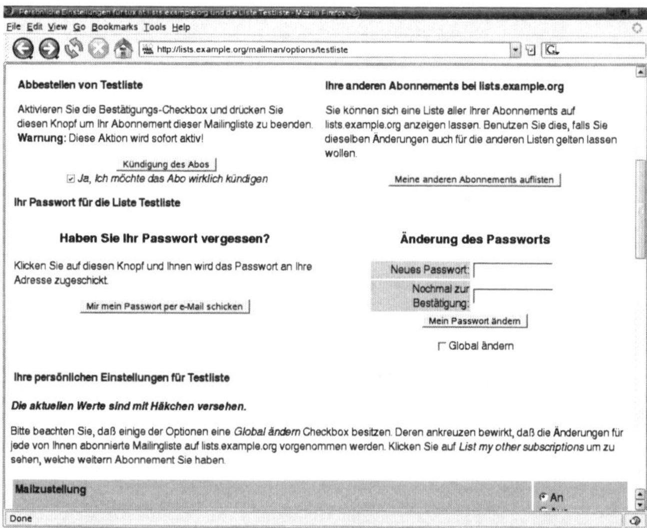

Abbildung 14.10: Bestätigung einer Kündigung im Webinterface

Ab dem Zeitpunkt, ab dem Sie auf **Kündigung des Abos** klicken, erhalten Sie keine Listenmails mehr, sondern nur noch eine kurze Bestätigung.

15

Kapitel

Persönliche Einstellungen für den Empfang von Mailinglistenmails

Die Ansprüche, die Sie an die Zustellung von Mailinglistenmails haben, können sich mit der Zeit ändern, zum Beispiel wenn Sie längere Zeit keine Gelegenheit haben, die Postings zu lesen oder Sie den E-Mail-Client gewechselt haben. Das nachfolgende Kapitel erläutert sämtliche Optionen, die Sie als Subscriber einer Mailingliste beeinflussen können. Viele davon lassen sich auf Wunsch für alle abonnierten Mailinglisten auf einem Mailinglistenserver gleichzeitig (*global*) ändern.

Die persönlichen Einstellungen beeinflussen Sie wahlweise über E-Mail-Kommandos oder über das Mailman-Webinterface. Da wir dem Thema E-Mail-Kommandos ein eigenes Kapitel ab Seite 203 widmen, konzentrieren wir uns hier auf die Verwendung des Webinterface.

Melden Sie sich zunächst bei Mailman an. Dazu nutzen Sie wahlweise die Sektion **Austragen / Ändern einer Mailadresse** auf der Listinfo-Seite der entsprechenden Mailingliste oder folgen dem Link auf Ihre Optionsseite in der Willkommensmail. Dieser sieht im Fall unserer Testliste für die E-Mail-Adresse `tux@lists.example.org` folgendermaßen aus:

```
http://lists.example.org/mailman/options/testliste/tux%40lists.example.
org
```

Nach dem Login gelangt man in diesem Fall auf eine Seite mit dem Titel **Persönliche Einstellungen von tux at lists.example.org für die Liste Testliste.**

15.1 Anmeldeinformationen ändern

Auf der Optionsseite lässt sich im Abschnitt **Änderung der Abonnementsinformation** wie in Abbildung 15.1 gezeigt die E-Mail-Adresse und der angezeigte Name ändern.

Abbildung 15.1: Änderung der E-Mail-Adresse oder des Namens im Webinterface

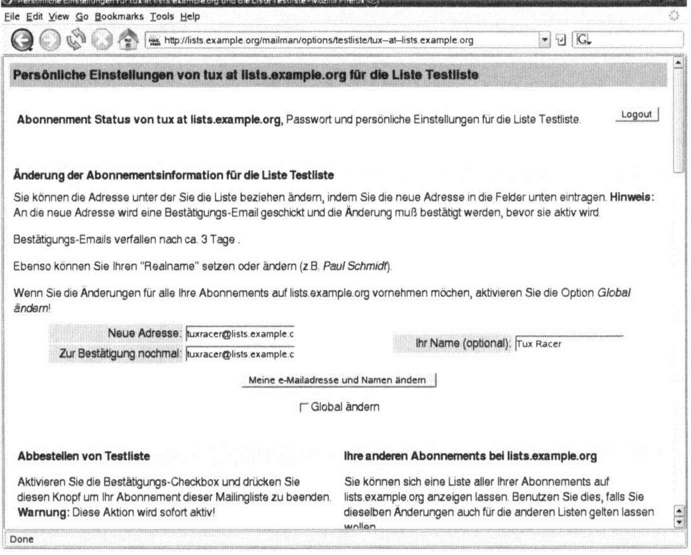

Sobald Sie auf **Meine e-Mailadresse und Namen ändern** klicken, erhalten Sie bei Anpassung der E-Mail-Adresse eine Aufforderung an die neue E-Mail-Adresse, die Änderung zu bestätigen. Diese sieht genauso aus wie die entsprechende Mail, die ein neuer Subscriber erhält. Abbildung 15.2 zeigt die E-Mail, die auf die Änderung von `tux@lists.example.org` in `tuxracer@lists.example.org` folgte.

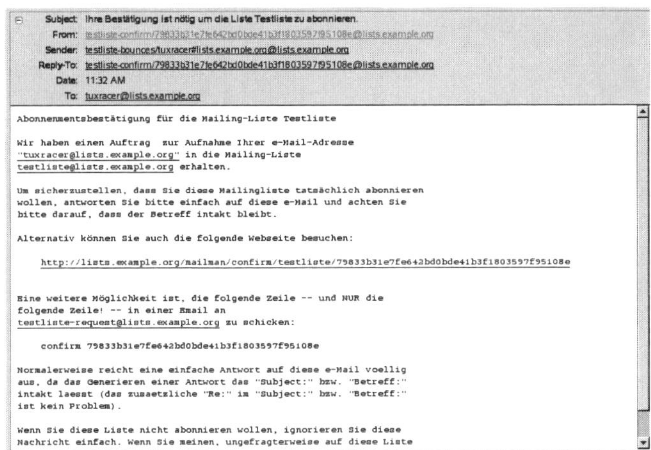
Subject: Ihre Bestätigung ist nötig um die Liste Testliste zu abonnieren.
From: testliste-confirm/79833b31e7fe642bd0bde41b3f1803597f95108e@lists.example.org
Sender: testliste-bounces/tuxracer#lists.example.org@lists.example.org
Reply-To: testliste-confirm/79833b31e7fe642bd0bde41b3f1803597f95108e@lists.example.org
Date: 11:32 AM
To: tuxracer@lists.example.org

Abonnementsbestätigung für die Mailing-Liste Testliste

Wir haben einen Auftrag zur Aufnahme Ihrer e-Mail-Adresse "tuxracer@lists.example.org" in die Mailing-Liste testliste@lists.example.org erhalten.

Um sicherzustellen, dass Sie diese Mailingliste tatsächlich abonnieren wollen, antworten Sie bitte einfach auf diese e-Mail und achten Sie bitte darauf, dass der Betreff intakt bleibt.

Alternativ können Sie auch die folgende Webseite besuchen:

http://lists.example.org/mailman/confirm/testliste/79833b31e7fe642bd0bde41b3f1803597f95108e

Eine weitere Möglichkeit ist, die folgende Zeile -- und NUR die folgende Zeile! -- in einer Email an testliste-request@lists.example.org zu schicken:

confirm 79833b31e7fe642bd0bde41b3f1803597f95108e

Normalerweise reicht eine einfache Antwort auf diese e-Mail voellig aus, da das Generieren einer Antwort das "Subject:" bzw. "Betreff:" intakt laesst (das zusaetzliche "Re:" im "Subject:" bzw. "Betreff:" ist kein Problem).

Wenn Sie diese Liste nicht abonnieren wollen, ignorieren Sie diese Nachricht einfach. Wenn Sie meinen, ungefragterweise auf diese Liste

Abbildung 15.2: Bitte bestätigen Sie die Adressänderung!

Wenn Sie dem Bestätigungslink in der E-Mail folgen, gelangen Sie auf eine Webseite, wie sie Abbildung 15.3 zeigt. Dort wird wieder deutlich, dass es sich um die Änderung einer E-Mail-Adresse und nicht um einen Neuantrag auf Subscription handelt.

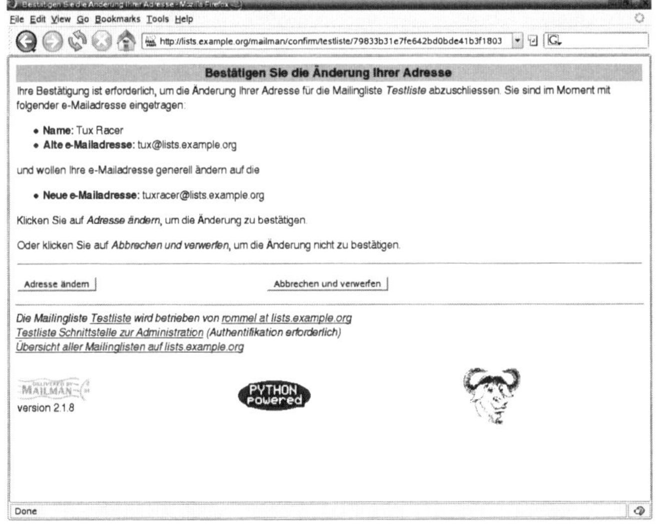

File Edit View Go Bookmarks Tools Help
http://lists.example.org/mailman/confirm/testliste/79833b31e7fe642bd0bde41b3f1803
Bestätigen Sie die Änderung Ihrer Adresse
Ihre Bestätigung ist erforderlich, um die Änderung Ihrer Adresse für die Mailingliste Testliste abzuschliessen. Sie sind im Moment mit folgender e-Mailadresse eingetragen:
Name: Tux Racer
Alte e-Mailadresse: tux@lists.example.org
und wollen Ihre e-Mailadresse generell ändern auf die
Neue e-Mailadresse: tuxracer@lists.example.org
Klicken Sie auf Adresse ändern, um die Änderung zu bestätigen.
Oder klicken Sie auf Abbrechen und verwerfen, um die Änderung nicht zu bestätigen.
Adresse ändern
Abbrechen und verwerfen
Die Mailingliste Testliste wird betrieben von rommel at lists.example.org
Testliste Schnittstelle zur Administration (Authentifikation erforderlich)
Übersicht aller Mailinglisten auf lists.example.org
MAILMAN
version 2.1.8
PYTHON powered
Done

Abbildung 15.3: Bestätigung der Änderung der E-Mail-Adresse

Leider versendet Mailman nach einer Adresskorrektur keine neue Willkommensnachricht. Der Link, der aus der alten Willkommensnachricht zu Ihren persönlichen Einstellungen führte, ist damit – im Gegensatz zum Passwort

– nicht mehr gültig. Im Fall der in Abbildung 15.1 gezeigten Änderung lautet der direkte Link nun `http://lists.example.org/mailman/options/testliste/tuxracer%40lists.example.org`.

15.1.1 Globale Änderung der E-Mail-Adresse

Der Schalter **Global ändern** erlaubt es, die E-Mail-Adresse und den Namen für alle Mailinglisten, die auf dem Mailinglistenserver betrieben werden, gleichzeitig zu ändern. Lassen Sie sich nicht durch die daraufhin an Sie versendete Bestätigungsaufforderung und den darin mitgesendeten Link irritieren: Beide sehen so aus, als wollten Sie nur eine einzige Subscription korrigieren. Sobald Sie die Bestätigungsaufforderung positiv beantworten, wird die Änderung jedoch für alle Mailinglisten durchgeführt.

Verwaltet der entsprechende Server Listen aus verschiedenen virtuellen Domänen (siehe Seite 139), ist dieses Feature allerdings mit Vorsicht zu genießen: Sobald Sie Mailinglisten von verschiedenen Domänen abonniert haben, liefert die **Global ändern**-Funktion für E-Mail-Adressen unvorhersehbare Ergebnisse. Auf dem Testsystem des Autors, einer Mailman-2.1.8-Installation mit der primären Domäne `list.example.org` und der virtuellen Domäne `www.example.net`, änderten sich nur die Adressangaben für die Mailinglisten der virtuellen Domäne, obwohl der Login-Vorgang über den Webserver der primären Domäne lief. Ob Sie in die gleiche Falle getappt sind, sehen Sie an der Meldung

```
Note: The list administrator may not change the names or addresses for
      this user's other subscriptions. However, the subscription for
      this mailing list has been changed.
```

sobald Sie die Änderung durchführen wollen. Danach sind Sie mit (mindestens) zwei verschiedenen E-Mail-Adressen auf den Mailinglisten des Servers subscribt. Um diesem Chaos zu entgehen, sollten Sie die Adresse für jede betroffene Mailingliste einzeln korrigieren.

15.1.2 Andere Subscriptions auflisten

Der Abschnitt **Ihre anderen Abonnements bei domäne** (siehe Abbildung 15.5) auf der Optionsseite erlaubt es Ihnen, sich alle Mailinglisten anzeigen zu lassen, auf denen Sie mit der beim Einloggen festgelegten E-Mail-Adresse subscribt sind (Abbildung 15.4). Ein Klick auf den Namen der jeweiligen Mailingliste führt zu den entsprechenden Optionen.

Wenn Sie die einzelnen Mailinglisten mit verschiedenen E-Mail-Adressen abonniert haben, müssen Sie diesen Vorgang für alle E-Mail-Adressen wiederholen, um den vollständigen Überblick über Ihre Subscriptions zu erhalten – Mailman weiß ja nichts über Ihre anderen E-Mail-Identitäten.

Abbildung 15.4: Liste der Subscriptions von `tuxracer@lists.example.org`

Ähnlich wie bei der Änderung der E-Mail-Adresse listet Mailman die Mailinglisten nicht korrekt auf, wenn sie von verschiedenen virtuellen Domänen stammen. Es werden immer nur die Subscriptions angezeigt, die zu der Domäne gehören, über deren Webinterface Sie sich angemeldet haben.

15.2 Passwort-Änderungen

Wenn Sie ein neues persönliches Passwort für eine Mailingliste vergeben wollen, benutzen Sie dafür den Abschnitt **Ihr Passwort für die Liste ...** auf der Optionsseite. Abbildung 15.5 zeigt ihn für unsere Testliste.

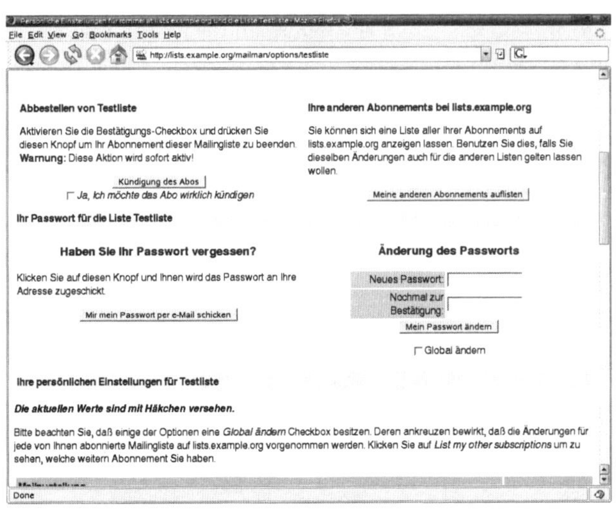

Abbildung 15.5: Änderung des Passworts über das Webinterface

Dieses Passwort brauchen Sie nicht nur für den Zugang zu Ihren persönlichen Optionen, sondern auch dann, wenn der Owner der Mailingliste den Zugang zum Archiv auf Mitglieder beschränkt hat.

15.2.1 Globale Änderung des Passworts

Auch im Falle des Passworts erlaubt es der Schalter **Global ändern**, die Änderung auf alle Mailinglisten des Servers anzuwenden. Dies ist insbesondere dann praktisch, wenn Sie beim Abonnieren der einzelnen Mailinglisten das persönliche Passwort von Mailman generieren lassen und nachträglich alle Passwörter durch eines ersetzen wollen, das Sie sich auch merken können.

Im Gegensatz zu den meisten übrigen Einstellungen funktioniert das globale Ändern des Passworts auch dann korrekt, wenn Sie auf Mailinglisten von virtuellen Domänen subscribt sind.

15.2.2 Wahl des Passworts

Mailman versendet gelegentlich Passwort-Erinnerungsmails per E-Mail in unverschlüsselter Form. Darüber hinaus ist die Verbindung zwischen Browser und Webserver standardmäßig nicht abgesichert. Verwenden Sie deshalb kein Passwort, das Sie bereits für andere Systeme verwenden, um der Kompromittierung Ihrer Identität vorzubeugen.

15.3 Zustelloptionen

Der Abschnitt **Ihre persönlichen Einstellungen für ...** listet eine Reihe Optionen, die die Zustellung an Ihre E-Mail-Adresse betreffen (Abbildung 15.6).

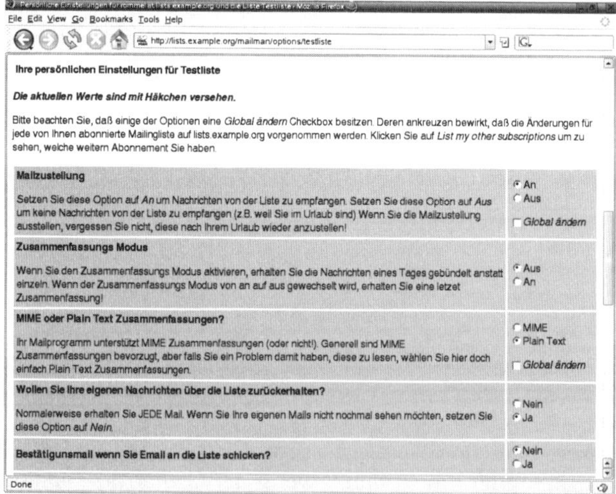

Abbildung 15.6: Ausschnitt der Zustell-Optionen für Subscriber

15.3.1 Zustellung von Postings aussetzen

Über die Option **Mailzustellung** können Sie die Zustellung von Postings an Ihre E-Mail-Adresse aktivieren bzw. unterbinden. Standardmäßig bekommen Sie selbstverständlich alle Postings, die auf der entsprechenden Mailingliste ankommen. Aber wer für längere Zeit abwesend (etwa im Urlaub) ist, möchte oft nicht, dass die Postings, die während dieser Zeit verteilt werden, die Mailbox zum Überlaufen bringen.

In Listen, die nur Subscribern das Posten erlauben, ist es gängige Praxis, sich mit mehreren E-Mail-Adressen anzumelden, um beispielsweise sowohl mit der privaten als auch mit der beruflichen Adresse antworten zu können. Wer deswegen nicht den gesamten Mailverkehr auf der Liste doppelt und dreifach bekommen möchte, unterbindet die Zustellung von Postings für alle bis auf eine angemeldete Adresse.

Benutzen Sie den Schalter **Global ändern**, um die Mailzustellung für alle Mailinglisten synchron zu (de)aktivieren. Leider gilt auch hier: Subscriptions auf Mailinglisten von virtuellen Domänen werden von dieser Einstellung nicht berührt. Um auch jene Einstellungen zu ändern, melden Sie sich über das zur Domäne passende Webinterface an.

15.3.2 Zustellung per Digest

Über die Option **Zusammenfassungs Modus** legen Sie fest, ob Sie Postings als einzelne E-Mails oder täglich als eine E-Mail zusammengefasst in Form eines Digests erhalten. Bei Verwendung von Digests haben Sie über die nachfolgende Option **MIME oder Plain Text Zusammenfassungen?** die Wahl, ob Sie die einzelnen Postings in Form von Anhängen (*MIME*) oder hintereinandergehängt als einen zusammenhängenden Text (*Plain Text*) erhalten wollen.

Digests werden in der vom Admin festgelegte Primärsprache der Mailingliste versendet. Im Fall von Plain-Text-Digests ist dadurch auch der verwendete Zeichensatz festgelegt. Mailman verwendet für die westeuropäischen Sprachen den Zeichensatz ISO-8859-1. Als Folge werden beispielsweise Postings, die in russischer Sprache mit Zeichensatz KOI8-R verfasst wurden, in einem Digest, das in Englisch gehalten ist, völlig unleserlich. Dieses Problem lässt sich nur dadurch lösen, dass Sie sich Digests in MIME-Form zustellen lassen.

15.3.3 Zustellung eigener Postings

Über die Option **Wollen Sie Ihre eigenen Nachrichten über die Liste zurückerhalten?** legen Sie fest, ob der Mailinglistenserver Ihnen Ihre eigenen Postings zustellt. Dies stellt den Normalfall dar, weil sich nur so in Threads der inhaltliche Zusammenhang und die referentielle Integrität der E-Mails untereinander gewährleisten lässt.

15.3.4 Bestätigungs-E-Mails

Wollen Sie eine separate Bestätigungs-E-Mail erhalten, sobald ein Posting von Ihnen über die Mailingliste verteilt wird? Dann setzen Sie die Option **Bestätigungsmail wenn Sie Email an die Liste schicken?** auf **Ja**. Standardmäßig ist die Option auf **Nein** gestellt. Dies zu ändern ist insbesondere dann sinnvoll, wenn Sie die Option für **Wollen Sie Ihre eigenen Nachrichten über die Liste zurückerhalten?** auf **Nein** gesetzt haben.

Die Bestätigungs-E-Mail verschickt Mailman erst, wenn das Posting erfolgreich an alle Subscriber versendet wurde, und nicht, wenn Ihr Posting den Mailinglistenserver erreicht! Deshalb ist die Aktivierung dieser Option auch dann sinnvoll, wenn der Kreis der Subscriber sehr groß ist und die Verteilung der Postings eine Weile dauert. Durch den anschließenden Versand der Bestätigung versichert Ihnen Mailman sozusagen, dass die Verteilung der Postings erfolgreich abgeschlossen wurde. Abbildung 15.7 zeigt eine solche E-Mail von unserer Testliste.

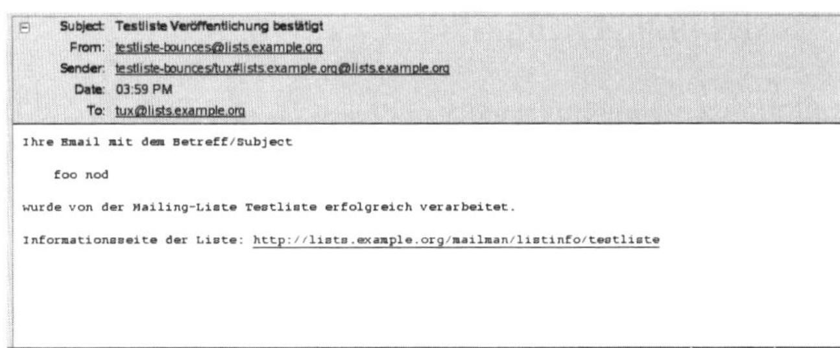

Abbildung 15.7: Bestätigungs-E-Mail von Mailman

15.3.5 Mehrfachmails unterdrücken

Über die Option **Mehrfache Kopien von Nachrichten vermeiden?** legen Sie fest, ob Mailman Ihnen Postings, bei denen Sie in den Kopfzeilen `To:` oder `Cc:` stehen (die Sie also schon auf direktem Weg erhalten haben), *nicht* noch einmal über die Liste zustellen soll.

Wenn Sie die Postings der Mailingliste nicht über die Kopfzeile `Subject:`, sondern über Mailinglisten-spezifische Kopfzeilen wie `List-Id:` in einen eigenen Ordner einordnen (siehe Seite 185), sollten Sie diese Option auf **Nein** setzen. Andernfalls fehlen Ihnen in diesem Ordner solche Postings, die auch direkt an Sie adressiert wurden – direkt empfangene Mails enthalten keine Mailinglisten-spezifischen Kopfzeilen.

15.4 Postings nach Themen sortiert auswählen

Die als **Themen** bezeichnete Funktion erlaubt es dem Owner einer Mailingliste, Postings anhand darin verwendeter Wörter einem Thema zuzuordnen (siehe Seite 157). Die entsprechenden Schlüsselwörter müssen in den Kopfzeilen `Subject:` oder `Keywords:` vorkommen. Damit können Sie selektiv bestimmen, welche Postings auf einer Liste Sie erhalten wollen und welche nicht. Die Verwendung von Themen ist momentan allerdings mit gewissen Risiken verbunden, die auf Seite 159 erläutert werden.

Sofern der Owner der Mailingliste einzelne Themen für die Mailingliste definiert hat, können Sie über die Option **Welche Themen interessieren Sie?** die für Sie passenden auswählen. Abbildung 15.8 zeigt Ihnen anhand der Testliste, wie dies aussehen kann.

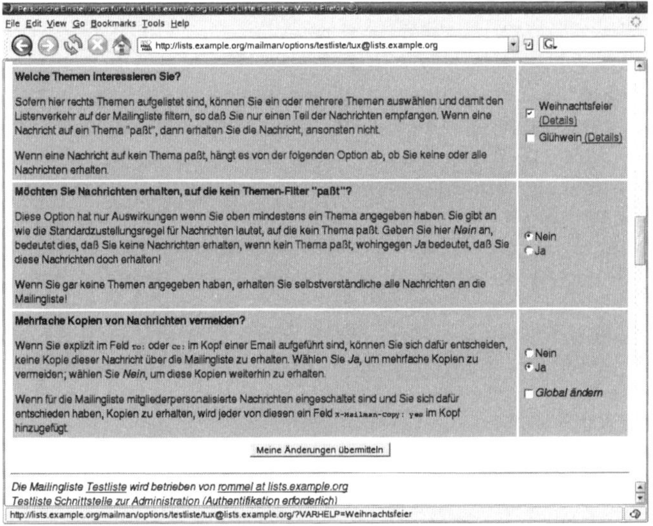

Abbildung 15.8: Auswahl von Themen auf der Testliste

Wenn Sie kein Thema ausgewählt haben (bzw. wenn kein Thema zur Auswahl stand), erhalten Sie alle Nachrichten, die auf der Mailingliste eintreffen. Sobald Sie jedoch ein Thema auswählen, hängt es von der Einstellung der Option **Möchten Sie Nachrichten erhalten, auf die kein Themen-Filter paßt?** ab, ob Sie die übrigen Nachrichten überhaupt erhalten.

15.4.1 Wann sollten Themen verwendet werden?

Sobald Sie über eine Mailingliste weitaus mehr Postings erhalten, als für Sie interessant sind, haben Sie mehrere Möglichkeiten, dieser E-Mail-Flut Herr zu werden:

- Haben Sie dauerhaft den Eindruck, dass das Thema einer Mailingliste zu weit gefasst ist und teilen Sie diesen Eindruck mit vielen anderen Subscribern? In diesem Fall sollten Sie Kontakt mit dem Owner aufnehmen und anregen, die Mailingliste in mehrere Mailinglisten aufzuteilen, die dann jeweils thematisch deutlich enger gefasst sind.

- Gibt es auf der Mailingliste immer wieder Mode-Themen, die aber nach einer gewissen Zeit in den Hintergrund geraten? Dann sollten Sie ebenfalls mit dem Owner sprechen, in diesem Fall können Sie aber anregen, entsprechende Themen zu definieren.

  Für den Owner haben Themen den Vorteil, sich relativ einfach definieren zu lassen, wohingegen neue Mailinglisten vergleichsweise viel Arbeit bedeuten. Subscriber müssen im Falle einer „thematisierten" Mailingliste ihre Abonnements nicht anpassen und können den Themenfilter jederzeit sehr einfach deaktivieren.

- Wenn beide oben erwähnten Möglichkeiten nicht in Frage kommen (liegt es nun an mangelnder Kooperation des Owners oder an zu schnell wechselnden Themen), dann können Sie immer noch die für Sie passenden Nachrichten über Ihren E-Mail-Client herausfiltern. Diesem Thema widmen wir uns in einem eigenen Kapitel ab Seite 185. Diese Methode hat allerdings zwei große Nachteile: Sie empfangen (und entsorgen) viele Nachrichten, die Sie gar nicht interessieren. Des Weiteren ist jeder Subscriber bei der Wahl der passenden Filter für seinen E-Mail-Client sich selbst bzw. der Mithilfe Dritter überlassen.

15.5 Weitere Optionen

Die nachfolgend besprochenen Optionen haben keinen Einfluss auf die Zustellung der Postings, sondern regeln den Umgang mit Mailman selbst.

15.5.1 Passwort-Erinnerungsmails

Über die Option **Monatliche Erinnerungsmail mit Passwort?** schalten Sie den Versand der monatlichen Erinnerungs-E-Mails an- bzw. aus.

Diese Einstellung hat Vorrang vor der Einstellung `send_reminders` (siehe Seite 41), über die der Owner einer Mailingliste den Versand der monatlichen Erinnerungs-E-Mails für *alle* Subscriber einer Mailingliste konfiguriert.

15.5.2 Sichtbarkeit in der Subscriber-Liste

Wollen Sie in der Liste der Subscriber nicht aufgeführt werden? Dann setzen Sie die Option **In der Liste der Abonnenten unsichtbar machen?** auf Ja.

Diese Option kommt z. B. zur Anwendung, wenn Sie nur als Beobachter einer Mailingliste fungieren und sich nicht als solcher zu erkennen geben wollen.

15.5.3 Bevorzugte Sprache

Sofern der Owner der Mailingliste die Unterstützung weiterer Sprachen aktiviert hat, können Sie über die Option **Welche Sprache bevorzugen Sie?** die für Sie geeignete Sprache auswählen.

Diese Einstellung beschränkt sich nicht auf das Webinterface, sondern umfasst auch sämtliche Nachrichten, die Mailman automatisiert an Sie sendet. Verständlicherweise hat diese Einstellung keinen Einfluss darauf, in welcher Sprache die Postings verfasst werden.

Kapitel

16

Beiträge filtern

Dank Spam und Schädlingsmails steigt das E-Mail-Aufkommen unaufhörlich, und wenn Sie unter diesen Umständen auch noch Mailinglisten abonnieren, dann bricht recht bald Chaos in Ihrer Mailbox aus, sofern Sie die Nachrichten nicht dauerhaft und am besten automatisch filtern.

Anders als zur Pionierzeit des Mediums E-Mail unterstützen heutzutage nahezu alle E-Mail-Clients hierarchische Ordnerstrukturen. Immer mehr verbreiten sich auch sogenannte virtuelle Ordner (wie sie z. B. Evolution anbietet), die E-Mails aus unterschiedlichen realen Ordnern mittels von Ihnen zu definierenden Regeln in einer neuen Ansicht anzeigen.

Dieses Kapitel soll Ihnen einen Überblick darüber verschaffen, wie Sie Unterordner in Verbindung mit den Filter-Möglichkeiten Ihres E-Mail-Clients oder E-Mail-Servers nutzen können, um Ordnung in die von Mailinglisten erhaltenen E-Mails zu bringen.

Wenn Sie ein Postfach im Online-Modus betreiben (z. B. über das IMAP-Protokoll) oder Ihr Postfach Teil einer Groupware-Lösung ist (z. B. von Lotus Notes), bietet Ihnen unter Umständen bereits der Server die Möglichkeiten, die E-Mails zu filtern. Wie Sie die Filter dort einstellen, hängt stark von der eingesetzten Software ab. Viele Server bieten dafür ein eigenes Webinterface an. Andere Server wiederum ermöglichen es, direkt aus dem E-Mail-Client heraus die Filter zu erstellen. Zu den letzteren gehören z. B. Cyrus-IMAP in Verbindung mit dem E-Mail-Client Mulberry (über das integrierte Sieve-Interface) oder Novell GroupWise in Verbindung mit dem nativen GroupWise-Client.

Statt auf die zahlreichen Möglichkeiten, E-Mail-Clients an E-Mail-Servern zu binden, einzugehen, will dieses Kapitel das nötige Hintergrundwissen vermitteln, E-Mails von Mailinglisten zuverlässig zu filtern. Ab Seite 191 demonstrieren wir das Vorgehen anhand einiger gängiger E-Mail-Clients bzw. Mail-Delivery-Agents (wie `procmail`).

16.1 Geeignete Kriterien für das Filtern

Da das Filtern anhand des thematischen Inhalts einer E-Mail sehr aufwendig ist (Sie brauchen dazu eine Software, die *versteht*, um was es in der E-Mail geht), hat sich als Standardfiltermethode der Weg über die Form der E-Mail, d. h. über die E-Mail-Header, etabliert.

Darüber hinaus gibt es die Möglichkeit, E-Mails durch Benutzung verschiedener Adressen bzw. Postfächer zu filtern. Unter bestimmten Voraussetzungen können Sie dies automatisieren. Wir gehen auf diesen Sonderfall auf Seite 198 ein.

16.1.1 Standard-Header

So ziemlich alle Filter-Mechanismen bieten Ihnen an, Nachrichten über den Absender (aus dem `From`-Header), den Empfänger (aus dem `To`- und dem `Cc`-Header) oder über den Betreff (aus dem `Subject`-Header) zu filtern.

Allerdings eignet sich *keiner* dieser Header dazu, Mailinglisten-Mails zuverlässig zu filtern:

- Der Header `From:` enthält in der Regel den Autor der E-Mail und lässt (einmal abgesehen von automatisierten Nachrichten des Mailinglistenservers) keinen Rückschluss auf die Mailingliste zu, über welche die E-Mail verteilt wurde.
- Die Header `To:` und `Cc:` müssen nicht zwangsläufig die Posting-Adresse der Mailingliste enthalten. Dies ist zwar bei von Mailman betriebenen Mailinglisten die Standardvorgabe, allerdings kann der Owner diese über den Parameter `require_explicit_destination` ändern und auch Postings akzeptieren, die über `Bcc:` an die Mailingliste geschickt wurden.

- Den `Subject`-Header verfasst der Autor der E-Mail. Zwar fügt Mailman standardmäßig ein Präfix wie z. B. `[Testliste]` in den Betreff ein, der Owner kann dies aber jederzeit ändern. Darüberhinaus laufen Sie in Gefahr, auch Nachrichten, die gar nicht über die Mailinglisten verteilt wurden, herauszufiltern, z. B. wenn jemand ein kommentiertes Posting von einer Mailingliste direkt an Sie weiterleitet.

16.1.2 Mailinglisten-spezifische Header

Das Problem fehlender standardisierter E-Mail-Header, mit denen sich E-Mails von Mailinglisten filtern lassen, wurde erst im Jahr 2001 zufriedenstellend gelöst. Bis dahin fügten Mailinglistenserver eine ganze Reihe verschiedener E-Mail-Header ein, u. a. `X-Mailing-List:`, `X-List:` und `Mailing-List:`. Keiner dieser Header ist durch RFCs o. Ä. definiert.

Erst der RFC 2369 aus dem Jahr 1998 legt die Header `List-Subscribe:`, `List-Unsubscribe:`, `List-Archive:`, `List-Post:`, `List-Help:` und `List-Owner:` zur Indentifizierung der Mailingliste und ihrer verschiedenen Adressen/URLs fest.

Mailman fügt mit Ausnahme von `List-Owner:` alle diese Header in Nachrichten ein, die von einer seiner Mailinglisten stammen. So enthalten Mails von unserer Testliste folgende Header:

```
List-Subscribe: <http://lists.example.org/mailman/listinfo/testliste>,
        <mailto:testliste-request@lists.example.org?subject=subscribe>
List-Unsubscribe: <http://lists.example.org/mailman/listinfo/testliste>,
        <mailto:testliste-request@lists.example.org?subject=unsubscribe>
List-Archive: <http://lists.example.org/mailman/private/testliste>
List-Post: <mailto:testliste@lists.example.org>
List-Help: <mailto:testliste-request@lists.example.org?subject=help>
```

Der Header `List-Subscribe` beschreibt mit Hilfe einer URL, wie man die Mailingliste abonniert: in diesem Fall wahlweise über das Webinterface (`http://lists.example.org/mailman/listinfo/testliste`) oder mit Hilfe einer E-Mail an `testliste-request@lists.example.org` und dem Betreff `subscribe`. `List-Unsubscribe` beschreibt auf die gleiche Weise den Vorgang für das Kündigen einer Mailingliste.

`List-Archive` enthält die Archiv-URL der Mailingliste. Mailinglistenmanager wie z. B. Ezmlm, die den Zugriff auf das Archiv per E-Mail ermöglichen, füllen diesen Header entsprechend mit einer `mailto`-URL. Die Posting-Adresse erfährt man aus dem Header `List-Post`, und `List-Help` gibt Adresse und Betreff für eine Mail an, über die man einen Hilfetext anfordern kann.

Im Jahr 2001 kam in RFC 2919 der Header `List-Id:` hinzu. Im Gegensatz zu den übrigen `List`-Headern nimmt er keine URLs auf, sondern enthält neben einem kurzen Text eine eindeutige ID:

```
List-Id: optionaler text <eindeutiger.bezeichner>
```

Der Ausdruck *`optionaler text`* steht für eine optionale Zeichenkette, die nur aus Zeichen bestehen darf, welche in E-Mail-Headern gemäß RFC 822 ff. vorkommen dürfen. Umlaute und andere Sonderzeichen müssen unter Angabe des Zeichensatzes und Quotings (etwa: `=?iso-8859-1?q?...?=`) umschrieben werden:

```
List-Id: =?iso-8859-1?q?Beispiel_Mailingliste_f=FCr_das_OSP_Mailman?=
        <testliste.lists.example.org>
```

Anstelle des Platzhalters *`eindeutiger.bezeichner`* steht ein eindeutiger Bezeichner für die Mailingliste, der an das DNS-System angelehnt wird. Per Definition darf nur derjenige, der für eine (Sub-)Domäne im DNS zuständig ist (in diesem Fall also für `lists.example.org`) diesen Bezeichner definieren und zuweisen (im Falle unserer Testliste `testliste.lists.example.org`).

Alternativ kann ein eindeutiger Bezeichner mit dem Suffix `.localhost` vergeben werden, z. B. `kj18z581.112006.localhost`. Mailman erzeugt den `List-Id`-Header aus der Kurzbeschreibung und der Posting-Adresse der Mailingliste.

Wie auch andere E-Mail-Header kann der Header `List-Id` aus mehreren Zeilen bestehen. Die zweite und alle nachfolgenden Zeilen müssen mit einem Leerzeichen beginnen.

Als Filterkriterium ungeeignete Mailinglisten-spezifische Header

Neben den erwähnten Headern fügt Mailman auch eine Reihe Kopfzeilen ein, die sich nicht als Grundlage eines Filters eignen. So gibt der Header `X-Mailman-Version:` die Version von Mailman an, die auf dem Mailinglistenserver läuft.

`X-BeenThere:` enthält die Posting-Adresse der Mailingliste und hilft dem Mailinglistenserver dabei, E-Mail-Schleifen zu entdecken und zu unterbrechen (auf Seite 153 erklären wir die Funktionsweise anhand der Anbindung an einen Newsserver). Ticket-Systeme oder andere Mailinglistenmanager verwenden zu diesem Zweck den Header `X-Loop:`. Das `X-` in `X-BeenThere` und `X-Loop` signalisiert, dass es sich nicht um standardisierte E-Mail-Header handelt, und macht somit deutlich, dass hier jede Software ihr eigenes Süppchen kocht.

16.1.3 Filtern von Spam oder E-Mails mit Schädlingen

Sofern Sie Spam, Viren oder andere Schädlinge über eine Mailingliste erhalten (diese also nicht bereits von Ihrem Provider oder Ihrem Mailinglistenserver ausgefiltert werden), lohnt es sich, einen Blick in den Quelltext dieser E-Mails werfen und Ausschau nach Headern halten, die von Spam- und Virenscannern eingefügt wurden. Damit lassen sich entsprechende E-Mails in Zukunft oft ausfiltern.

Kombinierte Spam- und Virenscanner – wie beispielsweise ab Seite 215 beschrieben – fügen in die E-Mails oft folgende Header ein:

```
X-Virus-Scanned: amavisd-new at lists.example.org
X-Spam-Status: No, score=-1.054 required=5 tests=[ALL_TRUSTED=-1.44, AWL
=0.386]
X-Spam-Score: -1.054
X-Spam-Level:
X-Amavis-Alert: INFECTED, message contains virus: Eicar-Test-Signature
X-Amavis-Alert: BANNED, message contains part:
        multipart/mixed | application/x-executable,.dat,test.exe
```

Der Header `X-Spam-Level:` ist wohl der nützlichste davon. Er zeigt mit Hilfe von `*` an, welchen *Spam-Score* eine Nachricht erhalten hat. Einen Spam-Score von `6.2` vermerkt der Spam-Scanner beispielsweise durch

```
X-Spam-Level: ******
```

Nachkommastellen werden bei dieser Darstellung nicht wiedergegeben.

Spam- und Virenscanner interpretieren eine Nachricht standardmäßig dann als Spam, wenn der Spam-Score mindestens 5.0 beträgt. Deckt sich das mit Ihrer Erfahrung, können Sie auch nach dem Header `X-Spam-Status:` filtern, in der ein `Yes` besagt, dass die entsprechende Mail als Spam einzuordnen sei. Allerdings sollte Ihnen bewusst sein, dass der Admin des Spam-Scanners den Grenzwert jederzeit ändern kann. Der `X-Spam-Status:` liefert ihn in Form von `required=5` wie im obigen Beispiel in aller Regel mit.

Im Gegensatz zum Header `X-Spam-Score`, welcher den Spam-Score numerisch wiedergibt, kommen mit `X-Spam-Level:` nahezu alle Filter-Engines klar, da sie hier keinen numerischen Vergleich anstellen, sondern nur Text (etwa mit regulären Ausdrücken) abgleichen müssen.

Um nicht Gefahr zu laufen, Spam-Scores auszuwerten, die von Systemen erstellt wurden, zu denen Sie keinen Bezug und auf die Sie keinen Einfluss haben, gestalten Sie Ihren Filter am besten so, dass er die Auswertung an die Existenz eines E-Mail-Headers knüpft, der einen Hinweis darauf gibt, dass der Spam-Score von einem bekannten System ermittelt wurde.

Hier reicht es aus, dass es den Header `X-Virus-Scanned:` gibt und er den Wert `amavisd-new at lists.example.org` enthält. Abbildung 16.1 zeigt einen entsprechend abgesicherten Filter in Mozilla Thunderbird.

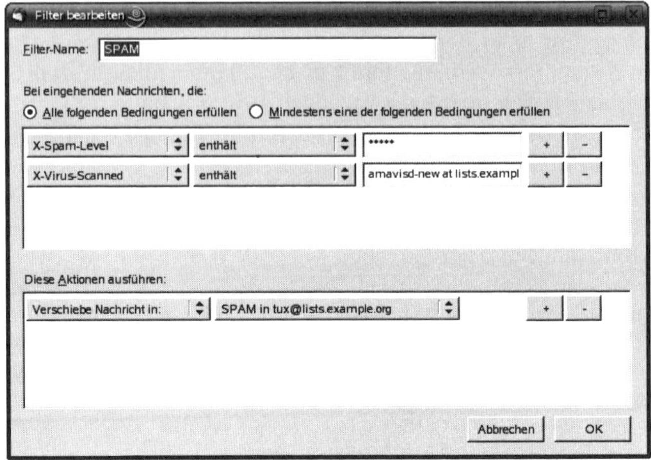

Abbildung 16.1: Abgesicherter Spam-Filter in Mozilla Thunderbird

Den Header `X-Amavis-Alert:` fügt der Open-Source-E-Mail-Scanner Amavis (siehe Kapitel 18 ab Seite 215) ein, wenn die E-Mail mit Viren verseucht ist, Anhänge mit unerwünschten Dateinamen enthält oder defekt ist. Im Fall einer verseuchten E-Mail enthält der Header als ersten Teil das Schlüsselwort `INFECTED`, im Fall von Anhängen mit unerwünschten Dateinamen das Schlüsselwort `BANNED`.

Abbildung 16.2 zeigt anhand von Mozilla Thunderbird einen Filter für Schädlinge, der über einen zweiten Filter abgesichert ist, der den Ursprung des Headers `X-Amavis-Alert:` kontrolliert.

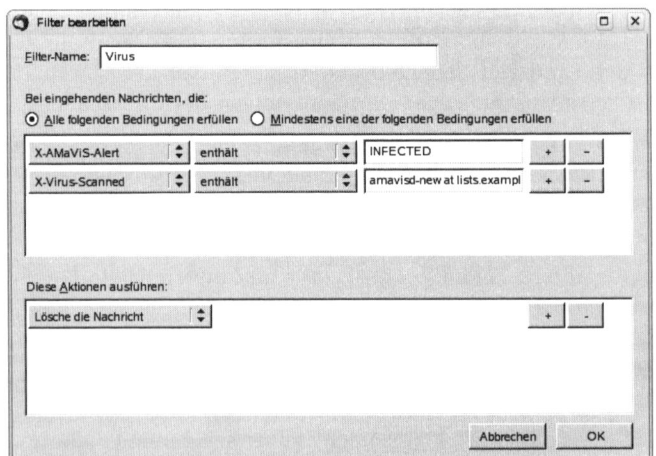

Abbildung 16.2: Abgesicherter Viren-Filter in Mozilla Thunderbird

16.2 E-Mails mit Hilfe des E-Mail-Clients sortieren

Was soll der E-Mail-Client nun tun mit den Mails, die sich als verseucht oder als Spam erweisen? Hier hat sich das Vorgehen bewährt, Spam zunächst in einen separaten Spam-Ordner einzusortieren und diesen erst nach einer gewissen Zeit zu leeren. So haben Sie für den Fall, dass eine E-Mail fälschlich als Spam markiert wurde, für eine gewisse Zeit die Möglichkeit, die Nachricht doch noch hervorzuholen, z. B. nachdem Ihr Kontakt Sie darauf hingewiesen hat, dass Sie eine solche erhalten haben müssen.

E-Mails mit Viren oder anderen Schädlingen können Sie wahlweise selber wegwerfen oder zu weiteren Untersuchungen an die Hersteller von Virenscannern weitergeben. Allerdings löschen die meisten Provider solche E-Mails meist sofort, so dass es sich hier um Ausnahmen handeln sollte.

Aber auch die Nutzmails von Mailinglisten will man nicht unbedingt in der Hauptmailbox belassen – sei es, weil man nicht in die Versuchung kommen will, bei jedem Eintreffen einer Mail auf hochfrequentierten Listen dem Drang nachzugeben, die neue Mail zu lesen, sei es, weil man Listenmails generell von individuellen E-Mails separieren möchte. Schließlich wird die Hauptmailbox recht bald unübersichtlich (und vermutlich auch unhandlich), wenn man mehrere aktive Mailinglisten abonniert hat.

Wir gehen hier davon aus, dass Ordner, in welche Sie die Nachrichten einsortieren wollen, bereits existieren. Bei der Verwendung von `procmail` wird der jeweilige Zielordner automatisch angelegt.

16.2.1 Mozilla Thunderbird

Um die Postings einer Mailingliste in einen separaten Ordner zu sortieren, bietet sich normalerweise der Header `List-Id` an. Leider kann die Filter-Engine von Mozilla Thunderbird in der dem Autor vorliegenden Version 1.5 nicht mit mehrzeiligen Headern umgehen. Als Folge erkennt dieses Mailprogramm den `List-Id`-Header nicht richtig, wenn zwischen der Kurzbeschreibung der Mailingliste und der Listen-ID ein Zeilenumbruch steht – damit wird dieser Header als zuverlässiges Filterkriterium unbrauchbar.

Alternativ bietet sich der Header `List-Post` an. Allerdings findet dieser eben nur in Postings Verwendung – administrative E-Mails wie Passworterinnerungsnachrichten oder Antworten auf Ihre E-Mail-Kommandos enthalten keine `List-Post`-Zeile. Aus diesem Grund verwenden wir im Folgenden den Header `X-BeenThere`. Dieser ist bei *allen* von Mailman gesendeten E-Mails vorhanden.

Um nachzuvollziehen, ob und – wenn ja – wie Thunderbird Ihre Filter ausführt, aktivieren Sie zunächst die Logdatei im Hauptmenü unter **Extras | Filter | Filter Protokoll**.

Neue Filter legen Sie unter **Extras | Filter** mit **Neu** an. Wählen Sie im nun erscheinenden **Filter bearbeiten**-Dialog die Option **Anpassen** und tragen Sie dort – wie in Abbildung 16.3 gezeigt – den Header `X-BeenThere` ein.

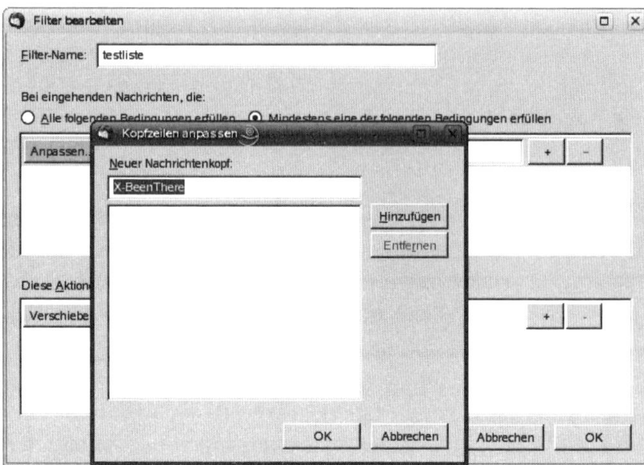

Abbildung 16.3: Definition neuer Header in Mozilla Thunderbird

Sobald Sie auf **OK** klicken, lässt sich der Header als Filter-Kriterium auswählen. Als Filterwert tragen Sie den Wert ein, auf den `X-BeenThere:` im Falle Ihrer Mailingliste regulär gesetzt ist. Sie entnehmen diesen dem Quelltext einer E-Mail, welche Sie von der Mailingliste erhalten haben.

Als Aktion wählen Sie **Verschiebe Nachricht in** an und wählen den gewünschten Zielordner aus. Abbildung 16.4 zeigt den fertigen Filter am Beispiel unserer Testliste. Deren Mails verschiebt Thunderbird nun automatisch in den Ordner `testliste`.

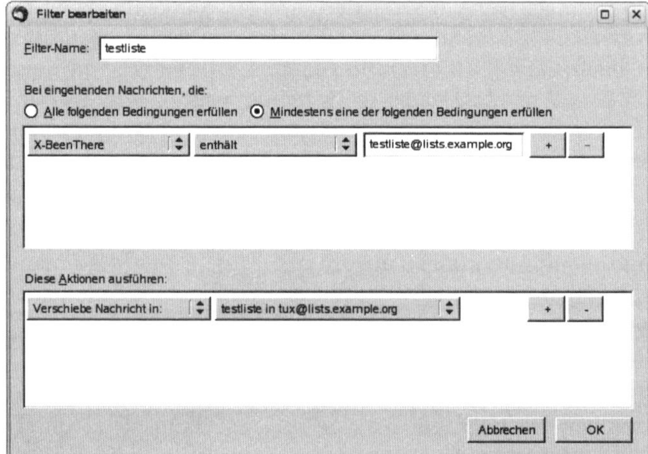

Abbildung 16.4: Filter für die Mailingliste `testliste@lists.example.org`

Sobald Sie den gewünschten Filter angelegt haben, testen Sie diesen aus der Filterübersicht heraus selektiv mittels **Jetzt Ausführen**. Sie können dann über den Button **Filter-Protokoll** überprüfen, ob das gewünschte Resultat erzielt wurde. Abbildung 16.5 zeigt einen Auszug aus dem Logfile für die Testliste `testliste`.

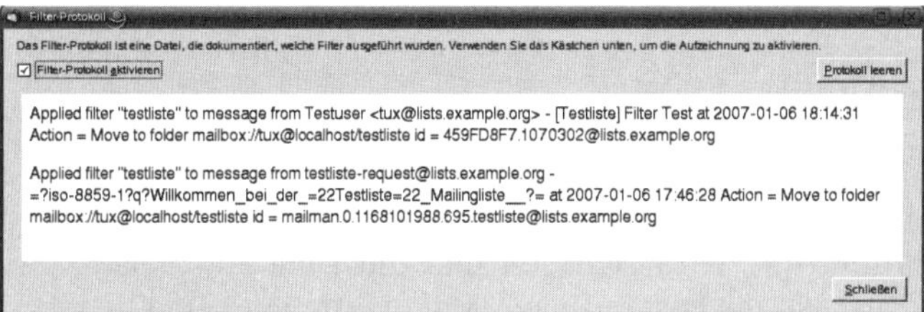

Abbildung 16.5: Filter-Protokoll in Mozilla Thunderbird

An erster Stelle sehen Sie, welcher Filter zum Zuge kam, weil die darin formulierten Bedingungen erfüllt wurden. Darauf folgt der Absender der Nachricht, der Betreff und das Datum der bearbeiteten E-Mail. Abschließend führt das Protokoll die ausgeführte Aktion (in diesem Fall `Action = Move to folder mailbox://tux@localhost/testliste` auf und listet den Inhalt des Headers `Message-Id:` auf.

Thunderbird wendet die von Ihnen definierten Filter standardmäßig auf alle eingehenden E-Mails an. Sie können einzelne Filter allerdings auch auf beliebige Unterordner anwenden, indem Sie unter **Extras | Filter** den gewünschten Quellordner mit **Ausgewählte(n) Filter anwenden auf** anwählen. So ist es beispielsweise möglich, einen Ordner, der die E-Mails von verschiedenen Mailinglisten enthält, gezielt zu „entrümpeln“.

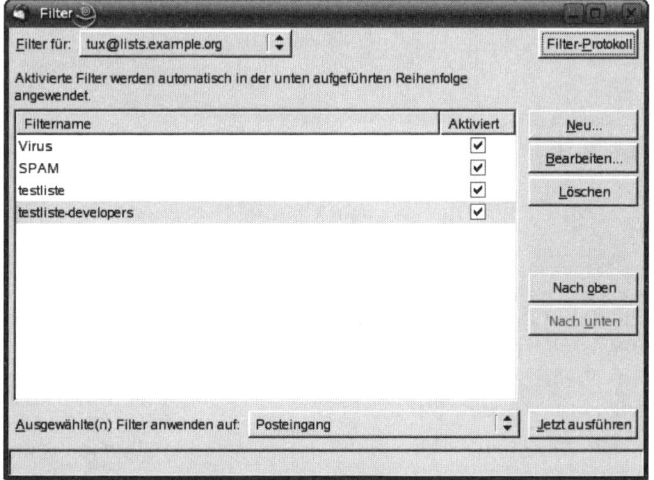

Abbildung 16.6: Filterliste in Mozilla Thunderbird

Abbildung 16.6 zeigt eine Filterkaskade, die sich nicht nur um unsere Testlisten, sondern auch um Viren- und Spam-Mails kümmert. Diese Filter führt Thunderbird der Reihenfolge nach von oben nach unten aus. Um Viren und Spam aus *allen* Mailinglisten-Ordnern herauszuhalten, müssen die entsprechenden Filter an oberster Stelle stehen.

16.2.2 KMail

Im Gegensatz zu Mozilla Thunderbird interpretiert KMail mehrzeilige E-Mail-Header korrekt. Wir können daher Filter gemäß den Internetstandards RFC 2369 und RFC 2919 erzeugen und mit Hilfe des meist mehrzeiligen Headers `List-Id` die Postings einer Mailingliste in einen separaten Ordner sortieren.

Einen neuen Filter legen Sie über **Einstellungen | Filter einrichten** an. KMail zeigt die Filterübersicht (**Vorhandene Filter**) wie auch die Filterdefinitionen (**Filterbedingungen** und **Filteraktionen**) in einem gemeinsamen Fenster an. Um den `List-Id` als Filterkriterium zu verwenden, wählen Sie im Bereich **Filterbedingungen** in der ersten Auswahlbox den Header **List-Id** und in der zweiten das Suchkriterium **enthält** aus. Den passenden Wert entnehmen Sie dem Quelltext eines Postings, das über die Mailingliste verteilt wurde. Abbildung 16.7 zeigt einen entsprechend eingerichteten Filter für unsere Testliste.

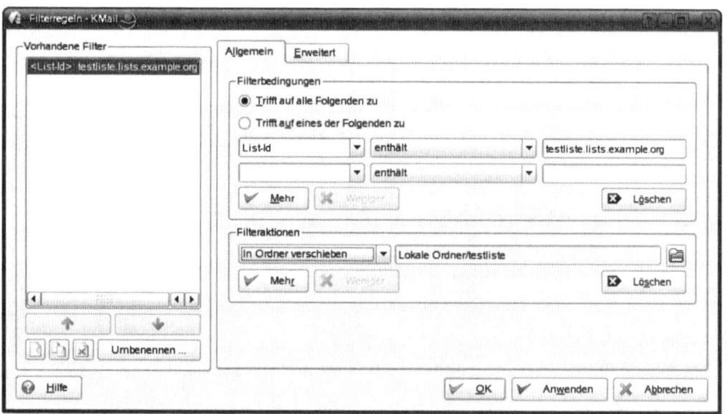

Abbildung 16.7: KMail-Filter für die Testliste `testliste@lists.example.org`

Bei der Erstellung des Filters lässt sich beobachten, wie KMail den Filternamen im Bereich **Vorhandene Filter** automatisch aus Ihren Filterbedingungen konstruiert. Wenn er Ihnen nicht gefällt, geben Sie ihm über den Button **Umbenennen** einen neuen Namen.

Bevor Sie den Filter anwenden, empfiehlt es sich, die Logdatei über **Extras | Filterprotokoll anzeigen** und die Option **Filtervorgänge protokollieren** zu aktivieren.

Führen Sie die Filter über **Nachricht | Filter anwenden | Alle Filter anwenden** aus, so sortiert KMail Ihre E-Mails gemäß der definierten Regel(n) um. Kontrollieren Sie das Ergebnis, indem Sie über **Extras | Filterprotokoll anzeigen** einen Blick auf die Logmeldungen werfen. Abbildung 16.8 zeigt diese am Beispiel zweier Testlisten.

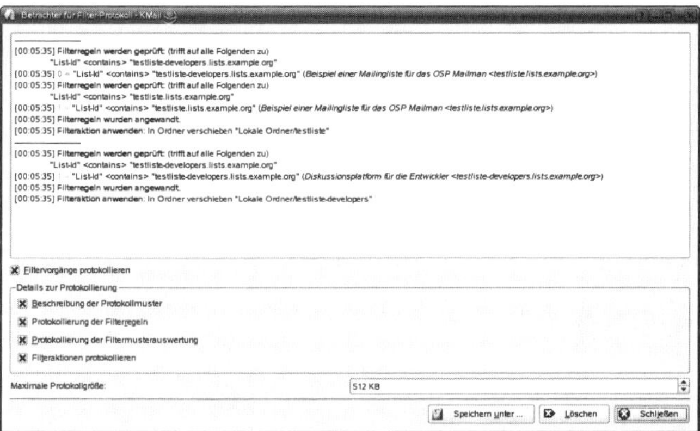

Abbildung 16.8: Filter-Protokoll in KMail

KMail geht die Filter der Reihe nach durch und notiert jeweils, ob die Bedingungen eines Filters erfüllt sind. Eine rote Null wie im zweiten Logeintrag in Abbildung 16.8 signalisiert, dass sie nicht erfüllt sind, während eine grüne Eins wie im vierten Eintrag aus Abbildung 16.8 verrät, dass die Bedingung passt. Hinter dem Gleichheitszeichen hält KMail die Filterbedingung fest, gefolgt von dem in der E-Mail vorgefundenen Wert in Klammern.

Sobald die Bedingungen eines Filters erfüllt sind, führt das Mailprogramm die entsprechende Aktion aus und beendet den Filtervorgang. Abbildung 16.9 zeigt dieselbe Filterkaskade, wie sie Abbildung 16.6 für Mozilla Thunderbird zeigt, in KMail.

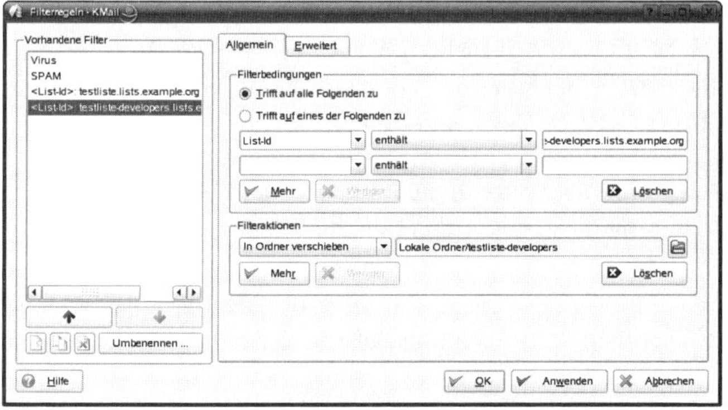

Abbildung 16.9: Filterliste in KMail

16.2.3 Procmail

Wenn Sie sich E-Mails über procmail zustellen lassen, können Sie auch die Listen-spezifischen Filter in der Konfigurationsdatei ~/.procmailrc definieren. Falls Sie noch nie mit procmail gearbeitet haben, verschaffen Sie sich z. B. über die Manpages procmailrc(5) und procmailex(5) einen ersten Eindruck von der Software.

Listenmails in separate Ordner einsortieren

Um Nachrichten unserer Testliste, deren List-Id-Header die ID <testliste.lists.example.org> enthält, in der Mailbox $HOME/Mail/testliste zu speichern, tragen Sie am Anfang der Datei ~/.procmailrc folgende Zeilen ein:

```
LOGFILE=$HOME/.procmail.log
VERBOSE=yes

:0 fW
| formail -c

:0
* ^List-Id:.*testliste\.lists\.example\.org
$HOME/Mail/testliste
```

Das Beispiel geht davon aus, dass E-Mails in Ihrem Home-Verzeichnis im Unterordner Mail gespeichert werden. Der LOGFILE-Eintrag in der ersten Zeile definiert die Datei, in welcher procmail den Filtervorgang protokolliert. Indem wir die Variable VERBOSE in der zweiten Zeile auf yes setzen, sorgen wir dafür, dass die Logeinträge ausführlicher ausfallen.

Der erste, mit :0 beginnende Block definiert einen Filter (Schalter f), der mit Hilfe des Programms formail und der Option -c die mehrzeiligen E-Mail-Header in einer Zeile zusammenfasst. Die Zustellung wird erst dann fortgesetzt, wenn dieser Vorgang beendet ist (Schalter W).

Der zweite, mit :0 beginnende Block testet mit Hilfe eines regulären Ausdrucks, ob List-Id die Zeichenkette testliste.lists.example.org enthält und speichert bei positivem Testergebnis die E-Mail in der Mailbox testliste. Achten Sie darauf, die Punkte in der Zeichenkette zu mit einem \ zu schützen, da diese andernfalls die Bedeutung „ein beliebiges Zeichen" erhalten.

Die Logdatei $HOME/.procmail.log enthält nach der Zustellung eines Posting an die Testliste dann folgende Zeilen:

```
procmail: [25385] Mon Jan  8 08:54:44 2007
procmail: Executing "formail,-c"
```

```
procmail: [25385] Mon Jan  8 08:54:45 2007
procmail: Match on "^List-Id:.*testliste\.lists\.example\.org"
procmail: Assigning "LASTFOLDER=/home/tux/Mail/testliste"
procmail: Opening "/home/tux/Mail/testliste"
procmail: Acquiring kernel-lock
procmail: [25385] Mon Jan  8 08:54:46 2007
procmail: Notified comsat: "tux@0:/home/tux/Mail/testliste"
From testliste-bounces/tux#lists.example.org@lists.example.org  Mon Jan
8 08:54:44 2007
 Subject: [Testliste] Procmail-Test
  Folder: /home/tux/Mail/testliste                                  2602
```

Die mit `procmail:` beginnenden Zeilen geben über die einzelnen Schritte Auskunft, mit denen `procmail` die eingehende E-Mail behandelt. Nach der Reformatierung der mehrzeiligen Header (`Executing "formail,-c"`) testet `procmail` erfolgreich auf den regulären Ausdruck (`Match on ...`), notiert die zu öffnende Mailbox (`Assigning "LASTFOLDER=..."`) und öffnet diese (`Opening ...`). Dabei werden Kernel-Locking-Mechanismen genutzt (`Acquiring kernel-lock`), um zu verhindern, dass ein anderer Prozess zeitgleich auf der Mailbox operiert und somit für Datenverlust sorgt.

Der Eintrag `Notified comsat:` zeigt an, dass `procmail` dem System über COMSAT mitgeteilt hat, dass eine neue Nachricht für den Benutzer eingetroffen ist. Dabei handelt es sich um einen archaischen Benachrichtungsmechanismus, den nur sehr wenige Programme wie z. B. `xbiff` nutzen.

Filter für Spam und Schädlinge

Die in Abbildung 16.1 (Seite 190) und 16.2 (Seite 190) gezeigten Filter zum Behandeln von Spam und Schädlingen setzt man in der `~/.procmailrc` z. B. so um:

```
:0
* ^X-AMaViS-Alert: (INFECTED|BANNED)
* ^X-Virus-Scanned: amavisd-new at lists\.example\.org
/dev/null

:0
* ^X-Spam-Level:.*\*\*\*\*\*
* ^X-Virus-Scanned: amavisd-new at lists\.example\.org
$HOME/Mail/SPAM
```

Sofern die beiden Regeln des ersten mit `:0` beginnenden Blocks zutreffen, wird die Nachricht gelöscht (`/dev/null`). Die Regeln überprüfen, ob die E-Mail einen Header `X-AMaViS-Alert` mit dem Wert `INFECTED` oder `BANNED` enthält und ob ein Header `X-Virus-Scanned` existiert, der auf den Server `lists.example.org` verweist.

Treffen hingegen die Regeln des zweiten mit `:0` beginnenden Blocks zu, wird die Nachricht in der Mailbox `SPAM` gespeichert. Diese überprüfen, ob die E-Mail einen Header `X-Spam-Level` mit mindestens fünf Sternen enthält und ob ein Header `X-Virus-Scanned` vorliegt, der auf den Server `lists.example.org` verweist. Achten Sie darauf, die Sternchen für die Repräsentation des Spam-Scores mit \ zu schützen.

Fügen Sie diese Zeilen am besten hinter dem `VERBOSE`-Eintrag ein, und achten Sie der Übersichtlichkeit halber darauf, mindestens eine Leerzeile zwischen den Blöcken zu lassen.

Die Logdatei `$HOME/.procmail.log` enthält nun nach der Zustellung eines Posting mit einem ungewollten Dateianhang folgende Zeilen:

```
procmail: [25588] Mon Jan  8 09:05:13 2007
procmail: Executing "formail,-c"
procmail: [25588] Mon Jan  8 09:05:13 2007
procmail: Match on "^X-AMaViS-Alert: (INFECTED|BANNED)"
procmail: Match on "^X-Virus-Scanned: amavisd-new at lists\.example\.org"
procmail: Assigning "LASTFOLDER=/dev/null"
procmail: Opening "/dev/null"
procmail: Notified comsat: "tux@0:/dev/null"
From testliste-bounces/tux#lists.example.org@lists.example.org  Mon Jan
8 09:05:13 2007
 Subject: [Testliste] Procmail-Test mit exe-Anhang
  Folder: /dev/null                                                  4389
```

Im Gegensatz zu den bereits auf Seite 196 erläuterten Einträgen liegen in diesem Fall *zwei* Zeilen der Form `Match on ...` vor, da wir im zutreffenden Block zwei Regeln formuliert haben. Anstatt die E-Mail in einem Mailordner zu speichern, wird sie in diesem Fall gelöscht.

16.3 Automatisches Einsortieren ohne individuelle Filter

Wir beschreiben nachfolgend zwei Konstellationen, die Ihnen die lästige, manuelle und damit fehleranfällige Erstellung von Filterregeln für jede einzelne Mailingliste abnehmen.

16.3.1 Direkte Zustellung in einen Unterordner

Einige E-Mail-Server wie z. B. Cyrus-IMAP ermöglichen es ihren Nutzern, Nachrichten mit einem Zusatz in der E-Mail-Adresse direkt in einen Unterordner zuzustellen. Hat beispielsweise der Nutzer `tux` mit der Adresse `tux@lists.example.org` einen Unterordner `testliste-developers` in seiner Mailbox auf dem E-Mail-Server angelegt, so landet eine Nachricht an `tux+testliste-developers@lists.example.org` direkt (d. h. ohne die Hilfe einer Filterregel) im Ordner `testliste-developers`.

Ob der von Ihnen benutzte E-Mail-Server diesen Mechanismus unterstützt und welches Zeichen Sie als Trenner zwischen E-Mail-Adresse und E-Mail-Zusatz benutzen müssen (hier +), erfahren Sie vom Admin des Servers.

Der Trick besteht nun darin, einen Unterordner für die gewünschte Mailingliste anzulegen und sich mit der passenden erweiterten E-Mail-Adresse auf der Mailingliste zu subscriben. Am besten definieren Sie dafür eine eigene Listenidentität, da Sie in vielen E-Mail-Programmen keine Möglichkeit haben, Ihre E-Mail-Adresse vor dem Absenden zu editieren. Die Bestätigungsaufforderung, die Sie nach der Anmeldung mit dieser Identität von Mailman erhalten, wird dann automatisch in den Unterordner einsortiert. Sie müssen beim Verfassen oder Beantworten von Postings fortan nur darauf achten, dass Sie die richtige Absenderadresse benutzen.

Diese Art der Filterung hat neben dem Wegfall eines zur Mailingliste passenden Filters den Vorteil, dass Sie die erweiterten E-Mail-Adresse jederzeit aufgeben können (etwa weil sie auf die Liste von Spammern geraten ist und Sie Schwierigkeiten haben, den Spam zuverlässig auszufiltern).

Falls Sie die Mailingliste in diesem Fall weiter abonnieren wollen, legen Sie zunächst einen ähnlich lautenden Ordner an und subscriben sich mit der dazu passenden neuen Adresse. Melden Sie sich dann mit der alten Adresse von der Mailingliste ab und verschieben Sie abschließend alle Nachrichten aus dem alten in den neuen Ordner.

Alle Nachrichten, die Sie daraufhin noch an die alte Adresse erhalten, haben zwangsläufig nichts mehr mit der Subscription auf der Mailingliste zu tun und können über eine Filterregel entsorgt werden. Alternativ ignorieren Sie einfach die Nachrichten, die sich im alten Ordner weiterhin ansammeln.

16.3.2 Automatisches Einsortieren mit Procmail

Falls Sie sich Ihre E-Mails über das Programm `procmail` zustellen lassen, können Sie in der Konfigurationsdatei `~/.procmailrc` für jede Mailingliste einen passenden Filter anlegen (vgl. Seite 196).

Sobald Sie auf mehreren, mit Mailman betriebenen Mailinglisten eingeschrieben sind, hat dieses Vorgehen allerdings den Nachteil, dass Sie mit jeder neuen Subscription die Datei `~/.procmailrc` anpassen müssen und diese zunehmend unübersichtlich wird.

Alternativ können Sie mit Hilfe von `formail` und `cut` die List-ID einer Mailingliste extrahieren und diese als Namen für die Mailbox benutzen, in der die Listenmails gespeichert werden.

Fügen Sie dazu im Listing auf Seite 196 folgende Zeilen unterhalb des Eintrags | formail -c ein:

```
LISTID=__EMPTY__

:0 hW
LISTID=|formail -X List-Id | cut -d '<' -f2 | cut -d '>' -f1

:0
* !LISTID ?? __EMPTY__
{
  :0
  $LISTID
}
```

Mittels LISTID=__EMPTY__ setzen wir die Variable LISTID zunächst auf einen pseudoleeren Wert, um einen definierten Ausgangswert zu haben.[1] In dem mit :0 hW beginnenden Block wird dann aus den Headern (Flag h) der E-Mail mittels formail -X und cut der Wert des Headers List-Id: extrahiert und über den Ausdruck LISTID=| in der Variablen LISTID gespeichert.

Der nächste Block prüft mit dem Ausdruck !LISTID ?? __EMPTY__, ob LISTID ungleich dem initial definierten pseudoleeren Wert ist, und speichert in dem Fall die E-Mail bedingungslos in der Mailbox $LISTID.

Der Filtervorgang für ein Posting auf der Testliste sieht dann wie folgt aus:

```
procmail: [25858] Mon Jan  8 09:18:48 2007
procmail: Executing "formail,-c"
procmail: [25858] Mon Jan  8 09:18:48 2007
procmail: Assigning "LISTID=__EMPTY__"
procmail: Executing "formail -X List-Id | cut -d '<' -f2 | cut -d '>'
-f1"
procmail: Assigning "LISTID="
procmail: Match on ! "__EMPTY__"
procmail: Assigning "LASTFOLDER=testliste.lists.example.org"
procmail: Opening "testliste.lists.example.org"
procmail: Acquiring kernel-lock
procmail: [25858] Mon Jan  8 09:18:49 2007
procmail: Notified comsat: "tux@0:/home/tux/Mail/testliste.lists.example
.org"
From testliste-bounces/tux#lists.example.org@lists.example.org  Mon Jan
 8 08:54:44 2007
 Subject: [Testliste] Procmail-Test
  Folder: testliste.lists.example.org                                 2602
```

1 Anstatt der Zeichenkette __EMPTY__ können Sie auch jede andere in ~/.procmailrc gültige Zeichenkette verwenden, solange diese nicht als Teil des List-ID-Headers vorkommt.

Leider schreibt procmail in der Zeile Assigning "LISTID=" nicht mit, welcher Wert der Variablen LISTID hier tatsächlich zugewiesen wurde. Sie können ihn nur indirekt der Zeile

```
procmail: Assigning "LASTFOLDER=testliste.lists.example.org"
```

entnehmen, der zum eingerückten Block

```
  :0
  $LISTID
```

gehört und die Speicherung im Ordner testliste.lists.example.org protokolliert.

Diese Art des automatischen Einsortierens hat ihre Mängel: Der aus dem Header List-Id: extrahierte Wert eignet sich nicht immer als Mailboxname: Dritte können ihn mit (eigentlich unerlaubten Zeichen wie |) so manipulieren, dass sie damit z. B. die Ausführung eines Programms oder die Weiterleitung der E-Mail an andere forcieren. Deshalb sollten Sie den Wert von List-Id: von allen gefährlichen Zeichen befreien. Sie erreichen dies, indem Sie die Zeile

```
LISTID=|formail -X List-Id | cut -d '<' -f2 | cut -d '>' -f1
```

durch

```
LISTID=|formail -X List-Id | cut -d '<' -f2 | cut -d '>' -f1 | \
        tr -d -C '[:alnum:][=.=][=_=][=-=][=#=]'
```

ersetzen. Das Kommando tr entfernt dank der Option -d alle genannten Zeichen – in diesem Fall durch Verwendung der Komplement-Option -C alle nicht-alphanumerischen und von Punkt, Unterstrich, Minus oder Raute verschiedenen Zeichen.

Ergänzen Sie gegebenenfalls unverfängliche Zeichen, die Sie in List-ID-Headern vorfinden. Generell ist es aus Gründen der Sicherheit besser, eine Liste aller ungefährlichen Zeichen zu erstellen („Whitelisting"), als eine Liste der gefährlichen („Blacklisting"): Die Gefahr wäre zu groß, ein gefährliches Zeichen zu übersehen!

Da procmail die aus dem Wert des Headers List-Id: abgeleitete Mailbox bei Bedarf erstellt, wird auch ein Denial-of-Service-Angriff auf Ihr Postfach denkbar: Dritte könnten Tausende von Nachrichten mit jeweils unterschiedlichem List-Id:-Wert an Sie senden und somit tausende Ordner in Ihrem Postfach anlegen. Im Unterschied zu tausenden Nachrichten in *einem* Ordner lassen sich ebenso viele Ordner in der Regel nicht so bequem löschen.

Sie sollten deshalb zusätzliche Regeln einfügen, die den Ursprung einer E-Mail überprüfen. Auf dem Mailinglistenserver des Autors entstehen durch die Verteilung der Postings beispielsweise `Received`-Zeilen der folgenden Form:

```
Received: from lists.example.org (localhost [127.0.0.1])
   by lists.example.org (Postfix) with ESMTP id D899A92516
   for <rommel@lists.example.org>; Wed, 28 Feb 2007 09:45:03 +0100 (CET)
```

Der Teil `from lists.example.org` kann dabei als Indiz (wenn auch nicht als Nachweis) gewertet werden, dass die E-Mail über den Mailinglistenserver verteilt wurde. Um auf die Anwesenheit eines solchen Headers zu testen, fügen Sie unmittelbar unter

```
* !LISTID ?? __EMPTY__
```

folgende Zeile ein:

```
* ^Received: from (lists\.example\.org|example\.net)
```

Wir testen nicht nur die Anwesenheit des Hostnamens `lists.example.org`, sondern auch die eines zweiten, ebenfalls vertrauenswürdigen Hostnamens `example.net`.

16.4 Abwesenheitsbenachrichtigungen

Haben Sie sich auch schon einmal darüber geärgert, dass ein Subscriber seine Abwesenheits- oder Urlaubsbenachrichtigung über eine Mailingliste verteilt hat? Abgesehen von dem Umstand, dass dies in der Regel ungewollt passiert, stört dies den Betrieb der Mailingliste.

Der Fehler liegt in erster Linie bei dem Programm, das die Benachrichtigung erstellt. Dieses sollte *nicht* auf E-Mails reagieren, die einen `Precedence:`-Header mit dem Wert `list` (Mailman) oder `bulk` (Ezmlm) enthalten.

Sofern Sie Abwesenheitsbenachrichtigungen mit dem Programm `vacation` erzeugen, brauchen Sie sich darum keine Gedanken machen. Dieses Programm macht in der Regel alles richtig.

Unter Umständen können Sie derartige Probleme umgehen, indem Sie vor die Regel, welche die Urlaubsnotiz für Ihr Postfach erstellt, Regeln setzen, welche die Postings von den fraglichen Mailinglisten in Unterordner sortieren, so dass diese nicht mehr bis zur Ihrer Urlaubsnotiz durchdringen.

Andernfalls sollten Sie sich, bevor Sie sich auf Mailinglisten subscriben, vergewissern, dass das von Ihnen eingesetzte Programm (das z. B. Teil einer Groupware-Lösung sein kann) korrekt auf E-Mails von Mailinglisten reagiert. Fragen Sie im Zweifelsfall den Admin.

Kapitel 17

E-Mail-Befehle für User

Im Gegensatz zu den wenigen E-Mail-Befehlen, die dem Owner einer mit Mailman betriebenen Mailingliste zur Verwaltung zur Verfügung stehen, kann ein Subscriber über E-Mail-Befehle nicht nur Mailinglisten abonnieren, abbestellen und Informationen dazu einholen, sondern *alle* persönlichen Einstellungen konfigurieren. Dieses Kapitel zeigt also lediglich andere Wege auf, um all das zu tun, was wir in Kapitel 15 ab Seite 173 mit Hilfe des Webinterface erledigt haben.

Mit E-Mail-Befehlen meinen wir in diesem Zusammenhang Befehle, die Sie an die Request-Adresse einer Mailingliste senden. Diese Kommandos folgen einer strengen Syntax und können wahlweise im Betreff oder im Haupttext einer solchen E-Mail stehen. Sobald Sie Befehle verwenden, die Parameter erfordern, oder mehrere Befehle auf einmal losschicken, empfiehlt es sich, diese in den Haupttext einer Nachricht zu stellen.

17.1 Hilfe!

Fangen wir mit dem wichtigsten Befehl an: `help`. Um eine Nachricht mit dem Betreff `help` an die Request-Adresse einer Mailingliste zu senden, brauchen Sie die Liste nicht einmal abonniert haben.[1]

Mailman antwortet Ihnen daraufhin automatisiert mit einer Mail wie in Abbildung 17.1. Diese enthält eine Übersicht über alle Befehle, die Mailman versteht, sowie eine kurze Anleitung zu jedem davon. Heben Sie sich diese Nachricht (zusammen mit der Willkommensnachricht) gut auf, um im Fall, dass Sie dieses Buch nicht zur Hand haben, schnell nachzulesen, wie Sie sich selbst helfen können.

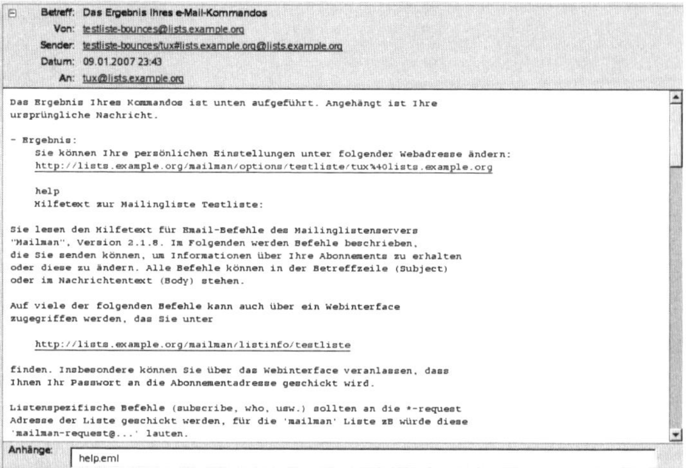

Abbildung 17.1: Antwort auf den Befehl `help`

Angehängt an die automatisierte Antwort finden Sie die von Ihnen verfasste Nachricht. Auf diese Weise lassen sich Befehl und Resultat eindeutig in Beziehung bringen. Die Antwort selbst besteht aus bis zu drei Abschnitten:

- `Ergebnis` enthält die Ausgabe der Befehle, die Mailman erfolgreich ausführen konnte.
- `Unbearbeitet` führt die Befehle auf, die Mailman nicht verstanden hat oder nicht bearbeiten konnte.
- `Erledigt` signalisiert, dass Mailman Ihre Nachricht komplett durchlaufen hat.

[1] Im Fall der Mailingliste `testliste@lists.example.org` lautet die Request-Adresse `testliste-request@lists.example.org`.

17.2 Abonnieren und Abbestellen einer Mailingliste

Um eine Mailingliste per E-Mail zu bestellen, verfassen Sie eine E-Mail an die Request-Adresse der Mailingliste, die den Befehl `subscribe` enthält. Wenn Sie sich mit einer anderen Adresse als der momentan verwendeten subscriben wollen, spezifizieren Sie dies über die Option `address=`*`e-mail-adresse`*.

Mailman sendet Ihnen bzw. der Adresse, die Sie per `address`-Parameter angegeben haben, daraufhin eine Bestätigungsaufforderung wie in Abbildung 17.2 gezeigt.

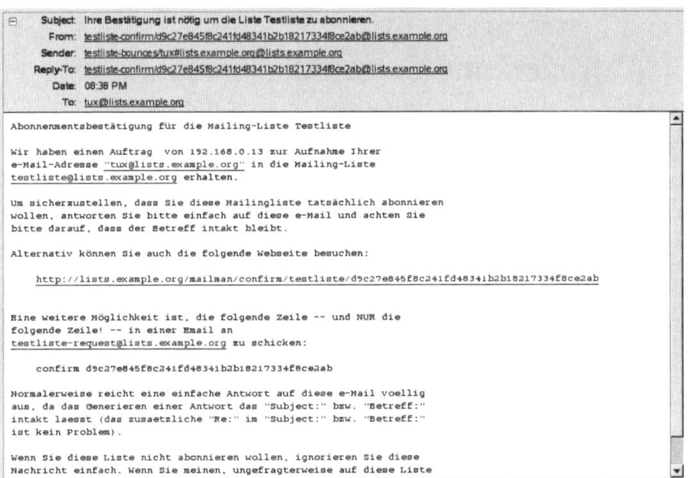

Subject: Ihre Bestätigung ist nötig um die Liste Testliste zu abonnieren.
From: testliste-confirm/d9c27e845f8c241fd48341b2b18217334f8ce2ab@lists.example.org
Sender: testliste-bounces/tux#lists.example.org@lists.example.org
Reply-To: testliste-confirm/d9c27e845f8c241fd48341b2b18217334f8ce2ab@lists.example.org
Date: 08:38 PM
To: tux@lists.example.org

```
Abonnenmentsbestätigung für die Mailing-Liste Testliste

Wir haben einen Auftrag  von 192.168.0.13 zur Aufnahme Ihrer
e-Mail-Adresse "tux@lists.example.org" in die Mailing-Liste
testliste@lists.example.org erhalten.

Um sicherzustellen, dass Sie diese Mailingliste tatsächlich abonnieren
wollen, antworten Sie bitte einfach auf diese e-Mail und achten Sie
bitte darauf, dass der Betreff intakt bleibt.

Alternativ können Sie auch die folgende Webseite besuchen:

    http://lists.example.org/mailman/confirm/testliste/d9c27e845f8c241fd48341b2b18217334f8ce2ab


Eine weitere Möglichkeit ist, die folgende Zeile -- und NUR die
folgende Zeile! -- in einer Email an
testliste-request@lists.example.org zu schicken:

    confirm d9c27e845f8c241fd48341b2b18217334f8ce2ab

Normalerweise reicht eine einfache Antwort auf diese e-Mail voellig
aus, da das Generieren einer Antwort das "Subject:" bzw. "Betreff:"
intakt laesst (das zusaetzliche "Re:" im "Subject:" bzw. "Betreff:"
ist kein Problem).

Wenn Sie diese Liste nicht abonnieren wollen, ignorieren Sie diese
Nachricht einfach. Wenn Sie meinen, ungefragterweise auf diese Liste
```

Abbildung 17.2: Bestätigungsaufforderung im Rahmen eines Subscriptionsvorgangs

Um Ihr Abonnement abzuschließen, nutzen Sie nun wahlweise die Antwort-Funktion Ihres E-Mail-Programms (und verändern den Betreff dabei nicht weiter) oder verfassen eine neue E-Mail an die Request-Adresse, welche den Befehl `confirm`, gefolgt von dem in der Bestätigungsaufforderung enthaltenen 40-stelligen Hexadezimalcode enthält:

```
confirm b20512105547c25f712cf2893ae90db480c00785
```

Sofern der Owner der Mailingliste Ihrem Subscriptionswunsch nicht entsprechen muss, ist das Abonnement damit abgeschlossen, und Sie sollten recht bald eine Willkommensnachricht erhalten.

Der Befehl `subscribe` kennt noch zwei weitere Optionen:

- Die Schlüsselwörter `digest` bzw. `nodigest` legen fest, ob Sie Nachrichtensammlungen oder einzelne E-Mails bevorzugen.

- Eine Zeichenfolge, die weder `digest`, `nodigest` oder `address=`*`e-mail-adresse`* lautet, wertet Mailman als neues Passwort. Wenn Sie diese Option weglassen, erzeugt das Programm ein Passwort für Sie.

Der Befehl `subscribe` mit allen Optionen sieht z. B. so aus:

```
subscribe fXob_r nodigest address=tux@example.net
```

Das komplementäre Kommando `unsubscribe` verwendet bis auf das Fehlen der Option `digest` und `nodigest` die gleiche Syntax wie `subscribe`.

```
unsubscribe fXob_r address=tux@example.net
```

meldet die Adresse `tux@example.net` von der Mailingliste ab.

17.3 Abfragen und Setzen des persönlichen Passworts

Obwohl Mailman in der aktuellen Version bereits teilweise (etwa im Fall der Moderation eines Postings durch den Owner) Ticket-Authentifizierung benutzt, ist für viele Aufgaben noch die alte Passwort-Authentifizierung nötig. Als Konsequenz müssen Sie bei vielen Befehlen Ihr persönliches Mailinglistenpasswort angeben. Dieses können Sie jederzeit über den Befehl `password` (ohne weitere Optionen) abfragen. Um es zu verändern, verwenden Sie die Syntax

```
password altes_passwort neues_passwort
```

Allerdings funktioniert dies nur, solange sowohl Ihr altes als auch Ihr neues Passwort *keine* Leerzeichen enthält. Andernfalls sind Sie gezwungen, Ihr Passwort über das Webinterface wie auf Seite 177 gezeigt zu ändern.

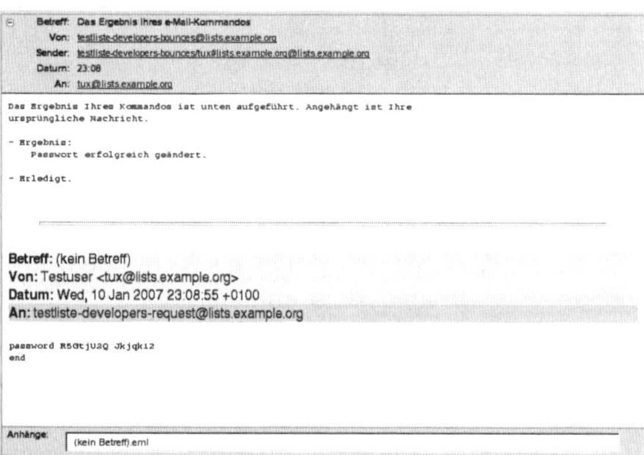

Abbildung 17.3: Bestätigung einer Passwort-Änderung

Die Passwortänderung wird ohne Rückversicherung durchgeführt. Sie erhalten lediglich eine Bestätigung wie in Abbildung 17.3 gezeigt.

17.4 Informationen zu einer Mailingliste anfordern

Über den Befehl `info` erhalten Sie die Kurzbeschreibung der Mailingliste sowie die wichtigsten E-Mail-Adressen. Dahingegen verrät Befehl `who`, wer die Mailingliste alles abonniert hat, mit Ausnahme derjenigen, die nicht aufgelistet werden wollen. Da es sich hierbei unter Umständen um eine vertrauliche Information handelt, müssen Sie dem Befehl als Argument Ihr persönliches Passwort mitgeben. Sie erhalten dann eine automatisierte Antwort wie in Abbildung 17.4 gezeigt.

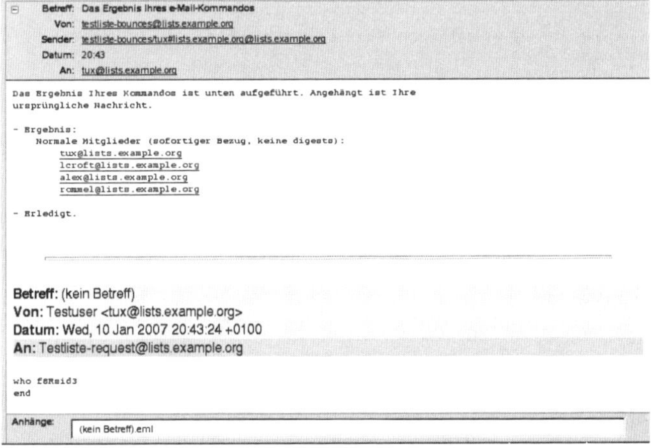

Abbildung 17.4: Antwort auf den Befehl `who`

Welche anderen Mailinglisten der Mailinglistenserver hostet, bringen Sie über den Befehl `lists` in Erfahrung. Allerdings werden nur solche Mailinglisten angezeigt, die die jeweiligen Owner als öffentlich markiert haben.

17.5 Persönliche Einstellungen ändern

Über den Befehl `set` konfigurieren Sie Ihre persönlichen Einstellungen. Der Befehl `set help` liefert eine kurze Anleitung zum Gebrauch dieses Kommandos inklusive aller Parameter.

Der Befehl `set show` verrät die aktuellen Einstellungen (Abbildung 17.5 zeigt ein Beispiel). Über die Option `address=`*`e-mail-adresse`* fragen Sie die Einstellungen für eine andere E-Mail-Adresse ab; die Antwort sendet Mailman selbstredend an die angegebene E-Mail-Adresse.

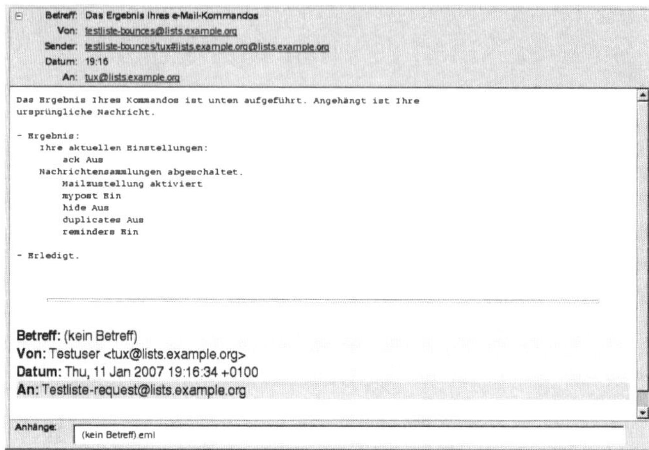

Abbildung 17.5: Antwort auf den Befehl `show`

Manche Bezeichner wurden unverständlicherweise in die deutsche Sprache übersetzt. Als Konsequenz unterscheiden sich die von `set show` und `set help` verwendeten Bezeichnungen. Um eine Einstellung zu verändern, müssen Sie – auch wenn `set show` eine deutsche Bezeichnung angibt – die englische verwenden. Der besseren Übersicht halber führt Tabelle 17.1 deshalb neben dem englischen Parameter soweit vorhanden auch den deutschen Bezeichner auf.

Bevor Sie eine Einstellung mit `set` verändern, müssen Sie sich mit

```
set authenticate passwort
```

authentifizieren. Wenn Sie die Einstellungen zu einer anderen E-Mail-Adresse verändern wollen, verwenden Sie die Form

```
set authenticate passwort address=e-mail-adresse
```

Das Passwort muss dabei zu der E-Mail-Adresse passen, deren Einstellungen Sie verändern wollen. Nach der Authentifizierung können Sie einzelne Parameter mit

```
set parameter On
set parameter Off
```

aus- oder anschalten. Im Fall des Parameters `digest` geben Sie anstatt `On` einen der Werte `plain` oder `mime` an, um das Digest als zusammengeschnittene Texte oder in MIME-Form zu bestellen. Tabelle 17.1 zeigt, welche Parameter es gibt. Beantworten Sie die in der Erklärung gestellte Frage mit Ja, setzen Sie den Parameter auf `On` (Ausnahme: `digest`), sonst auf `Off`.

Tabelle 17.1: Über `set` einstellbare Parameter

Parameter	Bedeutung
`ack`	Soll sich Mailman bei Ihnen melden, wenn Ihr Posting erfolgreich an die Liste verteilt wurde?
`digest`	(„Nachrichtensammlungen“) Soll Ihnen die Mailingliste statt Einzelmails Nachrichten schicken, die jeweils mehrere Diskussionsbeiträge enthalten? Wenn ja, wählen Sie die Form des Digests mit `plain` oder `mime` aus.
`delivery`	(„Mailzustellung“) Soll Mailman Postings überhaupt an Sie zustellen?
`myposts`	Wollen Sie Ihre eigenen Postings über die Mailingliste erhalten?
`hide`	Wollen Sie *nicht* auf der Subscriber-Liste erscheinen?
`duplicates`	Sollen Mehrfachzustellungen an Sie verhindert werden?
`reminders`	Wollen Sie monatliche Passwort-Erinnerungsnachrichten erhalten?

Soll Mailman beispielsweise an die E-Mail-Adresse `tux@example.net` ein Digest in Form von MIME-Attachments senden und keine monatlichen Passwort-Erinnerungsnachrichten verschicken, senden Sie eine Nachricht an die Request-Adresse der betroffenen Mailingliste mit folgendem Inhalt:

```
set authenticate passwort address=tux@example.net
set digest mime
set reminders Off
```

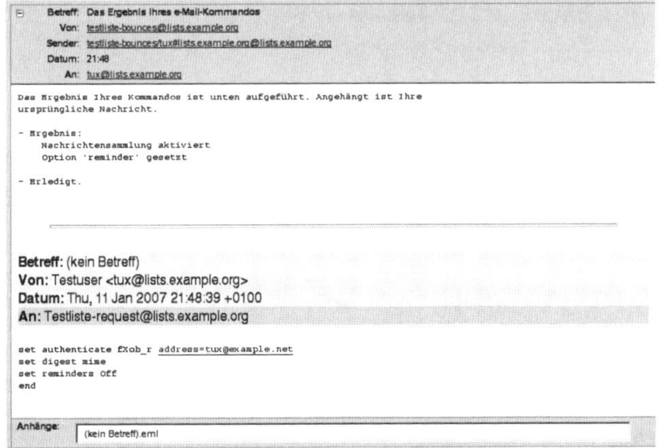

Abbildung 17.6: Antwort auf mehrere `set`-Befehle

Die Einstellungen lassen sich jederzeit überprüfen, indem Sie eine E-Mail an die Request-Adresse mit dem Befehl `set show` senden.

17.6 Zurückziehen eines Postings

Wenn Sie an eine moderierte Mailingliste schreiben, versendet Mailman eine automatisierte Antwort wie in Abbildung 17.7, in der das System Sie darauf hinweist, dass Ihr Posting zurückgehalten wird. Diese Mail enthält einen Link, mit dem Sie das Posting vor der Veröffentlichung zurückziehen können.

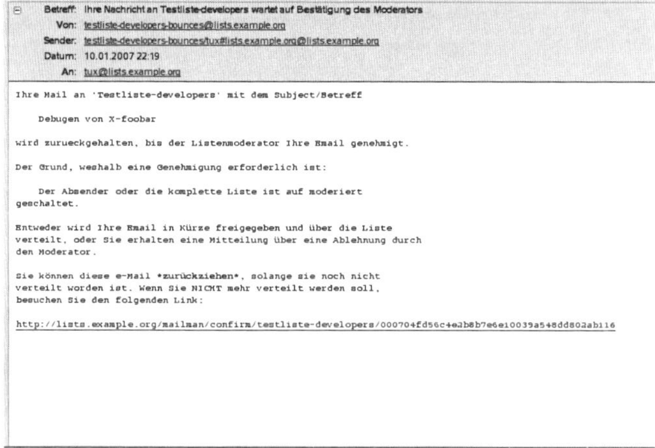

Abbildung 17.7: Mailman weist Sie darauf hin, dass Sie an eine moderierte Mailingliste gepostet haben

Was die automatisierte Antwort verschweigt: Sie können es auch über den E-Mail-Befehl `confirm` zurückziehen. Sie müssen diesem dazu lediglich den 40-stelligen Hexadezimalcode aus dem Link als Argument übergeben; im Fall des in Abbildung 17.7 gezeigten Beispiels also

```
confirm 000704fd56c4e2b8b7e6e10039a548dd802ab116
```

Daraufhin erhalten Sie eine automatisierte Antwort, die allerdings keinen inhaltlichen Bezug zu Ihrem zurückgezogenen Posting herstellt.

17.7 Probleme mit den Befehlen

Obwohl gerade erfahrenen Usern die Nutzung von E-Mail-Befehlen oft einfacher fällt als das als umständlich empfundene Navigieren im Webinterface, ist deren Verwendung nicht vollkommen problemfrei.

Probleme mit Signaturen

Sofern Sie Signaturen am Ende Ihrer E-Mails verwenden (sei es, dass Sie eine persönliche Signatur definiert haben, sei es, dass der E-Mail-Server Ihres Unternehmens eine anfügt), laufen Sie Gefahr, dass Mailman Teile davon als Befehle missversteht, sobald Ihre E-Mail die Request-Adresse einer Mailingliste erreicht.

Es ist von daher ratsam, unmittelbar unter die Befehle, die Sie an Mailman senden, das Schlüsselwort `end` zu setzen. Dies ist kein Befehl an sich, sondern verhindert nur, dass Mailman nach weiteren Befehlen sucht.

Mehrere E-Mail-Befehle in einer E-Mail

Mailman unterstützt das Versenden von mehreren E-Mail-Befehlen in einer E-Mail und arbeitet diese der Reihe nach von oben nach unten ab. Allerdings bricht das System diesen Vorgang ab, sobald während der Abarbeitung eines Befehls ein Fehler auftritt.

Als Konsequenz müssen Sie die übrigen Befehle ein weiteres Mal schicken und dabei diejenigen weglassen, die bereits erfolgreich verarbeitet wurden. Manche Kommandos (z. B. `unsubscribe`) lassen sich kein zweites Mal erfolgreich durchführen und erzeugen dann zwangsläufig einen Fehler.

Gegen das Versenden solcher Befehlsblöcke (*Batches*) spricht auch, dass Mailman die Resultate in der automatisieren E-Mail nicht gruppiert (weder optisch noch in Form von Anhängen). Damit lassen sie sich nur schwer lesen (Abbildung 17.8 zeigt ein Beispiel). Insbesondere wenn Sie die Befehlsergebnisse einige Zeit aufheben wollen (z. B. die Liste der Subscriber einer Mailingliste), empfiehlt es sich, das entsprechende Kommando in einer separaten E-Mail zu verschicken.

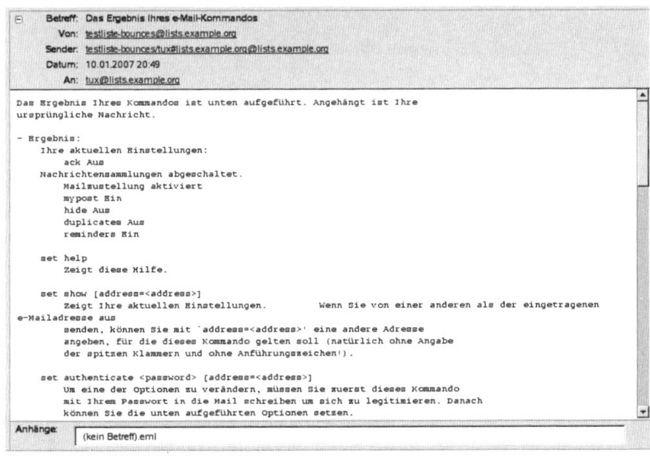

Abbildung 17.8: Eine unübersichtliche Antwort auf mehrere E-Mail-Befehle

Ausbleiben automatischer Nachrichten

Mailman beschränkt standardmäßig die Anzahl der automatischen Antwortmails, die an eine Adresse gehen dürfen, auf ein Tagesmaximum von 10. Ohne diesen Grenzwert können Dritte Ihre E-Mail-Adresse missbrauchen, um von Mailman in erheblichem Maße automatische Antwortmails anzufordern und so Ihr Postfach zum Überlaufen bringen. Wenn Sie eine Nachricht wie in Abbildung 17.9 erhalten, haben Sie diesen Wert erreicht.

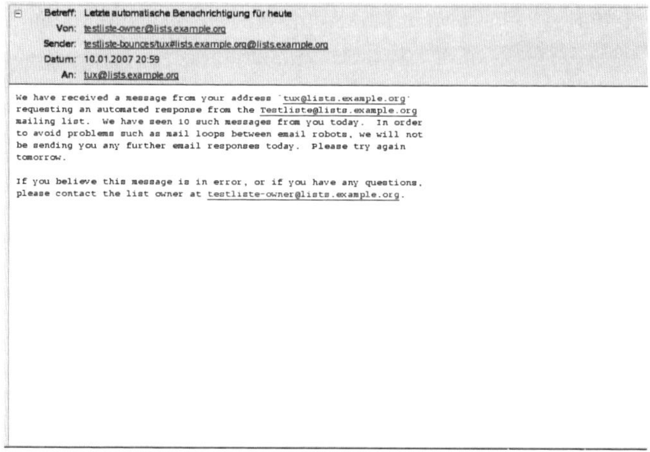

Abbildung 17.9: Ihre E-Mail-Adresse wurde für automatische Benachrichtigungen gesperrt

Stört Sie diese Einstellung, sprechen Sie am besten mit dem Admin des Mailinglistenservers. Dieser kann den Grenzwert über den Parameter `MAX_AUTORESPONSES_PER_DAY` in der Datei `Mailman/mm_cfg.py` anpassen.

Teil III

Projekte

Kapitel

18

Eine Spam-Filter-Engine für Mailman

Mailinglisten, die über das Internet erreichbar sind, haben seit einigen Jahren alle das gleiche Problem: Je bekannter die Mailingliste (und somit auch die entsprechende E-Mail-Adresse), desto wahrscheinlicher wird sie zum Ziel von Spammern. Im Gegensatz zu Spam, der direkt an private E-Mail-Adressen gesendet wird, dient hier die Mailingliste als Multiplikator für die unerwünschte Post. Dem Admin eines Mailinglistenservers als auch dem Owner einer Mailingliste werden Listenabonnenten deshalb häufig mit der Anspruchshaltung begegnen, sie vor diesem Spam zu schützen.

Im Kapitel 7 ab Seite 75 haben wir bereits einige Maßnahmen kennengelernt, die der Owner individuell für seine Mailingliste ergreifen kann. Dieses Kapitel stellt eine Option vor, die der Admin eines Mailinglistenservers hat, um Spam erst gar nicht zu den Mailinglisten (oder deren Owner) durchdringen zu lassen oder ihn zumindest als solchen zu markieren, damit er später leichter aussortiert werden kann.

Ganz nebenbei untersuchen wir die eingehenden E-Mails dabei auf Viren. Auch wenn diese für Linux/Unix-Benutzer eine eher theoretische Bedrohung darstellen, sollten sie nicht über Mailinglisten verteilt werden.

18.1 Konzeption der Spam-Filter-Engine

Eine der erfolgreichsten Open-Source-Projekte zum Aufdecken von Spam stellt SpamAssassin dar. Dabei handelt es sich um eine Filtersoftware, die über Textanalyse, Spam-Datenbanken und Blacklisten einen Spam-Score für eine E-Mail ermittelt. Diesen kann ein Mailserver oder der E-Mail-Client eines Benutzers auswerten.

Mit Hilfe von ClamAV, einem ähnlich erfolgreichen OpenSource-Projekt, lassen sich E-Mails – aber auch Dateien – auf Viren untersuchen.

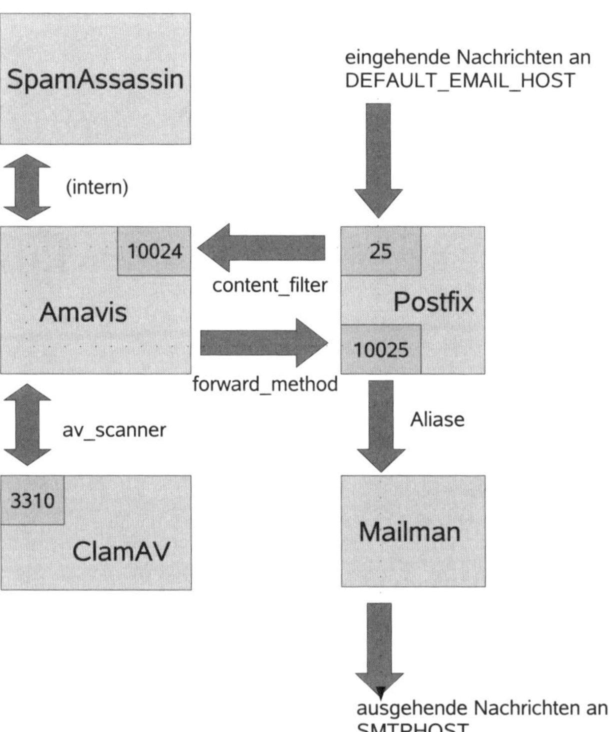

Abbildung 18.1: Die Komponenten eines mit Postfix, Amavis und ClamAV betriebenen Spam- und Virenscanners

Da sowohl die Spam-Erkennung als auch das Virenscannen ressourcenfressende Angelegenheiten sind, sollte man diese Tätigkeiten nicht direkt aus dem MTA heraus starten. Stattdessen verwendet man eine eigene Software, die über die benötigten Ressourcen wacht. Auf diese Weise stellt man sicher, dass die eingesetzten Filter nicht aus dem Ruder laufen, definiert einen einheitlichen Speicherort für Logdateien und Quarantäne-Verzeichnisse und sorgt für einheitliche E-Mail-Benachrichtungen an den Admin. Wir verwenden für diesen Zweck die Open-Source-Software Amavis (genauer Amavisd-new).

Abbildung 18.1 zeigt schematisch, wie die Komponenten des im Folgenden entwickelten Spam- und Virenscanners auf eine eingehende E-Mail reagieren.

Zunächst nimmt unser MTA die E-Mail an (in diesem Fall Postfix auf dem Standardport 25). Der dort laufende SMTP-Daemon ist so konfiguriert, dass er die E-Mail an Amavis weiterleitet. Amavis prüft nacheinander auf Spam mit SpamAssassin und auf Viren mit ClamAV. Dabei wird die E-Mail wahlweise verändert, gelöscht oder gebounct (also an den Absender zurückgeschickt). Die Veränderungen bestehen in der Regel aus neu eingefügten E-Mail-Headern, die das jeweilige Scan-Ergebnis wiedergeben.

Nachdem Amavis die E-Mail an den MTA zurückgegeben hat (in diesem Fall an Postfix auf dem Port 10025), geht alles seinen gewohnten Gang: Die Nachricht wird über die Aliase an Mailman zugestellt.

Wir bauen unseren Spam- und Virenscanner im Folgenden von unten nach oben auf. Dabei sind alle beteiligten Komponenten so flexibel, dass sie sich ohne großen Aufwand auf ihre korrekte Funktion testen lassen.

18.1.1 Filtern vor der Mail-Annahme

Postfix ab Version 2.1 bietet über die SMTPD-Proxy-Funktion die Möglichkeit, eine E-Mail *vor* der Annahme durch einen Filter laufen zu lassen. Postfix hält dabei die Verbindung zum fremden MTA solange aufrecht, bis das Ergebnis vom Spam- und Virenscanner vorliegt. Auf diese Weise können Sie Spam und Viren ablehnen, *bevor* sie in die Mail-Queue geraten. Allerdings eignet sich dieses Verfahren aus Lastgründen nur für MTAs mit geringem Mail-Aufkommen, da die Verzögerung der Mail-Annahme durch den Filtervorgang den fremden MTA dazu veranlassen kann, die Verbindung abzubrechen.

Des Weiteren laufen Sie Gefahr, schnell die maximal erlaubte Anzahl SMTP-Daemons laufen zu haben und somit nur noch schlecht erreichbar zu sein. Auch wenn Sie verschlüsselte Verbindungen über TLS verwenden, können Sie diese Funktion nicht nutzen. Aufgrund dieser Einschränkungen behandeln wir die SMTPD-Proxy-Funktion im Folgenden nicht weiter und verweisen auf die recht ausführliche Dokumentation in der Postfix-Distribution.

18.1.2 Alternative Spam-Checks

Außer SpamAssassin gibt es noch eine ganze Reihe anderer Verfahren zur Klassifizierung von Spam. Eines der interessantesten ist *Distributed Checksum Clearinghouse* (DCC), was sich mit „Verrechnungsstelle für verteilte Prüfsummen" übersetzen lässt. Dabei erstellt der Client (in diesem Fall also Ihr Server) eine Prüfsumme der E-Mail anhand festgelegter Merkmale und übermittelt diese an einen zentralen DCC-Server. Dieser teilt Ihrem Client mit, wieviel andere Clients bereits die gleiche Prüfsumme eingereicht haben. Mit der Anzahl Clients, die eine Mail gleicher Prüfsumme erhalten, wächst die Wahrscheinlichkeit, dass es sich bei der fraglichen Nachricht um Spam handelt. Damit kann der Client eine Mail ab einem gewissen Schwellenwert als Spam klassifizieren.

SpamAssassin wird bereits mit einem Plugin für DCC ausgeliefert. Bevor Sie dieses verwenden, sollten Sie allerdings einen Blick auf die Dokumentation auf `http://rhyolite.com/anti-spam/dcc/` werfen.

Wer sich für weitere Verfahren zur Bekämpfung von Spam interessiert und sich einen Überblick über den rechtlichen Rahmen in Deutschland verschaffen will, sollte einen Blick in das Postfix-Buch von Peer Heinlein[1] werfen.

18.2 Konfiguration von ClamAV

Sollte Ihr Distributor kein fertiges ClamAV-Paket zur Verfügung stellen, laden Sie die Software von der Webseite `http://www.clamav.net/` herunter und kompilieren und installieren sie gemäß der mitgelieferten `INSTALL`-Datei. Anderenfalls werfen Sie zunächst einen Blick auf die `README`-Datei des Distributors, die hoffentlich auf die Besonderheiten der ClamAV-Installation auf Ihrem System eingeht.

ClamAV besteht im Wesentlichen aus vier Komponenten:

- der Virendatenbank (`main.cvd` und `daily.cvd`[2]),
- dem Virenscanner für die Kommandozeile (`clamscan`),
- dem Virenscanner in Client-Server-Form (mit `clamdscan` als Client und `clamd` als Daemon) und
- dem Daemon `freshclam`, der regelmäßig die Virendatenbank aktualisiert.

1 ISBN 978-3-937514-04-8, ebenfalls bei Open Source Press erschienen

2 Neuere ClamAV-Versionen speichern die Virendatenbank in den Verzeichnissen `main.inc` und `daily.inc`.

Testen Sie nach der Installation zunächst das Zusammenspiel von `clamscan` und der Virendatenbank, indem Sie das Programm `ls` nach Viren durchsuchen:

```
user@linux:~$ clamscan 'which ls'
```

Nach ein paar Sekunden, in denen `clamscan` die Virusdatenbank lädt, antwortet Ihnen der Scanner mit:

```
/bin/ls: OK

----------- SCAN SUMMARY -----------
Known viruses: 79585
Engine version: 0.88.2
Scanned directories: 0
Scanned files: 1
Infected files: 0
Data scanned: 0.07 MB
Time: 5.130 sec (0 m 5 s)
```

Schneller geht es, wenn man den Daemon `clamd` benutzt, der die Virusdatenbank bereits beim Start eingelesen hat. Dessen Konfigurationsdatei (typischerweise `/etc/clamd.conf`) überprüfen Sie darauf, dass das Logging angeschaltet ist (und ergänzen ggf. die folgenden Zeilen):

```
LogFile /var/log/clamd
LogTime
LogClean
LogVerbose
```

Der Parameter `LogFile` legt den Pfad der Logdatei fest. `LogTime` sorgt dafür, dass die Zeilen der Logdatei mit einem Zeitstempel versehen werden. Dies vereinfacht die spätere Fehlersuche erheblich. Mittels `LogClean` werden auch solche Scanvorgänge festgehalten, bei denen kein Virus gefunden wurde. Inbesondere bei der ersten Inbetriebnahme von ClamAV hilft dies festzustellen, ob eine (Test-)Nachricht überhaupt den Scanvorgang durchlaufen hat. `LogVerbose` schaltet das ausführliche Logformat ein. Läuft ClamAV erst einmal, können Sie die Parameter `LogClean` und `LogVerbose` wieder aus der Konfigurationsdatei entfernen, um den Umfang der Logdatei auf das übliche Maß zu reduzieren. Über die Einträge

```
TCPSocket 3310
TCPAddr 127.0.0.1
```

erreichen Sie, dass `clamd` nur lokal auf Port 3310 kontaktiert werden kann. Sie beugen dadurch einem Missbrauch des Virenscanners per Denial-of-Service-Angriff von außen vor.

Wenn Sie ClamAV selber kompiliert und installiert haben, sollten Sie darüber hinaus sicherstellen, dass der über `User` festgelegte Benutzer existiert und von keinen weiteren Diensten benutzt wird. Auf dem System des Autors heißt dieser User beispielsweise `vscan`.

Nach diesen Vorarbeiten starten Sie `clamd` durch Eingabe von `clamd` oder das passende Startskript (etwa `/etc/init.d/clamd` auf einer SUSE-Distribution). Mit `lsof` lässt sich wie in folgendem Beispiel prüfen, ob `clamd` gestartet wurde:

```
linux:~ # lsof -i :3310 -n -P
COMMAND   PID  USER    FD   TYPE DEVICE SIZE NODE NAME
clamd   31919 vscan    5u  IPv4  96574       TCP 127.0.0.1:3310 (LISTEN)
```

Wiederholen Sie nun den Test von `ls`, allerdings diesmal mit `clamdscan`:

```
user@linux:~$ clamdscan `which ls`
```

Das Ergebnis sollte deutlich kürzer auf sich warten lassen:

```
/bin/ls: OK

----------- SCAN SUMMARY -----------
Infected files: 0
Time: 0.126 sec (0 m 0 s)
```

Parallel schreibt `clamd` dieses auch in der oben definierten Logdatei mit:

```
Thu Dec 14 23:01:16 2006 -> /bin/ls: OK
```

Sollten Sie dort (oder bei Verwendung von `clamscan` auf der Kommandozeile) Folgendes sehen ...

```
LibClamAV Warning: **************************************************
LibClamAV Warning: ***  The virus database is older than 7 days.  ***
LibClamAV Warning: ***        Please update it IMMEDIATELY!       ***
LibClamAV Warning: **************************************************
```

..., updaten Sie die Virendatenbank, indem Sie den Befehl `freshclam` aufrufen:

```
linux:~ # freshclam
ClamAV update process started at Thu Dec 14 23:32:22 2006
main.cvd is up to date (version: 41, sigs: 73809, f-level: 10,
builder: tkojm)
Downloading daily.cvd [*]
daily.cvd updated (version: 2334, sigs: 7991, f-level: 9, builder:
arnaud)
Database updated (81800 signatures) from database.clamav.net (IP:
62.26.160.3)
Clamd successfully notified about the update.
```

Nach Abschluss der Aktualisierung benachrichtigt `freshclam` den `clamd`, damit dieser die Datenbank neu einliest. `freshclam` aktualisiert die Virendatenbank mit Daten von einem Server, der in der Datei `/etc/freshclam.conf` definiert ist. Standardmäßig kommt `database.clamav.net` zum Zuge. Damit nicht jedesmal die gesamte Datenbank übertragen werden muss, gibt es eine Teildatenbank namens `daily.cvd`, welche die tagesaktuellen Updates enthält und regelmäßig in die Hauptdatenbank `main.cvd` überführt wird.

Um diese Aktualisierung regelmäßig durchzuführen, starten Sie `freshclam` als Daemon über die Option `-d` oder benutzen das dafür vorgesehene Startskript (z. B. `/etc/init.d/freshclam` auf einer SUSE-Distribution).

Sollten Sie in der Logdatei (oder bei direktem Aufruf von `clamscan` oder `freshclam`) folgende Zeilen beobachten...

```
Dec  2 23:38:18 lists freshclam[3105]: WARNING: Your ClamAV installation
is OUTDATED!
Dec  2 23:38:18 lists freshclam[3105]: WARNING: Current functionality
level = 8, recommended = 10
Dec  2 23:38:18 lists freshclam[3105]: DON'T PANIC! Read http://www.
clamav.net/faq.html
```

..., dann enthält die Virendatenbank mehr Informationen, als Ihre ClamAV-Installation versteht. In diesem Fall sollten Sie ClamAV (und nicht nur die Datenbank) updaten. Ohne das Update wird ClamAV weiter funktionieren, aber es kann z. B. sein, dass die Software eine neue Virenklasse nicht erkennt. Die Materie des Virenscannens beleuchtet die ausführliche Dokumentation unter `http://www.clamav.net/doc/latest/html/` näher.

18.3 Konfiguration von SpamAssassin

SpamAssassin besteht im Wesentlichen aus einer Reihe von Perl-Modulen sowie aus mehreren Programmen. Letztere basieren auf den Modulen: `spamassassin` ist analog zu `clamscan` als Scanner für die Kommandozeile gedacht, während das Client-Server-Gespann `spamc` und `spamd` der Kombination `clamdscan/clamd` entspricht. Allerdings nutzt Amavis keines dieser Programme, sondern macht direkt von den Perl-Modulen Gebrauch, so dass wir sie für unsere Zwecke nicht benötigen.

Sollte für Ihre Distribution kein fertiges Paket für die SpamAssassin-Perl-Module zur Verfügung stehen, laden Sie zunächst den Quelltext von der Webseite `http://spamassassin.org/` herunter und kompilieren und installieren diesen entsprechend den Anweisungen in der mitgelieferten `INSTALL`-Datei.

18.3.1 Das SpamAssassin'sche Wertesystem

SpamAssassin wendet eine ganze Reihe von Tests auf E-Mails an und bewertet das Ergebnis jeweils mit einer Zahl. Diese Werte werden aufsummiert und ergeben den Spam-Score einer E-Mail.

Tests, die überwiegend auf Spam ansprechen, erhalten einen positiven Score, Tests, die überwiegend bei Nicht-Spam erfolgreich sind, werden mit einer negativen Zahl bewertet. Der Spam-Score, ab dem eine E-Mail standardmäßig als Spam eingestuft wird, liegt bei 5,0.

18.3.2 Die Testdefinitionen

Die einzelnen von SpamAssassin durchgeführten Tests liegen – gruppiert nach Typ – im Verzeichnis `/usr/share/spamassassin`. Sämtliche dort beheimateten Dateien mit der Endung `.cf` werden beim Amavis-Start bzw. -Reload eingelesen.

Darüber hinaus können Sie im Verzeichnis `/etc/mail/spamassassin` eigene Tests definieren, bereits bestehende Tests umdefinieren oder mit einem anderem Score bewerten. Üblicherweise legt man für das lokale System maßgeschneiderte Tests in der Datei `local.cf` ab, Sie können aber auch jeden anderen gültigen Dateinamen mit der Endung `.cf` wählen.

Die in `/etc/mail/spamassassin` abgelegten Tests kommen bei allen von SpamAssassin durchgeführten Scans zur Anwendung, auch dann, wenn sie von Benutzern auf Ihrem System angestoßen werden (zum Beispiel um nachträglich mit dem Kommando `spamassassin` den Score einer E-Mail zu ermitteln). Wenn Sie Regeln ausschließlich für Amavis verwenden wollen, legen Sie diese im Homeverzeichnis des über die Variable `$daemon_user` definierten Benutzers ab. Verwenden Sie dafür die Datei `.spamassassin/user_prefs`.

Wie Sie Regeln im Einzelnen definieren, geht über das Thema dieses Buchs hinaus. Die Manpage zu `Mail::SpamAssassin::Conf` sowie die bereits existierenden Tests in `/usr/share/spamassassin` geben Ihnen aber reichlich Anschauungsmaterial. Eine einfache Regel sieht beispielsweise so aus:

```
header   SUBJECT_OPENSOURCE  Subject =~ /opensource(-initiative)?/i
describe SUBJECT_OPENSOURCE  Betreff: Opensource
score    SUBJECT_OPENSOURCE  -1.0
```

Die erste Zeile definiert eine Header-Regel mit Namen `SUBJECT_OPENSOURCE`, die immer dann zutrifft, wenn der Betreff einer E-Mail die Zeichenfolge `opensource` oder `opensource-initiative` enthält. Die zweite Zeile verrät, dass sich diese Regel auf E-Mails bezieht, deren Betreff von OpenSource handelt. Insbesondere bei komplizierten Regeln ist ein solcher Kommentar hilfreich, da sich die Intention einer Regel nicht immer unmittelbar aus den regulären Ausdrücken oder dem Bezeichner ableiten lässt. Die letzte Zeile vergibt einen Score von `-1.0` für diese Regel und klassifiziert damit entsprechende E-Mails als Nicht-Spam.

Im Verzeichnis `/etc/mail/spamassassin` finden Sie neben den `.cf`-Dateien auch solche mit der Endung `.pre`. Sie legen fest, welche Plugins SpamAssassin lädt. Diese stellen z. B. Schnittstellen zu weiteren Scannern wie Razor2[3] zur Verfügung. Jedes Plugin wird von einer eigenen Manpage begleitet, im Fall von Razor2 heißt diese `Mail::SpamAssassin::Plugin::Razor2`.

18.4 Konfiguration von Amavis

Sofern für Ihre Distribution kein fertiges Amavis-Paket zur Verfügung steht, laden Sie zunächst den Quelltext von der Webseite `http://www.ijs.si/software/amavisd/` herunter und folgen den Anweisungen in der mitgelieferten `INSTALL`-Datei. Achten Sie dabei vor allen Dingen darauf, die von Amavis benötigten Perl-Module zu installieren!

Öffnen Sie nach der Installation einen Blick in die Konfigurationsdatei (typischerweise `/etc/amavisd.conf`), und überprüfen Sie dort folgende Einstellungen:

```
$daemon_user = 'vscan';
$daemon_group = 'vscan';
$MYHOME = '/var/spool/amavis';
$TEMPBASE = "$MYHOME/tmp";
$db_home   = "$MYHOME/db";
$QUARANTINEDIR = "$MYHOME/quarantine";
```

Die Variablen `$daemon_user` und `$daemon_group` legen den Benutzer und die Gruppe fest, mit deren Rechten Amavis-Prozesse ausgeführt werden. Verwenden Sie hier die gleichen Einstellungen wie in der `clamd`-Konfigurationsdatei, damit die zu untersuchende Datei an ClamAV übergeben werden kann.

Das von Amavis beanspruchte Verzeichnis wird über die Variable `$MYHOME` festgelegt. Dieses sowie die Unterverzeichnisse `tmp/`, `db/` und `quarantine/` müssen Sie, sofern noch nicht existent, anlegen. Sie dürfen nur für den oben abgelegten Benutzer und die genannte Gruppe les- und schreibbar sein. Im obigen Beispiel erreichen Sie dies durch

```
linux:~ # chown -R --no-dereference vscan.vscan /var/spool/amavis
linux:~ # chmod -R u+rwx,g-rwx,o-rwx /var/spool/amavis
```

3 Razor2 propagiert Signaturen eindeutiger Spam-E-Mails im Internet, siehe `http://razor.sourceforge.net/`.

Im Unterverzeichnis `tmp/` zerlegt Amavis u. a. eingehende E-Mails in ihre MIME-Bestandteile und legt sie dort ab. Auf die einzelnen Bestandteile werden dann Spam- und Virenscanner losgelassen.

Datenbanken und Caches im Berkeley-DB-Format, mit denen Amavis seine Arbeit beschleunigt, speichert die Software im Unterverzeichnis `db/` ab. Das Unterverzeichnis `quarantine/` nimmt alle E-Mails auf, die Amavis zurücksendet oder löscht, damit der Admin sie bei Bedarf später untersuchen kann.

Als nächstes überprüfen Sie die Einstellungen des Amavis-Daemons in der Konfigurationsdatei `amavisd.conf`. Unter der Annahme, dass wir Amavis auf dem gleichen Server wie Mailman laufen lassen und Amavis dort den Port 10024 belegen soll, setzen wir hier folgende Werte:

```
$inet_socket_bind = '127.0.0.1';
$inet_socket_port = 10024;
@inet_acl   = qw( 127.0.0.1 [::1] );

$max_servers = 2;
$mydomain = 'example.org';
$myhostname = 'lists.example.org';

$forward_method = 'smtp:[127.0.0.1]:10025';
$notify_method  = 'smtp:[127.0.0.1]:10025';
```

Wenn Sie Amavis und ClamAV auf einem anderen als dem Mailman-Server betreiben, tragen Sie als `$inet_socket_bind` die externe IPv4-Adresse des Amavis-Servers ein oder setzen den Wert auf `undef`, um auf allen Netzwerkschnittstellen Verbindungen anzunehmen. In dem Fall müssen Sie in `@inet_acl` die IPv4- und IPv6-Adresse des Mailman-Servers eintragen, um Verbindungen von diesem zuzulassen.

Über die Variable `$max_servers` steuern Sie die Anzahl der parallel laufenden Scanprozesse. Bei einem hohen E-Mail-Aufkommen kann es passieren, dass Sie diesen Wert erhöhen müssen – inbesondere, wenn Sie DNS-basierte Tests in SpamAssassin verwenden. Ein höherer Wert für `$max_servers` erhöht nicht die Latenz einer einzelnen E-Mail in Amavis, aber den Durchsatz insgesamt.

Der Wert der Variablen `$mydomain` sollte mit der E-Mail-Domäne ihres Mailman-Servers übereinstimmen. Diese wird in den Definitionen anderer Variablen verwendet, u. a. auch bei der Angabe der Absenderadresse für E-Mail-Benachrichtungen durch Amavis.

Über die Variable `$forward_method` definieren Sie den Weg, auf dem Amavis eine gescannte E-Mail an das Ursprungssystem zurückgibt. Die Variable `$notify_method` legt fest, wie Amavis Benachrichtigungen (z. B. an den Admin) zustellt. Wir benutzen in beiden Fällen den Port 10025 auf dem gleichen Host und nutzen das Protokoll `smtp`. Auf Seite 233 werden wir Postfix entsprechend rekonfigurieren.

Amavis starten Sie durch Eingabe des Befehls amavisd bzw. über das dafür vorgesehene Startskript (unter SUSE etwa /etc/init.d/amavis). Dann sollte lsof auf dem Server folgendes Bild zeigen:

```
linux:~ # lsof -i :10024 -n -P
COMMAND   PID USER    FD   TYPE DEVICE SIZE NODE NAME
amavisd 15488 vscan    5u  IPv4 122612       TCP 127.0.0.1:10024 (LISTEN)
amavisd 15492 vscan    5u  IPv4 122612       TCP 127.0.0.1:10024 (LISTEN)
amavisd 15493 vscan    5u  IPv4 122612       TCP 127.0.0.1:10024 (LISTEN)
```

Die Option -i :10024 gibt alle Prozesse aus, die in irgendeiner Weise mit Port 10024 in Verbindung stehen. -n und -P veranlassen lsof, die IP-Adressen bzw. die Ports lediglich in numerischer Form auszugeben. Im vorliegenden Fall sind noch keine Verbindungen aufgebaut, und der Daemon wartet auf einkommende Verbindungsanfragen (LISTEN).

Es wird immer exakt ein Prozess mehr gestartet als durch $max_servers angegeben. Dieser überwacht die anderen Amavis-Prozesse und startet sie bei Bedarf neu.

18.4.1 ClamAV einbinden

Um den Virenscanner ClamAV über Amavis zu nutzen, lokalisieren Sie in amavisd.conf den Block, der mit @av_scanners beginnt, und entfernen dort die Kommentarzeichen vor folgenden Zeilen:

```
['ClamAV-clamd',
  \&ask_daemon, ["CONTSCAN {}\n", "127.0.0.1:3310"],
  qr/\bOK$/, qr/\bFOUND$/,
  qr/^.*?: (?!Infected Archive)(.*) FOUND$/ ],
```

Sofern Sie keine weiteren Virenscanner nutzen, setzen Sie vor die übrigen Einträge im Block @av_scanners Kommentarzeichen oder entfernen diese Zeilen.

Um die Änderungen zu aktivieren, geben Sie abschließend amavisd reload ein (oder benutzen das von Ihrer Distribution dafür vorgesehene Skript).

Unterhalb des @av_scanners-Blocks befindet sich normalerweise ein Abschnitt, der mit @av_scanners_backup beginnt. Die dort aufgeführten Virenscanner werden immer dann bemüht, wenn die unter @av_scanners eingetragenen keine eindeutigen Ergebnisse liefern. Des Weiteren finden Sie dort auch die langsameren Varianten der unter @av_scanners gelisteten Scanner (hier also das Kommandozeilenprogramm clamscan):

```
['ClamAV-clamscan', 'clamscan',
  "--stdout --disable-summary -r --tempdir=$TEMPBASE {}", [0], [1],
  qr/^.*?: (?!Infected Archive)(.*) FOUND$/ ],
```

Auch wenn Sie oben bereits den ClamAV-`clamd` aktiviert haben, sollten Sie `clamscan` als Backup benutzen, denn falls `clamd` nicht antwortet (z. B. weil der Daemon nicht gestartet wurde oder abgestürzt ist), besteht so immer noch die Möglichkeit, den Virencheck über `clamscan` erfolgreich durchzuführen.

Noch besser ist es, einen weiteren von Amavis unterstützten Virenscanner zu installieren und diesen im Block `@av_scanners_backup` zu aktivieren. Auf diese Weise verringern Sie die Gefahr, dass Amavis einen Virus nicht erkennt.

18.4.2 E-Mails abhängig vom SpamAssassin-Spam-Score umschreiben und abweisen

Bedingt durch die enge Integration von Amavis und SpamAssassin muss SpamAssassin in `amavisd.conf` nicht explizit aktiviert werden. Damit prüft SpamAssassin alle Mails automatisch.[4] Welche Folgen der ermittelte Spam-Score hat, definiert ein gutes Dutzend an Konfigurationsvariablen, die Sie in der `amavisd.conf` am Präfix `sa_` erkennen.

Über die Variable `$sa_tag_level_deflt` legen Sie fest, ab welchem Spam-Score Amavis zusätzliche Header in die E-Mail einfügen soll, die über den Spam-Score (Header `X-Spam-Level`) und die angewendeten Tests (Header `X-Spam-Status`) Auskunft geben. Bei E-Mails unterhalb eines gewissen Spam-Scores, die sehr wahrscheinlich kein Spam sind, nützt das Einfügen der entsprechenden Header niemandem etwas und sollte daher unterbunden werden. Standardmäßig enthält `$sa_tag_level_deflt` den Wert `2.0`.

Wenn Sie auch die Teilergebnisse der einzelnen Tests transparent machen wollen, setzen Sie die Variable `$sa_spam_report_header` auf `1`. Amavis fügt dann einen Header `X-Spam-Status` ein, der z. B. so aussieht:

```
X-Spam-Status: No, score=-0.933 required=5 tests=[ALL_TRUSTED=-1.44,
AWL=0.507]
```

Er verrät in diesem Fall, dass es sich nicht um Spam handelt, da eine Punktezahl von `-0.933` erreicht wurde und für Spam 5 Punkte nötig sind. Die Tests, die bei der vorliegenden E-Mail ein positives Ergebnis hatten, sind in der Liste `tests` aufgeführt.

Über die Variable `$sa_tag2_level_deflt` legen Sie fest, ab welchem Score Amavis die E-Mail als Spam markieren soll. Bei Überschreiten dieses Spam-Scores (standardmäßig `5.0`) wird der Header `X-Spam-Flag: YES` in die E-Mail eingefügt. Wenn Sie das Umschreiben des Betreffs aktiviert haben, indem Sie `$sa_spam_modifies_subj` auf `1` gesetzt haben,[5] stellt Amavis

[4] Dies kann man bei Bedarf durch die Variable `@bypass_spam_checks_maps` ändern, deren Beschreibung allerdings den Rahmen dieses Buchs sprengen würde.

[5] Der Wert 0 schaltet das Umschreiben ab.

dem Subject-Header der E-Mail den Text aus $sa_spam_subject_tag voran.

Wenn Sie E-Mails ab einem bestimmten Spam-Score nicht an den Empfänger durchdringen lassen wollen, konfigurieren Sie diesen Schwellwert über die Variable $sa_kill_level_deflt. Die E-Mail wird in diesem Fall entweder gebounced (solange Sie $final_spam_destiny nicht auf D_DISCARD gesetzt haben) und/oder in einem Quarantäneverzeichnis abgelegt (wenn Sie die Variable $spam_quarantine_method definiert haben). Wenn Sie beispielsweise die E-Mail mit dem Präfix spam- versehen und im Standardquarantäneverzeichnis ablegen wollen, definieren Sie

```
$spam_quarantine_method = 'local:spam-%m.gz';
```

Die Endung .gz sorgt dafür, dass die Datei vorher mit gzip komprimiert wird.

Nachrichten, die den in der Variable $sa_dsn_cutoff_level definierten Spam-Score überschreiten, erzeugen unter keinen Umständen einen Bounce. E-Mails, die den in der Variable $sa_quarantine_cutoff_level definierten Spam-Score überschreiten, löscht Amavis einfach (unabhängig davon, wie Sie $final_spam_destiny gesetzt haben).

Die Werte für $sa_kill_level_deflt, $sa_dsn_cutoff_level und $sa_quarantine_cutoff_level sind standardmäßig undefiniert,[6] die entsprechenden Aktionen also deaktiviert.

Achten Sie bei der Definition der Schwellenwerte für den Spam-Score darauf, die Beziehung

```
$sa_tag_level_deflt ≤ $sa_tag2_level_deflt
≤ $sa_kill_level_deflt < $sa_dsn_cutoff_level
< $sa_quarantine_cutoff_level
```

einzuhalten. Anderenfalls müssen Sie mit unerwartetem Verhalten von Amavis rechnen.

18.4.3 Kontrollieren der von SpamAssassin beanspruchten Ressourcen

Neben den Schwellwerten für Spam-Scores gibt es eine Reihe Variablen, die die beim Spam-Scan verwendeten Ressourcen kontrollieren. Auch sie tragen das Präfix sa_. So legen Sie über $sa_mail_body_size_limit die maximale Anzahl Bytes fest, die eine E-Mail haben darf, damit sie mit SpamAssassin untersucht wird. Amavis schützt sich durch diesen Grenzwert davor, ungebührend lange mit der Analyse einer E-Mail zu verbringen und

[6] ... also auf undef gesetzt, so dass der Perl-Interpreter weiß, dass es die Variable gibt, aber dass sie keinen Wert hat.

beugt so einem möglichen Denial-of-Service-Angriff vor. Der Standardwert ist mit 200 KByte so hoch gesetzt, dass eine massenhafte Verteilung von Spam dieser Größenordnung für Spammer kaum praktikabel ist.

Die Variable `$sa_timeout` definiert, wieviele Sekunden der Spam-Check maximal dauern darf. Nach Verstreichen der festgelegten Zeitspanne wird der Spam-Check einfach übergangen und mit der Viren-Analyse fortgesetzt.

Über die beiden Variablen `$spam_check_negative_ttl` und `$spam_check_positive_ttl` bestimmen Sie die Zeit in Sekunden, die Amavis das Ergebnis eines Spam-Scans mit negativem bzw. positivem Befund in seinem Cache hält.

Wenn Sie die Tests ausschalten wollen (oder müssen), die eine Verbindung zum Internet voraussetzen, setzen Sie

```
$sa_local_tests_only = 1;
```

Dies kann z. B. dann nötig sein, wenn Ihnen für längere Zeit die Verbindung zum Internet ausfällt, Sie aber auf ununterbrochenen E-Mail-Verkehr angewiesen sind und das Scannen auf Viren und Spam nicht komplett abschalten wollen. E-Mails, die sich – wie es typisch für größere Intranets ist – in Ihrer eingehenden Mail-Queue angesammelt haben, können so immer noch zügig gescannt und intern zugestellt werden.

18.4.4 Was tun mit Spam und Viren?

Nachdem Amavis eine E-Mail auf Spam und Viren untersucht hat, gibt es drei Möglichkeiten:

- Die Nachricht wird gelöscht (Aktion `D_DISCARD`). Weder der (vermeintliche) Absender noch der Empfänger werden darüber informiert.
- Die Nachricht wird zurückgeschickt (Aktion `D_BOUNCE`). Der (vermeintliche) Absender erhält einen von Amavis generierten Bounce; der Empfänger wird darüber nicht informiert.
- Die Nachricht wird weitergereicht (Aktion `D_PASS`). Abhängig vom verwendeten Virenscanner und den Einstellungen für SpamAssassin werden in diesem Fall (und *nur* in diesem Fall) neue E-Mail-Header eingefügt bzw. der Betreff der E-Mail so verändert, dass das Ergebnis der einzelnen Scanvorgänge ersichtlich wird.

Diese Aktionen lassen sich

- für Viren-verseuchte E-Mails über die Variable `$final_virus_destiny`,

- für E-Mails, die Anhänge mit unerwünschten Dateinamen oder Dateiendungen enthalten, über die Variable `$final_banned_destiny`,[7]
- für Spam über die Variable `$final_spam_destiny` und
- für E-Mails mit defekten E-Mail-Headern über die Variable `$final_bad_header_destiny`

getrennt einstellen. Die Standardeinstellungen in `amavisd.conf` lauten:

```
$final_virus_destiny      = D_DISCARD;
$final_banned_destiny     = D_BOUNCE;
$final_spam_destiny       = D_BOUNCE;
$final_bad_header_destiny = D_PASS;
```

Amavis führt *alle vier* genannten Tests unabhängig von den Teilergebnissen durch – allerdings haben die *Testergebnisse* eine feste Rangfolge: Ein positives Ergebnis im Virentest überwiegt ein positives Ergebnis im Test auf unerwünschte Dateinamen, welches wiederum Vorrang vor einem positiven Ergebnis im Spam-Test oder im Test auf defekte Header hat.

Ändern Sie den Wert für `$final_spam_destiny` auf `D_PASS`, wenn Sie das Aussortieren von Amavis in die Mailinglisten verlagern wollen. Sie können dann wie auf Seite 80 beschrieben die von Amavis eingefügten Header für jede Mailingliste getrennt als Filterkriterium benutzen.

18.4.5 Ausnahmen festlegen

Wenn Sie bestimmte Nachrichten unabhängig vom Scanergebnis an ausgewählte E-Mail-Adressen durchlassen wollen, kommen dafür die Variablen `@virus_lovers_maps` (für virenverseuchte Mails), `@spam_lovers_maps` (als Spam qualifizierte Mails), `@bad_header_lovers_maps` (E-Mails mit kaputten Headern) und `@banned_files_lovers_maps` zum Einsatz.

Sollen beispielsweise E-Mails, die Anhänge mit unerwünschten Dateinamen enthalten, zur weiteren Analyse an `lcroft@lists.example.org` und `postmaster@lists.example.org` gehen, legt man das so fest:

```
@banned_files_lovers_maps = (
 ['lcroft@lists.example.org', 'postmaster@lists.example.org'],
);
```

Wenn Sie den Scan von E-Mails an bestimmte Empfänger unterbinden wollen, realisieren Sie dies über die Variablen `@bypass_virus_checks_maps`

[7] Die Liste der unerwünschten Dateinamen oder Dateiendungen können Sie über die Variable `$banned_filename_re` festlegen.

(keine Virenchecks), @bypass_spam_checks_maps (keine Spam-Tests), @bypass_banned_checks_maps (keine Dateinamen-Tests) und @bypass_header_checks_maps (keine Tests von E-Mail-Headern).

Im folgenden Beispiel erhält postmaster@lists.example.org alle Mails grundsätzlich ungeprüft auf Viren:

```
@bypass_virus_checks_maps = (
 ['postmaster@lists.example.org'],
);
```

18.4.6 Amavis testen

Um im Fehlerfall nachprüfen zu können, was schiefgelaufen ist, wird man Amavis in der Regel anweisen, seine Tätigkeit in Logfiles mitzuprotokollieren. Wenn Sie Syslog verwenden, setzen Sie zu diesem Zweck folgende Werte in der amavisd.conf:

```
$DO_SYSLOG = 1;
$SYSLOG_LEVEL = 'mail.debug';
```

Möchten Sie direkt in eine Datei loggen, legen Sie z. B. Folgendes fest:

```
$DO_SYSLOG = 0;
$LOGFILE = "$MYHOME/amavis.log";
```

Den Umfang des Loggings bestimmen Sie mit der Variablen $log_level. Der erlaubte Wertebereich geht von 0 (erfasst den Dienststart und begrenzt das Logging ansonsten auf ein Minimum) bis 5 (ausführliche Debug-Informationen). Ein guter Ausgangswert für $log_level ist

```
$log_level = 2;
```

Bevor man den Amavis-Server an Postfix/Mailman anbindet, sollte man dessen grundsätzliche Funktionalität testen. Zu diesem Zweck ist es sehr hilfreich, direkt eine TCP-Verbindung zum Port 10024 aufzumachen und dort über das SMTP-Protokoll eine E-Mail an Amavis abzugeben. Die nachfolgende Session demonstriert dies für den Absender rommel@lists.example.org und den Empfänger testliste@lists.example.org:

```
user@linux:~$ telnet localhost 10024
Trying 127.0.0.1...
Connected to localhost.
Escape character is '^]'.
220 [127.0.0.1] ESMTP amavisd-new service ready
ehlo lists.example.org
250-[127.0.0.1]
```

```
250-PIPELINING
250-SIZE
250-8BITMIME
250-ENHANCEDSTATUSCODES
250 XFORWARD NAME ADDR PROTO HELO
MAIL FROM:<rommel@lists.example.org>
250 2.1.0 Sender rommel@lists.example.org OK
RCPT TO:<testliste@lists.example.org>
250 2.1.5 Recipient testliste@lists.example.org OK
DATA
354 End data with <CR><LF>.<CR><LF>
To: testliste@lists.example.org
From: rommel@lists.example.org
Subject: amavis-test

Test
.
450 4.4.1 Can't connect to 127.0.0.1 port 10025, Net::SMTP: connect:
Connection refused (Connection refused) at /usr/sbin/amavisd line 4323,
<GEN6> line 14., MTA([127.0.0.1]:10025), id=13918-01
quit
221 2.0.0 [127.0.0.1] amavisd-new closing transmission channel
Connection closed by foreign host.
```

Die Zeile

```
450 4.4.1 Can't connect to 127.0.0.1 port 10025, Net::SMTP: connect:
Connection refused (Connection refused) at /usr/sbin/amavisd line 4323,
<GEN6> line 14., MTA([127.0.0.1]:10025), id=13918-01
```

signalisiert, dass die E-Mail nicht angenommen wurde, weil Amavis den Server, an den später die E-Mail weitergeleitet wird, nicht kontaktieren kann. Auf diese Weise schützt sich Amavis vor einem möglichen Überlauf der eigenen Queues.

Die entsprechenden Einträge im Logfile lauten mit `$log_level = 0`:

```
Dec 17 18:49:49 lists amavis[13918]: (13918-01) ESMTP::10024
/var/spool/amavis/tmp/amavis-20061217T184944-13918: <rommel@lists.
example.org> -> <testliste@lists.example.org> Received: from lists.
example.org ([127.0.0.1]) by localhost (lists.example.org [127.0.0.1])
(amavisd-new, port 10024) with ESMTP id 13918-01 for <testliste@lists.
example.org>; Sun, 17 Dec 2006 18:49:44 +0100 (CET)
Dec 17 18:49:54 lists amavis[13918]: (13918-01) Checking: HLIwq5eWdqAZ
<rommel@lists.example.org> -> <testliste@lists.example.org>
Dec 17 18:49:54 lists amavis[13918]: (13918-01) cached 2205e48de5f93c
784733ffcca841d2b5 from <rommel@lists.example.org> (0,0)
Dec 17 18:49:54 lists amavis[13918]: (13918-01) FWD via SMTP: <rommel@
lists.example.org> -> <testliste@lists.example.org>, 450 4.4.1
Can't connect to 127.0.0.1 port 10025, Net::SMTP: connect: Connection
refused (Connection refused) at /usr/sbin/amavisd line 4323, <GEN6>
```

```
line 14., MTA([127.0.0.1]:10025), id=13918-01
Dec 17 18:49:54 lists amavis[13918]: (13918-01) Blocked CLEAN, <rommel@
lists.example.org> -> <testliste@lists.example.org>, mail_id:
HLIwq5eWdqAZ, Hits: 0.231, 16542 ms
```

Sie sehen hier insbesondere, wo Amavis die eingehende Nachricht zur weiteren Untersuchung ablegt (in `/var/spool/amavis/tmp/amavis-20061217T184944-13918`) und welches Ergebnis der Scanvorgang hatte (hier: `Blocked`).

Ab `$log_level = 2` sehen Sie u. a. auch den Spam-Level der einzelnen Nachrichten:

```
Dec 17 19:25:37 lists amavis[17342]: (17342-01) SPAM-TAG, <rommel@lists.
example.org> -> <testliste@lists.example.org>, No, score=4.166
tagged_above=2 required=5 tests=[MISSING_HB_SEP=2.5, MISSING_HEADERS=
0.189, MISSING_SUBJECT=1.345, NO_RECEIVED=-0.001, NO_RELAYS=-0.001,
TO_CC_NONE=0.134]
```

Im obigen Beispiel erzielte eine E-Mail von `rommel@lists.example.org` an `testliste@lists.example.org` einen Spam-Score von `4.166`. Da für eine Markierung als Spam 5 Punkte nötig sind, gilt die E-Mail als Nicht-Spam (`No`). Hinter `tests=` sehen Sie die Liste der Tests, die auf die E-Mail angesprungen sind, sowie die jeweilige Punktezahl.

18.5 Postfix-Konfiguration

Für den Fall, dass Amavis so konfiguriert wird, dass Virusfunde oder Spam-Warnungen an den Absender, Empfänger oder Admin per E-Mail gesendet werden, verwendet die Software standardmäßig die Absenderadressen `virusalert@$mydomain`, `spamalert@$mydomain` und `spam.police@$mydomain`, wobei `$mydomain` durch den entsprechenden `mydomain`-Wert aus der Datei `amavisd.conf` ersetzt wird.

Wenn Ihr Postfix diese Domäne als lokal behandelt, sollten Sie `virusalert`, `spamalert` und `spam.police` als Aliase anlegen, damit Antworten oder Bounces an die oben aufgeführten Adressen keine weiteren Bounces nach sich ziehen. Ob Sie die Antworten jemals lesen, sei dahingestellt.

Nun ist es an der Zeit, die konfigurierten und getesteten Einzelkomponenten unseres Spam- und Virenscanners in unser Produktivsystem einzubinden. Über die Variable `content_filter` teilen Sie Postfix mit, dass eingehende Nachrichten an einen Content-Filter weitergeleitet werden sollen.

Zuvor müssen Sie allerdings festlegen, welche Programme bzw. Protokolle für diese Weiterleitung Verwendung finden. Tragen Sie dazu folgende Zeile in der Postfix-Datei `master.cf` ein:

```
smtp-amavis     unix - - n - 2 smtp -o disable_dns_lookups=yes
```

Im Fachjargon spricht man hier von einer *Mailer-Definition*. In der ersten Spalte steht ein von Ihnen vergebener Name. Die Spalten zwei bis sieben charakterisieren die Umgebung, in welcher der jeweilige Prozess gestartet wird. Interessant sind hier die Spalte fünf, in der Sie festlegen, ob Sie Postfix in einem `chroot`-Gefängnis betreiben, und die Spalte sieben, in der Sie die Zahl der Prozesse festlegen, die parallel gestartet werden dürfen. Der Rest der jeweiligen Zeile enthält den Aufruf des zuständigen Dienstprogramms. In diesem Fall verwenden wir das Postfix-Programm `smtp` mit der Option `disable_dns_lookups=yes`, um die Zahl der DNS-Abfragen auf ein Minimum zu reduzieren.

Sie können übrigens die Liste der Optionen auf den Folgezeilen fortführen, solange diese führende Leerzeichen enthalten. Obige Mailerdefinition ließe sich also auch so schreiben:

```
smtp-amavis     unix - - n - 2 smtp
   -o disable_dns_lookups=yes
```

Da Amavis – wie auf Seite 231 demonstriert – keine E-Mails annimmt, solange sie niemand nach dem Scanvorgang abnimmt, müssen wir vor bzw. zeitgleich mit der Aktivierung des Content-Filters in Postfix einen zusätzlichen SMTP-Daemon auf Port 10025 starten.

Dazu duplizieren Sie den Standardeintrag für `smptd` in der `master.cf` und ändern den Wert in der ersten Spalte auf `localhost:10025`:

```
localhost:10025 inet n - n - - smtpd
```

Um die Weiterleitung zu aktivieren, ergänzen Sie im `master.cf`-Standardeintrag für `smptd` die Option `-o content_filter=smtp-amavis:[127.0.0.1]:10024`. Auf dem System des Autors ergibt sich dadurch folgende Zeile:

```
smtp            inet n - n - - smtpd
   -o content_filter=smtp-amavis:[127.0.0.1]:10024
```

Damit verwenden wir die Mailer-Definition `smtp-amavis`, um über die IP-Adresse `127.0.0.1` und den Port 10024 eingehende E-Mails an unseren Spam- und Virenscanner abzugeben.

Starten Sie Postfix nun neu und überprüfen Sie, ob der SMTP-Server auf Port 10025 läuft:

```
linux:~ # lsof -i :10025 -n -P
COMMAND   PID USER   FD   TYPE DEVICE SIZE NODE NAME
master  17838 root   72u  IPv4 125102       TCP 127.0.0.1:10025 (LISTEN)
master  17838 root   73u  IPv6 125103       TCP [::1]:10025 (LISTEN)
```

Testen Sie das Gespann von Postfix, Amavis und Mailman, indem Sie eine Nachricht von außen an eine Testmailingliste senden. Außer den auf Seite 31 aufgeführten Log-Einträgen sollten Sie dann auch Meldungen sehen, die von Amavis stammen.

Da Amavis erst dann die E-Mail von Postfix entgegennimmt, wenn auch die Rückverbindung funktioniert, werden sich beim Betreiben von Postfix und Amavis auf einem Host die Einträge in der Logdatei zeitlich überschneiden. Wenn Ihnen dies zu unübersichtlich wird, definieren Sie – wie auf Seite 230 beschrieben – eine eigene Logdatei für Amavis.

18.5.1 SMTP oder LMTP?

In der Dokumentation zu Amavis und Postfix finden Sie viele Hinweise auf die Verwendung von LMTP, eines mit SMTP verwandten Protokolls, welches für die lokale Zustellung entworfen wurde.[8] Gegenüber SMTP hat es zwei wesentliche Vorteile:

- Die empfangende Seite kann für jeden einzelnen Empfänger separat signalisieren, ob die E-Mail angenommen wurde, und die Nachricht an einzelne Empfänger zurückweisen. Im Gegensatz dazu wird eine E-Mail, die über SMTP transferiert wird, entweder komplett angenommen oder zurückgewiesen.
- Über LMTP können in einer Verbindung mehrere Transaktionen durchgeführt werden. Es erspart sowohl der sendenden als auch der empfangenden Seite viele DNS-Abfragen und TCP-Handshakes.

Beide Vorteile spielen allerdings in unserem Szenario keine große Rolle, denn üblicherweise hat eine E-Mail, die unseren Mailinglistenserver erreicht, nur einen Empfänger (die Postingadresse der Mailingliste oder eine ihrer Unteradressen). Des Weiteren verfügt Postfix seit der Version 2.2 über einen Session-Cache, der ähnlich wie die Multitransaktionsfähigkeit von LMTP das Relaying beschleunigt.

Es ist also letztendlich egal, ob Sie LMTP oder SMTP zwischen Postfix und Amavis einsetzen.

18.5.2 Weitere Optionen für die Mailer-Definitionen

Die Definition von `smtp-amavis` und `localhost:10025` auf Seite 233 stellt nur die Minimalkonfiguration dar. Für `smtp-amavis` bieten sich weitere Postfix-Optionen an:

[8] LMTP steht für *Local Mail Transfer Protocol* und wurde 2003 in RFC 2033 festgeschrieben.

```
-o smtp_data_done_timeout=1200
-o smtp_send_xforward_command=yes
```

`smtp_data_done_timeout` gibt die Zeitspanne in Sekunden an, die verstreichen darf, bis der empfangende Server (in diesem Fall also Amavis) eine Antwort liefert. Standardmäßig liegt diese Zeitspanne bei 600 Sekunden, in Einzelfällen kann ein Scan aber schonmal etwas länger dauern.

Die Option `smtp_send_xforward_command` sorgt dafür, dass Amavis nicht Postfix als Client sieht, sondern den ursprünglichen Client, der mit Postfix Verbindung aufgenommen hat.

Für die Definition von `localhost:10025` empfehlen sich folgende zusätzliche Optionen:

```
-o content_filter=
-o local_recipient_maps=
```

Indem wir der Option `content_filter` keinen Wert zuweisen, deaktivieren wir den Content-Filter für diesen SMTP-Daemon. Dies sichert den Fall ab, dass der Content-Filter irrtümlicherweise in der Datei `main.cf` gesetzt wurde.

Die leere Option `local_recipient_maps` hindert Postfix daran, erneut zu prüfen, ob der Empfänger überhaupt lokal existiert. Diesen Test hat ja bereits der SMTP-Daemon auf Port 25 durchgeführt.

Um zu verhindern, dass Ihre Postfix-Installation dazu missbraucht wird, über Port 10025 E-Mails ohne Viren- oder Spam-Scan zu versenden, sollten Sie den Zugriff entsprechend einschränken. Folgende Kombination von Optionen beschränkt den Zugriff auf IP-Adressen von `localhost`:

```
-o mynetworks_style=host
-o mynetworks=127.0.0.0/8,[::1]/128
-o smtpd_sender_restrictions=
-o smtpd_recipient_restrictions=permit_mynetworks,reject
-o smtpd_client_restrictions=permit_mynetworks,reject
```

Es gibt noch eine Reihe weiterer Optionen, die Sie zur Optimierung der Postfix-Konfiguration benutzen können. Diese sind in der Datei `README.postfix` der Amavis-Distribution sowie in den zahllosen `README`s der Postfix-Distribution erläutert.

18.6 Mailman an die Spam-Filter-Engine anpassen

Wenn Sie Mailman so konfiguriert haben, dass ausgehende Nachrichten über den lokalen Postfix verteilt werden, legt der Blick in die Logdateien einen Performanzengpass des Mailinglistenservers offen: Im bisherigen

Setup werden auch ausgehende Nachrichten über Postfix durch Amavis geleitet. Der dabei entstehende Aufwand multipliziert sich mit der Anzahl der Subscriber der jeweiligen Mailingliste.

Dies ist natürlich unnötig, weil die eingehende Nachricht bereits auf Viren und Spam untersucht wurde und durch die Moderation und Verteilung durch Mailman keine Viren oder Spam hinzukommen können. Um die ausgehenden Nachrichten an Amavis vorbeizulotsen, legen Sie in der Mailman-Konfigurationsdatei `mm_cfg.py` den Port für ausgehende SMTP-Verbindungen auf Port 10025 fest:

```
SMTPPORT = '10025'
```

Für den dort laufenden SMTP-Daemon haben wir auf Seite 235 den Content-Filter abgeschaltet.

Kapitel 19

Den Mailinglistenserver auf mehrere Hosts verteilen

Im größten Teil dieses Buchs sind wir davon ausgegangen, dass Sie außer Mailman selbst auch alle anderen wichtigen Komponenten des Mailinglistenservers auf einem einzigen Host betreiben. Dazu zählen der Webserver, die MTAs für eingehende und ausgehende E-Mails, eventuell eingebundene Spam- und Virenscanner, optional angebundene Newsserver usw. (die Abbildung auf Seite 24 illustriert dies).

Abgesehen von den geringeren Hardwarekosten erleichtert dies die Konfiguration, da die meisten Komponenten von Haus aus so eingestellt sind, dass sie problemlos zusammenspielen, solange sie auf ein- und demselben Rechner laufen.

Sobald Sie Mailman jedoch in eine bestehende Infrastruktur einbetten müssen (weil z. B. für die gewünschte Domäne bereits ein MTA existiert) oder Ihr Server mit der Last nicht mehr zurecht kommt, müssen Sie sich Gedanken über eine sinnvolle Aufteilung und die entsprechende Rekonfiguration der Dienste machen.

Dieses Kapitel schildert einige Szenarien und zeigt mögliche Ansätze auf. Wir werden – anders als in den übrigen in diesem Buch vorgestellten Projekten – weniger auf die Details eingehen, sondern uns auf das Warum konzentrieren.

Tatsächlich „zerfällt" ein mit Mailman betriebener Mailinglistenservers geradezu natürlich in einzelne Komponenten (Abbildung 19.1 zeigt dies schematisch). Dafür sorgen einerseits bestimmte Konfigurationsvariablen, andererseits das Store-und-Forward-Prinzip verwendeter Netzwerkprotokolle wie SMTP und NNTP.

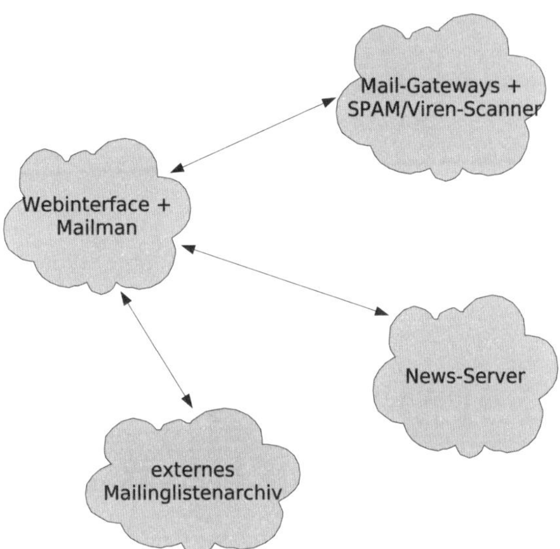

Abbildung 19.1: Ein mit Mailman betriebener Mailinglistenserver zerfällt automatisch in Komponenten

Mail-Gateways, Newsserver und auch die öffentlichen Mailinglistenarchive lassen sich so sehr einfach auf eigenen Hosts unterbringen. Ein eventuell vorhandener Spam-/Virenscanner ist eher eine Erweiterung des MTAs für die eingehenden und ausgehenden E-Mails als Teil des Mailinglistenservers.

Das Webinterface und der Kern von Mailman hingegen lässt sich aus mehreren Gründen nicht sauber voneinander trennen. Zum einen basiert der verwendete Locking-Mechanismus auf der Prozess-ID. Wenn Sie zeitgleich per Webinterface und per E-Mail Änderungen an Mailman durchführen, kann es vorkommen, dass bei einem verteilten System die gleiche Prozess-ID für verschiedene Prozesse benutzt wird. Des Weiteren müssten Sie, um das Webinterface von Mailman auf einem separaten Server unterzubringen, einen Großteil der Mailman-Verzeichnisse dorthin über ein Netzwerkdateisystem exportieren. Neben den Sicherheitsproblemen, die Sie sich damit einhandeln, wird auch die Zuverlässigkeit und Performanz des Webinterface darunter leiden.

Wenn die in diesem Kapitel geschilderten Szenarien Ihr Performanzproblem nicht lösen, werfen Sie bitte einen Blick in den Anhang ab Seite 281. Dort geben wir weitere Tipps für die Verbesserung der Performanz.

19.1 Performanzengpässe

Spätestens wenn der Mailinglistenserver so viel Last hat, dass er seine Aufgabe nicht mehr zufriedenstellend erledigen kann, sollten Sie sich auf die Suche nach den Ursachen machen. Im Idealfall haben Sie den Anstieg der Last über einen größeren Zeitraum beobachtet und können diesen Zeitpunkt so vorhersehen. Einige häufige Ursachen für Performanzengpässe seien hier genannt:

- Auf dem MTA ist die Queue für eingehende und ausgehende E-Mails immer gut gefüllt und erzeugt so eine hohe Grundlast (gerade dann, wenn sich E-Mails über einen längeren Zeitraum nicht zustellen lassen). Dies ist bei Weitem die häufigste Ursache für überlastete Mailinglistenserver.

- Sofern Sie einen Spam-/Virenscanner einsetzen, kann dieser schnell an seine Grenzen geraten. Als Verursacher Nummer 1 gelten hier insbesondere Latenzen durch DNS-Abfragen (z. B. *Real Time Blacklists* (RBLs)) und hohe CPU-Last.

- Das Einsortieren neuer Postings in bestehende Archive frisst die CPU-Zeit auf dem Mailinglistenserver auf. Dieser Punkt gewinnt mit wachsendem E-Mail-Archiv an Bedeutung.

- Durch vermehrte Zugriffe auf die Mailinglistenarchive kann die Last auf dem Webserver sehr stark schwanken. Ursachen sind in aller Regel die Erfassung der Archive durch Robots oder der Download großer Dateien aus den Archiven.

- Die zur Verfügung stehende Bandbreite reicht nicht mehr aus. Typischerweise funktionieren Netzwerkverbindungen, über die überwiegend UDP- und TCP-Pakete gehen, schon dann nicht mehr effizient, wenn man sich der theoretisch erreichbaren Bandbreite auch nur nähert.

- Die Hardware des Servers ist nicht hinreichend leistungsfähig. Diesem Punkt wird in der Regel zu viel Bedeutung beigemessen, denn eine Steigerung der Performanz um den Faktor 10 erreicht man eher durch ein optimiertes Software-Setup als durch den Austausch/Ausbau der Hardware.

19.1.1 Problematische Softwarekomponenten identifizieren

Welche Softwarekomponente für die hohe Last verantwortlich ist, findet man z. B. heraus, indem man alle in Frage kommenden Komponenten isoliert betreibt (also die jeweils anderen kurzzeitig deaktiviert). Solange die verursachende Komponente läuft, sollten die Lastprobleme anhalten.

Ob dieses Vorgehen in Ihrem Fall möglich ist, hängt vom Grad der Verfügbarkeit ab, den Sie erreichen wollen. In aller Regel verlieren Sie durch die Deaktivierung keine Daten:

- Ein fremder MTA, der an Ihren MTA Mails abgeben will, wird es zu einem späteren Zeitpunkt automatisch erneut versuchen.
- Mailman wird im heruntergefahrenen Zustand zwar Mails über die Aliase annehmen, diese aber nicht verarbeiten, sondern sie stattdessen in `qfiles/in` bis zum nächsten Start liegen lassen.
- Ein heruntergefahrener Webserver wird die Benutzer dazu veranlassen, die Webseite zu einem späteren Zeitpunkt erneut aufzusuchen.
- Ein deaktivierter Spam-/Virenscanner wird dafür sorgen, dass sich ein gewisser E-Mail-Rückstau bildet. In keinem Fall sollte der MTA, der den Spam-/Virenscanner nutzt, so konfiguriert sein, dass er E-Mails, die er nicht an den Spam-/Virenscanner übergeben kann, verwirft oder bounct.
- Ein deaktivierter Newsserver wird ähnlich wie ein inaktiver MTA fremde Newserver dazu veranlassen, die Artikel zu einem späteren Zeitpunkt zu „feeden“.

19.1.2 Zu schwache Hardware?

Falls Sie sich unabhängig von der Softwarekomponente einen Überblick darüber verschaffen wollen, wie die Ressourcen Arbeitsspeicher, CPU(s), Netzwerk oder I/O auf Festplatten in Anspruch genommen werden, sollten Sie ein Systemmonitoring-Tool auf Ihrem Server installieren. Eine Möglichkeit ist die Verwendung eines SNMP-Servers in Verbindung mit einem Auswertungstool wie RRDtool.[1]

Eine andere Möglichkeit besteht in der Verwendung von Sysstat. Sysstat bringt selbst einen Hintergrunddienst mit, der Systemdaten sammelt und ist deshalb nicht auf einen separaten SNMP-Server angewiesen. Details finden Sie auf `http://perso.orange.fr/sebastien.godard/documentation.html`.

[1] `http://oss.oetiker.ch/rrdtool/`

Die Zuordnung des Problems zu einer Hardwarekomponente ist zwar nicht immer möglich, aber Sie erhalten zumindest Indizien dafür, in welche Hardware sich eine Investition lohnen könnte.

19.2 MTAs ausgliedern

Erweisen sich die MTA-Komponenten des Mailinglistenservers als Nadelöhr (oder wollen Sie einfach nur Last vom Mailinglistenserver fernhalten, um Mailman Beine zu machen), empfiehlt sich ein Setup wie in Abbildung 19.2. E-Mails von außen nimmt hier nicht mehr direkt der Mailman-Server, sondern ein dedizierter MTA entgegen. Dieser gibt sie möglichst direkt (z. B. über eine statische Mailroute) an den Mailman-Server weiter. Auch die Verteilung der ausgehenden E-Mails lässt sich auf einen dedizierten MTA auslagern. Die Breite der Pfeile im Diagramm verdeutlicht dabei den Umstand, dass die Zahl der ausgehenden E-Mails die der eingehenden Nachrichten um ein Vielfaches übersteigt.

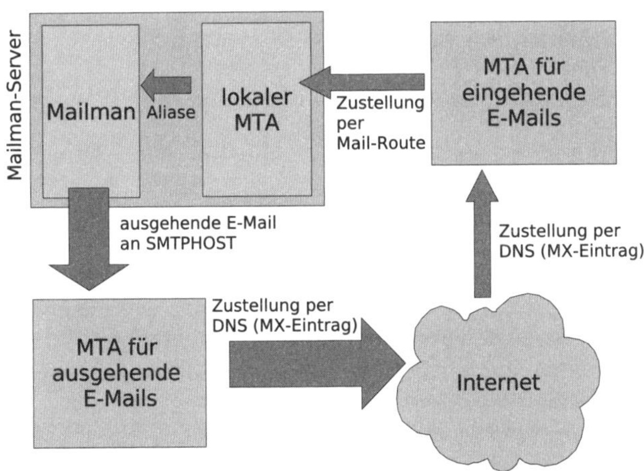

Abbildung 19.2: Mailman in Verbindung mit eigenen MTAs für eingehende und ausgehende E-Mails

19.2.1 Eingehende E-Mails

Bei eingehenden E-Mails besteht der größte Teil der Arbeit darin, die Gültigkeit der Absenderdomäne zu prüfen, die Nachrichten – wie in der Abbildung auf Seite 216 gezeigt – durch einen kombinierten Spam- und Virenscanner zu schicken und gegebenenfalls weitere Tests durchzuführen, bevor sie an Mailman zugestellt werden.

Da der Anteil an unerwünschten E-Mails stetig zunimmt, können Sie den Ressourcenbedarf auf dem Mailinglistenserver durch Auslagerung des MTAs und des kombinierten Spam- und Virenscanners für eingehende E-Mails erheblich senken. Im Idealfall gelangen so nur noch erwünschte E-Mails an den Server, auf dem Mailman läuft. Abbildung 19.2 zeigt auf der rechten Seite den entsprechend geänderten Weg einer E-Mail zum Mailinglistenserver.

Wie Sie einen derartigen MTA für eingehende Nachrichten aufsetzen, geht über die Zielsetzung dieses Buchs hinaus. Falls Sie für diesen Zweck Postfix einsetzen, empfehle ich Ihnen neben der umfangreichen Dokumentation in der Postfix-Distribution das deutschsprachige Postfix-Buch von Peer Heinlein.[2] An dieser Stelle geht es in erster Linie darum, ob und wie Sie Mailman anpassen müssen und welchen Effekt die Änderungen auf die Gesamtperformanz haben.

Sofern der MTA, der für Ihren Mailman-Server als Relay fungieren soll, nicht von Ihnen administriert wird, sollten Sie mit dem zuständigen Admin klären, ob die Auflagen, die eine E-Mail erfüllen muss, um vom MTA angenommen zu werden, in Einklang mit den Anforderungen Ihres Mailinglistenservers stehen. Dazu zählen unter anderem:

- Auflagen bezüglich des SMTP-Protokolls (Syntax),
- die maximale Größe, die eine E-Mail brutto haben darf,
- die Verwendung von Blacklisten für IP-Adressen (wenn ja, welche?),
- die Verwendung von Blacklisten für Envelope-Sender (wenn ja, welche?),
- die Policies bezüglich Spam (nur markieren oder zurückhalten?).

Erst wenn Sie über diese Punkte Klarheit erlangt haben, sollten Sie die Verarbeitung von eingehenden E-Mails von Ihrem Mailinglistenserver abkoppeln. Dazu brauchen Sie nicht viel tun:

- Sorgen Sie zunächst dafür, dass der MTA, der diese Arbeit übernehmen soll, für alle Domänen, welche Sie für die Adressierung der Mailinglisten verwenden, E-Mails annimmt und an den Mailman-Server weitergibt. Bei Postfix ist dafür beispielsweise der Parameter `relay_domains` zuständig.
- Anschließend veranlassen Sie, dass die MX-Einträge für die entsprechenden Domänen im DNS auf den externen MTA zeigen. Sofern andere MTAs keine statistischen Mailrouten zu Ihrem Mailinglistenserver verwendet haben, sollten Sie auf dem Mailman-Server jetzt nur noch von solchen MTAs E-Mails empfangen, die als Relay für Sie fungieren.

[2] ISBN 978-3-937514-04-8, ebenfalls bei Open Source Press erschienen.

Sollten Sie die Überlastung danach auf jenen MTA verschoben haben, haben Sie zumindest ein Problem gelöst: Ihr Mailinglistenserver und damit auch das Webinterface sind deutlich responsiver geworden.

Das Problem der (Über-)Last auf dem MTA lässt sich in der Regel recht einfach durch Einsatz mehrerer externer Spam-/Virenscanner oder Relays lösen. Damit nähern wir uns allerdings der Größenordnung von Providern und sprengen den Rahmen dieses Buchs.

19.2.2 Ausgehende E-Mails

Die Verteilung von Postings an die für die einzelnen Domänen zuständigen Mailserver wird häufig von einem eigenen MTA erledigt. Die dabei entstehende Last hat andere Ursachen als eine hohe Last bei der Verarbeitung von eingehenden E-Mails:

- Ausgehende E-Mails werden in der Regel nicht auf Spam oder Viren geprüft – dies sollte bereits beim Mail-Eingang geschehen sein.
- Die Zahl der E-Mails vervielfacht sich mit der Länge der Subscriber-Liste einer Mailingliste. Aus einem einzigen Posting werden so schnell 1000 E-Mails.
- E-Mails, die vorübergehend nicht zustellbar sind, verbleiben auf dem MTA, bis die maximale Haltezeit erreicht ist. Diese liegt üblicherweise bei einigen Tagen. Solange versucht der MTA regelmäßig, seine Warteschlange zu leeren und erzeugt so eine Grundlast auf dem Server.
- E-Mails, die von dem für eine Domäne zuständigen Mailserver abgewiesen werden und deren Haltezeit abgelaufen ist, führen dazu, dass Ihr MTA eine neue E-Mail erzeugen muss – den *Bounce*. Dazu kommt, dass Mailman diesen Bounce später auch noch auswerten muss.

Um einen separaten MTA für ausgehende E-Mails zu nutzen, stellen Sie zunächst sicher, dass Sie über diesen *relayen*, d. h. auch E-Mails an solche Empfänger-Domänen abgeben können, für welche der MTA eigentlich gar nicht zuständig ist. Mit Postfix erreichen Sie dies in der Regel dadurch, dass Sie die IP-Adresse des Mailman-Servers mit in den Parameter `mynetworks` aufnehmen. Dieser wird üblicherweise im Parameter `smtpd_recipient_restrictions` benutzt, um E-Mails aus vertrauenswürdigen Netzen zu relayen.

Rekonfigurieren Sie danach Mailman über die Datei `Mailman/mm_cfg.py`, damit E-Mails direkt an jenen MTA und nicht über einen lokal laufenden MTA versendet werden. Im folgenden Beispiel benutzen wir den MTA namens `relay.example.net` über den Port 25 als Relay:

```
DELIVERY_MODULE = 'SMTPDirect'
SMTPHOST = 'relay.example.net'
SMTPPORT = '25'
```

Abbildung 19.2 (Seite 241) zeigt auf der linken Seite den entsprechend geänderten Lauf einer E-Mail, die von Mailman versendet wird. Im Gegensatz zu hereinkommenden E-Mails werden ausgehende Nachrichten also nicht durch den lokalen laufenden MTA geschickt, sondern gehen direkt an den externen MTA.

Sofern dieser einen Spam- oder Virenscanner einsetzt und Ihnen die Möglichkeit bietet, E-Mails über einen separaten Port ungefiltert zu relayen, tragen Sie diesen Port als Wert von `SMTPPORT` ein: Alle Postings wurden bereits auf dem MTA für eingehende Mails gefiltert, und von den von Mailman erzeugten Nachricht geht keine Gefahr aus. So ist es möglich, den Filter zu umgehen, was die Last auf dem MTA erheblich reduziert.

Mit der Zahl der Subscriber steigt auch die Zahl der unterschiedlichen Domänen, an die E-Mails zugestellt werden. Um den für die jeweilige Domäne zuständigen MTA zu ermitteln, wird Ihr MTA für ausgehende Nachrichten vermehrt DNS-Anfragen stellen. Lassen die Antworten zu lange auf sich warten, läuft Ihr MTA nicht mehr effizient und tut scheinbar nichts (oder zuwenig), und dass, obwohl die Mail-Queue unter Umständen gut gefüllt ist. Beugen Sie dieser Situation vor, indem Sie einen lokalen DNS-Server auf dem MTA einsetzen, der die Antworten auf Ihre DNS-Anfragen eine Weile cacht (wie lange ein Eintrag gecacht werden darf, liegt beim DNS-Administrator der jeweiligen Domäne). Einen solchen DNS-Cache kann man etwa unter Nutzung des *„Berkeley Internet Name Domain"*-Servers (BIND)[3] aufsetzen.

Die Last auf dem Mailman-Server lässt sich weiter reduzieren, indem Sie die Erkennung von Bounces vereinfachen und VERP in Mailman (und in ihrem lokal laufenden MTA) aktivieren (siehe Seite 98).

19.3 Ausgliederung des E-Mail-Archivs

Ab Seite 249 beschreiben wir, wie man anstatt der in Mailman integrierten Archivierungslösung Pipermail eine beliebige andere Software einbindet. Allerdings läuft diese Software nach wie vor im Kontext des Mailman-Servers und verbraucht daher auch Ressourcen auf diesem Rechner.

[3] `http://isc.org/sw/bind/`

19.3.1 Ausgliederung per direktem Netzwerkzugriff

Eine Möglichkeit, die Archivierung aus dem Kontext des Mailman-Servers herauszunehmen, besteht darin, zunächst in `Mailman/mm_cfg.py` einen externen Archivierer zu definieren, der nichts tut:

```
PUBLIC_EXTERNAL_ARCHIVER = '/bin/cat > /dev/null'
PRIVATE_EXTERNAL_ARCHIVER = '/bin/cat > /dev/null'
```

Mit diesen Einstellungen wird Mailman die zu archivierende E-Mail weiterhin in der MBOX `archives/private/`*`mailingliste`*`.mbox/` ablegen, aber nichts in Hinblick auf die Erstellung des Webarchivs tun.

Mit Hilfe dieser MBOX können Sie das Archiv dann auf einem anderen Server, der auf die Mailman-Verzeichnisse Ihres Mailman-Servers per Netzwerk Zugriff hat (zum Beispiel per NFS), regelmäßig neu generieren.

Das mag merkwürdig klingen, aber die Praxis zeigt, dass der Aufwand des Einsortierens eines Postings mit der Archivgröße wächst. Ab einem gewissen Punkt kann es aufwendiger werden, ein paar Dutzend Postings einzusortieren, anstatt das gesamte Archiv einer Mailingliste neu zu generieren.

Wie Sie mit Hilfe eines externen Archivierers für Mailman passende Archive generieren und welche Performanz Sie dabei erwarten können, wird ab Seite 249 erläutert. Beachten Sie, dass bei dieser Lösung die Links im Webinterface und in den von Mailman erzeugten E-Mails nach wie vor korrekt sind, da Sie nichts an der Lage der öffentlichen und privaten Archive verändern müssen.

19.3.2 Ausgliederung per E-Mail-Weiterleitung

Mailman bietet die Möglichkeit, über den Parameter `PUBLIC_ARCHIVE_URL` die URL für den Zugriff auf das öffentliche Archiv einer Mailingliste frei zu definieren. Leider gibt es keine entsprechende Variable für private Archive.[4] Glücklicherweise sind es in der Praxis meist die öffentlichen Archive, welche die größte Archivierungslast auf dem Mailman-Server verursachen.

Abbildung 19.3 zeigt das anvisierte Setup. Die zu archivierende E-Mail wird an den externen Archivserver weitergeleitet und dort über Procmail ins passende Archiv einsortiert. Dazu passt man den Parameter `PUBLIC_ARCHIVE_URL` entsprechend an.

[4] Die entsprechende Variable `PRIVATE_ARCHIVE_URL` existierte ursprünglich, wurde aber mit der Mailman-Version 2.1 alpha 2 Mitte 2001 wieder entfernt.

Abbildung 19.3: Ausgliederung der öffentlichen Archive auf einen externen Server

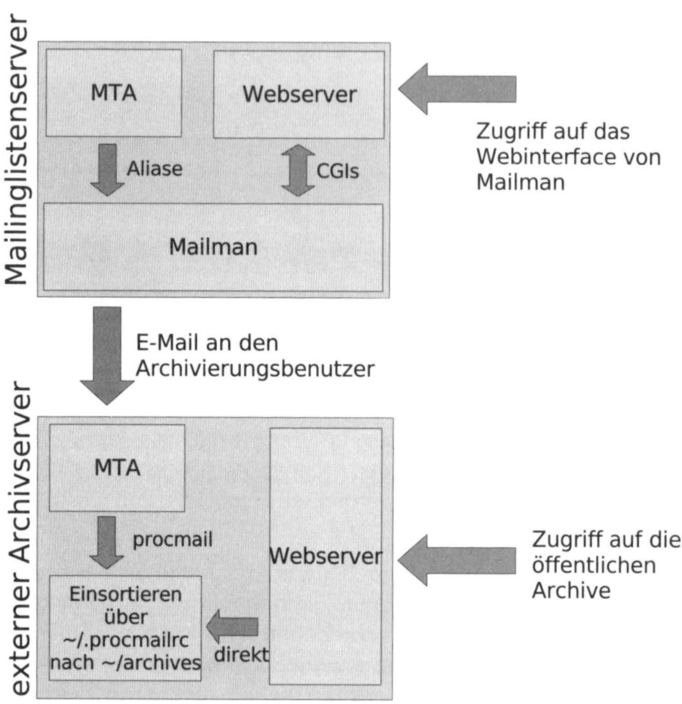

In `Mailman/mm_cfg.py` definieren Sie über die Variable `PUBLIC_EXTERNAL_ARCHIVER` einen Archivierer für öffentliche Archive, der eine zu archivierende E-Mail an einen speziellen User auf dem neuen Archivserver weiterleitet:

```
PUBLIC_EXTERNAL_ARCHIVER = '/usr/sbin/sendmail -oi
            -f null@%(hostname)s mlarch@archives.example.net'
```

Im obigen Beispiel wird zu diesem Zweck das Kommando `sendmail` benutzt. Über die Option `-f` kann man dabei einen Envelope-Sender definieren. Benutzen Sie als Envelope-Sender ein Postfach, in dem Sie alle Fehlermeldungen sammeln wollen, die bei der E-Mail-Weiterleitung entstehen. Den User auf dem neuen Archivserver sprechen wir im obigen Beispiel über die Adresse `mlarch@archives.example.net` an.

Entsprechend legen wir auf dem Archivserver `archives.example.net` den Benutzer `mlarch` an und weisen ihm ein Homeverzeichnis zu. In den nachfolgenden Beispielen verwenden wir `/home/mlarch` als Beispiel.

Unter der Benutzerkennung mlarch auf archives.example.net müssen wir nun einen Mechanismus konstruieren, der eingehende E-Mails in die passenden Archive einsortiert. Wir gehen im Folgenden davon aus, dass E-Mails auf archives.example.net über das Programm procmail zugestellt werden, legen als Benutzer mlarch im Homeverzeichnis zunächst das Unterzeichnis archives an und tragen folgende Zeilen in die Datei ~/.procmailrc ein:

```
LOGFILE=$HOME/.procmail.log
VERBOSE=yes

:0 fW
| formail -c

LISTID=__EMPTY__

:0 hw
LISTID=|formail -X List-Id | cut -d '<' -f2 | cut -d '>' -f1

:0
* ^X-BeenThere: .*@lists.example.org
* !LISTID ?? __EMPTY__
{
 :0
 |hypermail -i -u -1 -g -d $HOME/archives/$LISTID -l "Archiv von $LISTID"
}

:0
/dev/null
```

Wie diese Konfigurationsdatei für procmail funktioniert, ist ab Seite 199 im Detail erläutert. Neu an dieser Stelle ist die Zeile

```
 |hypermail -i -u -1 -g -d $HOME/archives/$LISTID -l "Archiv von $LISTID"
```

..., über welche wir mit Hilfe des Programms hypermail und der zuvor extrahierten List-ID die E-Mail entgegennehmen und das entsprechende Archiv im Unterverzeichnis $HOME/archives/ aktualisieren. Das Archiv für die Liste testliste@lists.example.org befindet sich bei dieser Lösung im Verzeichnis $HOME/archives/testliste.lists.example.org. Die Verwendung von Hypermail wird ab Seite 249 ausführlich erläutert.

Anschließend installieren und konfigurieren wir als Administrator einen Webserver auf dem neuen Archivserver, der den Zugriff auf das Archiv-Verzeichnis ermöglicht und optimalerweise einen automatisch generierten Index auf oberster Ebene erzeugt, damit die Liste der archivierten Mailinglisten sichtbar wird. Mit Apache2 erreichen wir dies beispielsweise durch folgende Direktiven:

```
Alias           /archives/       /home/mlarch/archives/

<Directory /home/mlarch/archives/>
        Options +Indexes
        order allow,deny
        allow from all
</Directory>
```

Somit können wir über die URL `http://archives.example.net/archives/testliste.lists.example.org` auf das Archiv der Mailingliste `testliste@lists.example.org` zugreifen. abschließend ändern wir das URL-Schema für öffentliche Archive auf dem Mailman-Server, indem wir folgende Zeile in `Mailman/mm_cfg.py` eintragen:

```
PUBLIC_ARCHIVE_URL = 'http://archives.example.net/archives/%(listname)s.
%(hostname)s'
```

In der Folge verweisen die URLs für öffentliche Archive im Webinterface für Mailman sowie in den von Mailman generierten E-Mails direkt auf den externen Archivserver. Wir haben damit nicht nur die Generierung der öffentlichen Archive, sondern auch den Zugriff darauf ausgelagert.

Kapitel 20

Externe Archivierer

Mailman bietet eine einfache Schnittstelle, um externe Archivierer einzubinden. Damit können Sie ein Programm vorgeben, das neu hereinkommende Postings anstelle des internen Archivierers Pipermail ins Archiv einpflegt.

Unabhängig von einem externen Archivierer speichert Mailman Postings weiterhin in der zur Mailingliste gehörenden MBOX (im Falle der Mailingliste `testliste` also in `archives/private/testliste.mbox/testliste.mbox`).

Einer der häufigsten Gründe für die Verwendung eines externen Archivierers ist der Wunsch nach Integration der Listenarchive in eine schon vorhandene Archiv-Struktur. Wenn Sie z. B. bereits Mailinglisten von anderen Mailinglistenservern mit einer gesonderten Software archivieren, spricht viel dafür, die Postings Ihrer mit Mailman betriebenen Mailinglisten direkt in dieses Archiv zu integrieren. Gegen Pipermail sprechen zudem folgende Gründe:

- Der Wiederaufbau von Archiven dauert vergleichsweise lange. Andere Archivierer sind um Faktoren schneller. Dies ist insbesondere dann relevant, wenn Sie ein Archiv nach der Löschung eines einzelnen Postings „mal eben“ neu aufbauen wollen.

- Der Wiederaufbau eines Archivs – wie auf Seite 120 beschrieben – kann bei großen Archiven problematisch werden: Pipermail braucht dafür virtuellen Speicher etwa in Größe der betroffenen MBOX. Dies kann ab einem Umfang von mehreren Hundert MByte zu einem Problem werden, wenn der Speicher für die anderen Prozesse nicht mehr ausreicht. Indem Sie das Archiv mittels der `arch`-Optionen `--start=`*`posting-nr.`* und `--end=`*`posting-nr.`* Schritt für Schritt in Teilen aufbauen, umgehen Sie diesen Umstand zwar, allerdings bremst dies die Performanz weiter ab.

- In der Vergangenheit hatte das Gespann Mailman/Pipermail immer wieder Probleme mit der korrekten Erkennung und Behandlung von Dateianhängen – insbesondere in Fällen, in denen es sich um ungewöhnliche Dateitypen handelte oder wo der Dateiname des Dateianhangs nicht vorgegeben war.

- Wenn man Mailman so konfiguriert, dass Dateianhänge in Archiven von der eigentlichen Nachricht abgetrennt werden, verwendet das Programm unnötigerweise absolute Links, um auf diese Dateien im Webarchiv zu verweisen. Dies wird dann problematisch, wenn man das Mailinglistenarchiv verschiebt oder die Policy der Mailingliste verändert: Die Links zeigen dann auf nicht mehr existierende Objekte.

- In der Vergangenheit hatte Pipermail immer wieder Probleme mit der Behandlung von Postings in ungewöhnlichen (aber genormten) Zeichensätzen. In solchen Fällen wurde die Nachricht nicht archiviert.

- Bei der Darstellung einzelner Postings bieten mit Pipermail erstellte Archive keine Möglichkeit, innerhalb eines Threads zu navigieren. Inbesondere die Frage „Gibt es zu diesem Posting eine Antwort?“ lässt sich so nur durch einen Blick auf die Indexseite einer Nachrichtensammlung beantworten.

Wenn man sich für einen anderen Archivierer entscheidet, gilt es zu beachten, dass er für *alle* Mailinglisten auf Ihrem Mailinglistenserver aktiv wird, sobald Sie Mailman neu starten.

20.1 Wahl des externen Archivierers

Wer sich seinen Archivierer nicht selbst stricken möchte, hat in erster Linie die Wahl zwischen Hypermail[1] und MHonArc.[2] Letzterer wird im Gegensatz

[1] `http://www.hypermail-project.org/`
[2] `http://www.mhonarc.org/`

zu Hypermail noch aktiv entwickelt. Für Mailman gibt es eine Reihe von Patches, die die Stärken von Pipermail mit denen von MHonArc verbinden.[3]

Das Patchen von Mailman bringt jedoch zwei gravierende Nachteile mit sich:

- Die Pflege Ihrer Mailman-Installation hinsichtlich Bugfixes oder Versionsupdates wird aufwendig, da Sie nicht einfach ein Update-Paket Ihres Distributors installieren können (dieses würde Ihre Änderungen einfach überschreiben). Sie müssen manuell dafür Sorge tragen, dass Sicherheitsupdates und andere Bugfixes (und davon gibt es einige) auf Ihrem System eingespielt werden.
- Die Patches für die Integration von MHonArc erweitern das Datenbankformat für die Listenkonfiguration um Attribute, die Sie bei einem Update auf eine ungepatchte Version verlieren (wenn dies überhaupt gelingt). Das dürfte inbesondere bei einer zukünftigen Migration von Mailman 2.1 auf die nächste Version zu einem Problem werden.

Aus diesem Grund empfiehlt es sich *nicht*, diese Patches anzuwenden.

20.2 Integration von Hypermail

Wenn Ihr Distributor kein aktuelles Hypermail-Paket für Ihr System zur Verfügung stellt, laden Sie die Software von der Projektseite[4] herunter und installieren Sie sie auf Ihrem System.

Stellen Sie zunächst mit folgendem Test sicher, dass Hypermail grundsätzlich funktioniert:

```
linux:~ # hypermail -m \
  /var/lib/mailman/archives/private/testliste.mbox/testliste.mbox \
  -d /tmp/testliste-hypermailed -l "Testarchiv" -L de
```

Die Option `-m` verlangt als Wert den Pfad zu einer MBOX. Passen Sie diesen im obigen Beispiel an Ihre Mailman-Installation an. Sie sollten zunächst eine MBOX wählen, die nicht allzu groß ist.

Wo `hypermail` das Archiv erstellen soll, legen Sie mit der Option `-d` fest. Das hier angegebene Verzeichnis nimmt neben den „HTMLisierten" Postings auch die entsprechenden Index-Dateien auf.

Der Option `-l` bestimmt den Titel für das Archiv, während `-L` die Sprache der von Hypermail generierten Texte spezifiziert, und zwar in Form einer Locale.

[3] `http://www.openinfo.co.uk/mm/patches/mhonarc/`

[4] `http://www.hypermail-project.org/`. Zur Zeit der Drucklegung war die Version 2.2.0 aktuell.

Schauen Sie sich das Ergebnis (in unserem Beispiel unter `file:///tmp/`*`testliste-hypermailed`*`/index.html` zu finden) am besten mit Hilfe eines lokal installierten Browsers auf dem Mailinglistenserver an, um einen ersten Eindruck eines mit den Standardeinstellungen erstellten Hypermail-Archivs zu bekommen.

Damit es keinen Bruch im Erscheinungsbild des Archivs Ihrer Mailingliste gibt, löschen Sie *vor* der Umstellung die von Pipermail generierten Dateien im Verzeichnis `archives/private/`*`testliste`*. Erst jetzt legen Sie den externen Archivierer über die Variablen `PUBLIC_EXTERNAL_ARCHIVER` und `PRIVATE_EXTERNAL_ARCHIVER` für öffentliche bzw. private Archive getrennt fest. Fügen Sie dazu die folgenden zwei Zeilen in der Datei `Mailman/mm_cfg.py` ein:[5]

```
PUBLIC_EXTERNAL_ARCHIVER = '/usr/bin/hypermail -i -u -1 -g
 -d /var/lib/mailman/archives/private/%(listname)s
 -l "%(listname)s at %(hostname)s"'

PRIVATE_EXTERNAL_ARCHIVER = '/usr/bin/hypermail -i -u -1 -g
 -d /var/lib/mailman/archives/private/%(listname)s
 -l "%(listname)s at %(hostname)s"'
```

Im obigen Fall unterscheiden sich die Archivierer für öffentliche und private Archive nicht. Alternativ können Sie auch nur einen der beiden Archivierer umdefinieren. Für den jeweils anderen wird dann weiterhin Pipermail verwendet.

Passen Sie die Pfade zum Programm (im obigen Fall `/usr/bin/hypermail`) und zu den Archiven (`/var/lib/mailman/archives/private`) an Ihre Installation an. Indem Sie den Archivpfad dort belassen, wo er sich bei der Standardarchivierung befindet, stellen Sie sicher, dass die von Mailman verwendeten Links im Webinterface für Admin und User weiterhin greifen und Mailman den Zugriff auf private Archive weiter steuern kann. Der Zugriff auf öffentliche Archive gewährleistet nach wie vor ein von Mailman kontrollierter Link.

Anders als beim ersten Test auf Seite 251 fehlt hier die Option `-m`. An ihre Stelle treten die Optionen `-i` und `-u`. Damit hat es folgende Bewandtnis: Mailman übergibt das zu archivierende Posting über die Standardeingabe direkt an den oben definierten Archivierer. Die Option `-i` bringt Hypermail dazu, nicht nach voreingestellten MBOXen zu suchen, sondern von STDIN zu lesen. Mit `-u` frischt das Programm die Index-Dateien auf.

Die Optionen `-1` und `-g` beschleunigen die Verarbeitung. `-1` signalisiert Hypermail, dass es sich nur um ein Posting handelt (die Eingabe muss also nicht erst in mehrere Postings zerlegt werden), während `-g` dafür sorgt, dass

[5] Dabei *muss* jede Variable auf einer Zeile definiert werden; sie sind hier nur aus Layoutgründen auf mehrere Zeilen umbrochen.

sich der Archivierer die Header der Postings in einer GDBM-Datenbank merkt, um Referenzen zwischen Postings schneller auflösen zu können.

Die Zeichenfolgen `%(listname)s` und `%(hostname)s` ersetzt Mailman wie in Plaintext-Templates durch den internen Listennamen bzw. die zugehörige Domäne.

Abbildung 20.1 zeigt ein einzelnes Posting, das mit obigen Optionen archiviert wurde.

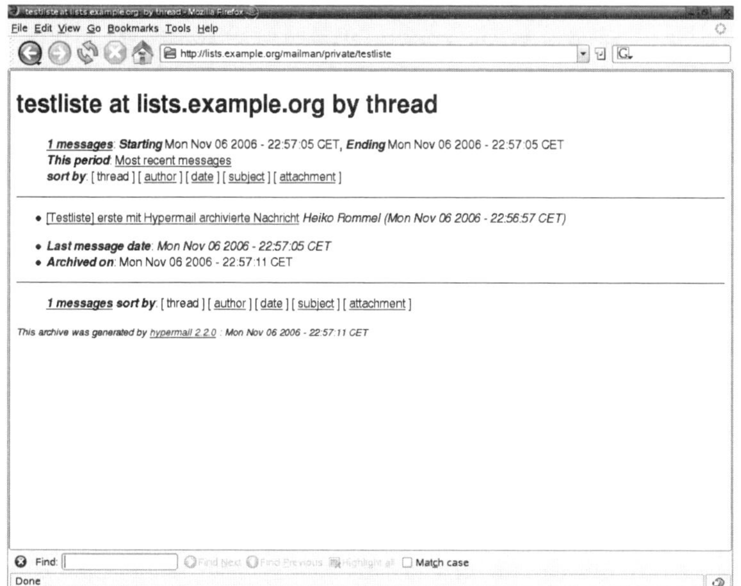

Abbildung 20.1: Das erste mit Hypermail archivierte Posting

20.2.1 Auslesen Listen-spezifischer Archiv-Optionen

An Abbildung 20.1 fällt das Fehlen einer Archivübersicht auf sowie der Umstand, dass das Archiv in englischer Sprache erstellt wurde. Mailman übergibt Hypermail aus der Mailinglistenkonfiguration weder die Zeit, nach deren Ablauf er neue Nachrichtensammlungen anfängt, noch die Sprache, in der das Archiv präsentiert werden soll. `listname` und `hostname` sind die einzigen Variablen, die Mailman in der Konfiguration externer Archivierer ersetzen kann. Es scheint so, dass dieser Teil von Mailman schlichtweg nicht zu Ende programmiert wurde.

Sie können diesen Misstand grundsätzlich auf zwei Arten beheben: Sie erweitern das entsprechende Modul `Mailman/Archiver/Archiver.py` um die fehlenden Variablen oder Sie extrahieren die fehlenden Variablen zum Zeitpunkt der Archivierung selbst mit Hilfe eines externen Skripts.

Der erste Weg ist unter dem Gesichtpunkt der Wartbarkeit nicht sinnvoll, denn Ihre Änderungen gingen bei einem Update des Mailman-Pakets (z. B. im Zuge eines Sicherheitsupdates) verloren. Lassen Sie uns deshalb den zweiten Weg beschreiten.

Die Definition der entsprechenden Variablen gewinnt man mit Hilfe des Programms `config_list` und des Standard-Tools `grep` folgendermaßen (hier am Beispiel der Mailingliste `testliste`):

```
linux:~ #  config_list -o - testliste | \
   grep -E "^(archive_volume_frequency|preferred_language)"
preferred_language = 'de'
archive_volume_frequency = 3
```

Entfernen wir aus dieser Ausgabe die Leerzeichen, entspricht die Syntax einer Variablenzuweisung in der Bash. Den Wert von `preferred_language` können wir für die meisten Sprachen so, wie er ist, mit Hilfe der Option `-L` an Hypermail weitergeben.

Die Zahl aus `archive_volume_frequency` müssen wir zunächst in geeignete Optionen für Hypermail übersetzen. Über die Option `-o folder_by_date=`*`datumsmuster`* weisen Sie Hypermail an, Nachrichten gemäß dem Muster *`datumsmuster`* in Ordner einzusortieren: Damit verrät man dem Kommando `date`, wie es das Datum des Postings angeben soll. Beispielsweise erzeugt `date` mit dem Muster `%Y-%W` in der 45. Kalenderwoche des Jahres 2006 die Ausgabe `2006-45`. Die verfügbaren Optionen lesen Sie in der Manpage zu `date` nach.

Leider kann Hypermail nur im Fall von jährlicher oder monatlicher Archivierung eine Indexseite für die erzeugten Ordner/Nachrichtensammlungen erstellen. Da die Konfiguration der Mailingliste auch die tägliche oder wöchentliche Archivierung anbietet, konfigurieren Sie entweder Ihren Webserver so, dass er automatisch einen Index erstellt, wenn keine Index-Datei vorliegt (dieser ist dann zwar nicht schön anzusehen, aber funktional), oder erstellen selber eine Index-Datei. Es reicht aus, diese einmal täglich zu erzeugen, denn in geringeren Abständen wird wohl niemand neue Nachrichtensammlungen anfangen. Der zweite Weg bietet die Möglichkeit, eigene Logos oder Suchmasken einzubauen.

Das eigentliche Archivierer-Skript, das Hypermail aufruft, legen wir in der Datei `/usr/local/bin/hypermail_archiver.sh` ab. Ihm übergeben wir als erstes Argument den Namen der Mailingliste und als zweites den Namen der Domäne. Die zugehörigen Definitionen der externen Archivierer in `Mailman/mm_cfg.py` ändern wir deshalb auf:

```
PUBLIC_EXTERNAL_ARCHIVER = '/usr/local/bin/hypermail_archiver.sh
                 "%(listname)s" "%(hostname)s"'
PRIVATE_EXTERNAL_ARCHIVER = '/usr/local/bin/hypermail_archiver.sh
                 "%(listname)s" "%(hostname)s"'
```

Das externe Archivierer-Skript könnte nun folgendermaßen aussehen:

```
#!/bin/bash

LIST="$1"
HOSTNAME="$2"
if [ -z "$LIST" -o -z "$HOSTNAME" ]; then exit 1; fi

VAR="/var/lib/mailman"
USR="/usr/lib/mailman"
DIRMODE=2775
FILEMODE=0664

ARCHIVES="$VAR/archives/private"
LISTCONF="$VAR/lists/$LIST/config.pck"
HYPERMAILCONF="$VAR/lists/$LIST/hypermail.conf"

if [ ! -r "$LISTCONF" -o ! -d "$ARCHIVES/$LIST" ]; then exit 2; fi

if [ "$LISTCONF" -nt "$HYPERMAILCONF" ]; then
   $USR/bin/config_list -o - $LIST |
   grep -E "^(archive_volume_frequency|preferred_language)" |
   sed 's/ //g' > "$HYPERMAILCONF"
fi

. "$HYPERMAILCONF" || exit 2

case "$preferred_language" in
   de|en|es|fi|fr|el|gr|is|no|pl|pt|ru|sv)
   language="$preferred_language" ;;
   # andere Sprachen unterstützt Hypermail nicht
   *) language="en" ;;
esac

case "$archive_volume_frequency" in
   0) folder_by_date="%Y" ;;
   1) folder_by_date="%Y-%m" ;;
   3) folder_by_date="%Y-%W" ;;
   4) folder_by_date="%F" ;;
   # Hypermail/date bietet keine Möglichkeit, "vierteljährlich"
   # auszudrücken
   *) folder_by_date="%Y-%m" ;;
esac

hypermail -i -u -1 -g -M \
   -L "$language" -l "$LIST at $HOSTNAME" \
   -d "$ARCHIVES/$LIST/" \
   -o folder_by_date="$folder_by_date" \
   -o dirmode=$DIRMODE -o filemode=$FILEMODE
```

Über die Variablen VAR und USR passen wir das Skript an die eigene Mailman-Installation an. Das Beispiel verwendet die Pfade auf einer SUSE-Distribution. Bei einer Installation aus einem Source-Tarball setzen Sie VAR und USR typischerweise beide auf /usr/local/bin.

In den Variablen DIRMODE und FILEMODE legen wir die Zugriffsrechte der von Hypermail erstellten Verzeichnisse und Dateien fest. Die abgebildeten Werte spiegeln exakt die von Pipermail verwendeten Werte wider.

Die Variable ARCHIVES nimmt den absoluten Pfad zu den Archiven auf. In LISTCONF speichern wir den absoluten Pfad zur Mailinglistenkonfiguration. Dieser lässt sich aus der Variablen VAR und dem Namen der Mailingliste LIST ableiten.

Die Variable HYPERMAILCONF enthält den absoluten Pfad zur Konfigurationsdatei, welche die aus der Mailinglistenkonfiguration extrahierten Parameter aufnehmen soll. Da wir die Archivierungsoptionen aus der Listenkonfiguration nur einmal zu Beginn und nach Änderungen aufwendig extrahieren müssen, überprüfen wir gezielt, ob sich die Mailinglistenkonfiguration verändert hat:

```
if [ "$LISTCONF" -nt "$HYPERMAILCONF" ]; then
  ...
fi
```

Die hypermail-Optionen -o dirmode=*zugriffsrechte* und -o filemode=*zugriffsrechte* stellen sicher, dass die Archiv-Verzeichnisse und -dateien die gewünschten Zugriffsrechte erhalten.

Das vorgestellte Skript erlaubt es, einzelne Postings gemäß den im Webinterface vorgenommenen Einstellungen zu archivieren.

20.2.2 Neubau eines Archivs

Um das Archiv mit Hypermail neu aufzubauen, bilden wir die Funktionsweise des für Pipermail entworfenen Programms arch (Seite 120) nach. Glücklicherweise können wir einen Großteil des Skripts hypermail_archiver.sh aus dem vorangegangenen Kapitel weiter verwenden.

Wir müssen lediglich die Optionen -i -u -1, die, wie auf Seite 252 erläutert, der Erweiterung eines Archivs um ein einzelnes Posting dienen, durch

```
-m $ARCHIVES/$LIST.mbox/$LIST.mbox
```

ersetzen und ein paar Zeilen einfügen, die das Zielverzeichnis vorher aufräumen.

Ein oft verwendeter Trick, um ein Skript in unterschiedlichen Funktionen aufzurufen, ohne dabei neue Kommdozeilenoptionen einzuführen, besteht darin, den letzten Pfadbestandteil (also den Programmnamen) zu ermitteln, mit dem das Skript aufgerufen wurde. Im Skript selber führen Sie dann eine einfache (und übersichtliche) Fallunterscheidung nach Programmnamen durch.

Geben wir dem Programm daher den neuen Namen `hypermail_archive_rebuild.sh`, indem wir es entsprechend verlinken:

```
linux:~ # ln -sf hypermail_archiver.sh \
   /usr/local/bin/hypermail_archive_rebuild.sh
```

Außerdem ersetzen wir den kompletten Aufruf des Hypermail-Programms `hypermail -i -u -1 ...` aus `hypermail_archiver.sh` durch folgende Zeilen:

```
PROGNAME=${0##*/}
case "$PROGNAME" in
   hypermail_archiver.sh)
      hypermail -i -u -1 -g -M \
                -L "$language" -l "$LIST at $HOSTNAME" \
                -d "$ARCHIVES/$LIST/" \
                -o folder_by_date="$folder_by_date" \
                -o dirmode=$DIRMODE -o filemode=$FILEMODE
      ;;

   hypermail_archive_rebuild.sh)
      rm -rf "$ARCHIVES/$LIST"
      install -d "$ARCHIVES/$LIST" -m $DIRMODE -g mailman
      hypermail -m $ARCHIVES/$LIST.mbox/$LIST.mbox -g -M \
                -L "$language" -l "$LIST at $HOSTNAME" \
                -d "$ARCHIVES/$LIST/" \
                -o folder_by_date="$folder_by_date" \
                -o dirmode=$DIRMODE -o filemode=$FILEMODE
      chmod $FILEMODE "$ARCHIVES/$LIST/.hm2index"
      ;;

   *) exit 1 ;;
esac
```

Aufgerufen als `hypermail_archiver.sh` funktioniert unser Skript wie zuvor, aufgerufen als `hypermail_archive_rebuild.sh` baut es das Archiv neu auf.

Den Programmnamen ermittelten wir hier mit dem Bash-Idiom `${0##*/}`, welches aus dem Aufrufnamen des Skripts (`$0`) alle Zeichen vor dem letzten Vorkommen von / entfernt.

Der Neuaufbau eines Archivs mit `hypermail_archive_rebuild.sh` geht erheblich schneller als mit Pipermail (siehe dazu auch Seite 262). Allerdings hat unser Skript das gleiche Problem wie der Mailman-interne Archivierer: Während des Neuaufbaus benötigt es Arbeitsspeicher in etwa in der Größe des Archivs.

Diese Anforderung lässt sich umgehen, indem Sie die MBOX mit dem Programm `formail` in Blöcke zerlegen, die Sie einzeln an Hypermail übergeben. Nehmen wir beispielsweise die Mailbox `/var/spool/mail/tux`. Mit

```
user@linux:~$ cat /var/spool/mail/tux | formail +1000 -5 -s
```

überspringen Sie die ersten 1000 Nachrichten und geben die nächsten fünf auf der Standardausgabe aus.

Machen Sie sich diese Funktionalität zu Nutze, indem Sie den Hypermail-Aufruf `hypermail -m $ARCHIVES/$LIST.mbox/$LIST.mbox ...` im Skript `hypermail_archiver.sh` durch folgende Zeilen ersetzen. Das `case`-Konstrukt sieht danach folgendermaßen aus:

```
case "$PROGNAME" in
   hypermail_archiver.sh)
      hypermail -i -u -1 -g -M \
                -L "$language" -l "$LIST at $HOSTNAME" \
                -d "$ARCHIVES/$LIST/" \
                -o folder_by_date="$folder_by_date" \
                -o dirmode=$DIRMODE -o filemode=$FILEMODE
      ;;

   hypermail_archive_rebuild.sh)
      rm -rf "$ARCHIVES/$LIST"
      install -d "$ARCHIVES/$LIST" -m $DIRMODE -g mailman

      ATONCE=10000
      MBOX="$ARCHIVES/$LIST.mbox/$LIST.mbox"
      num=$(grepmail -r . $MBOX | cut -d ':' -f 2)
      n=0
      while [ $n -lt $num ]
      do
         cat "$MBOX" | formail +$n -$ATONCE -s |
         hypermail -m $MBOX -u -M -g -L "$language" \
                   -l "$LIST at $HOSTNAME" \
                   -d "$ARCHIVES/$LIST/" \
                   -o folder_by_date="$folder_by_date" \
                   -o dirmode=$DIRMODE -o filemode=$FILEMODE
         n=$[ $n + $ATONCE ]
      done

      chmod $FILEMODE "$ARCHIVES/$LIST/.hm2index"
      ;;

   *) exit 1 ;;
esac
```

Über den Parameter `ATONCE` legen Sie fest, wieviele Postings Hypermail maximal in einem Durchlauf bearbeiten soll. Der optimale Wert hängt von der

Menge an verfügbarem Arbeitsspeicher und der durchschnittlichen Posting-Größe ab. Solange Sie genügend RAM haben, wählen Sie besser größere Werte.[6]

Die Gesamtzahl der zu bearbeitenden Postings ermitteln wir per `grepmail`. In der Variablen `num` gespeichert, verwenden wir sie für den Vergleich mit der Schleifenvariablen `n`.[7]

Bis auf die Option `-u` ändert sich beim Hypermail-Aufruf nichts. Diese Option benötigen wir jetzt, da die Index-Dateien bereits beim Abarbeiten des ersten Blocks entstehen und nicht ersetzt werden sollen.

20.2.3 Erstellung der Indexseite für die Nachrichtensammlungen

Die im externen Archivierer-Skript verwendeten Hypermail-Aufrufe legen mit Absicht keine Indexseiten für die einzelnen Nachrichtensammlungen eines Archivs an. Hypermail ist in dieser Hinsicht leider sehr unflexibel und erlaubt nur das Erzeugen von Monatsübersichten. Erstellen Sie die Indexseiten selbst, indem Sie die nach Autor, Betreff, Datum und Threads sortierten Index-Dateien der Nachrichtensammlungen verlinken. Das nachfolgende Skript tut dies für alle Mailinglisten, die Sie als Argumente angeben:

```
#!/bin/bash

ARCHIVES="/var/lib/mailman/archives/private"

LIST="$1"
if [ -z "$LIST" ]; then exit 1; fi
cd $ARCHIVES/$LIST || exit 1

(
cat <<EOF
<!DOCTYPE HTML PUBLIC "-//W3C//DTD HTML 3.2//DE">
<HTML>
<HEAD> <title>Archiv von $LIST</title> </HEAD>
<BODY>
<H1>Archiv von $LIST</H1>
<TABLE BORDER=3>
<TR> <TH>Archiv</TH><TH>Sortiert nach:</TH> </TR>
EOF

for entry in $(ls -1) # alphabetische Liste
do
```

6 Der Wert von 10000 sorgte im Falle einer Diskussionsliste für Entwickler für einen Speicherbedarf von ca. 78 MB.

7 Alternativ können Sie auch jeden einzelnen Block jeweils in eine temporäre Datei speichern und solange bearbeiten, bis er auf Null geschrumpft ist.

```
    if [ ! -r $entry/index.html ]; then continue; fi
    dir=${entry##*/} # offensichtlich ein Verzeichnis

    cat <<EOF
<TR> <TD>$dir</TD> <TD>
EOF
    cat <<EOF
<A HREF="$dir/attachment.html">[Anhang]</A>
EOF
    cat <<EOF
<A HREF="$dir/author.html">[Autor]</A>
EOF
    cat <<EOF
<A HREF="$dir/date.html">[Datum]</A>
EOF
    cat <<EOF
<A HREF="$dir/index.html">[Diskussionsfaden]</A>
EOF
    cat <<EOF
<A HREF="$dir/subject.html">[Betreff]</A>
</TD></TR>
EOF
done

cat <<EOF
</TABLE> </BODY> </HTML>
EOF
) > index.html
```

Passen Sie die Variable `ARCHIVES` im obigen Skript an den Pfad zu den Mailman-Archiven in Ihrer Installation an, und speichern Sie die Datei etwa als `/usr/local/bin/hypermail_index.sh`. Abbildung 20.2 zeigt einen damit erstellten Index.

Um jede Mailingliste mit einer solchen Seite auszustatten, ermitteln Sie die Namen aller Mailinglisten mit dem Kommando `list_lists -b` und übergeben diese an das obige Skript. Im Fall der Bash sieht das z. B. so aus:

```
linux:~ # for list in $(list_lists -b);
          do hypermail_index.sh $list; done
```

Dies sollten Sie einmal täglich tun, am besten per Eintrag in der Crontab Ihres Mailman-Users. Achten Sie darauf, dass die Pfade zu den beiden beteiligten Programmen `hypermail_index.sh` und `list_lists` im Suchpfad der Cron-Umgebung enthalten sind oder geben Sie alternativ jeweils den kompletten Pfad an.

Das Skript ist weit davon entfernt, vollständig oder vollkommen korrekt zu sein. So berücksicht es weder die eingestellte Sprache der Mailingliste noch erwähnt es den Hostname der Mailingliste (besonders interessant bei virtuellen Domänen). Sehen Sie es daher eher als Arbeitsbasis für zukünftige Projekte an.

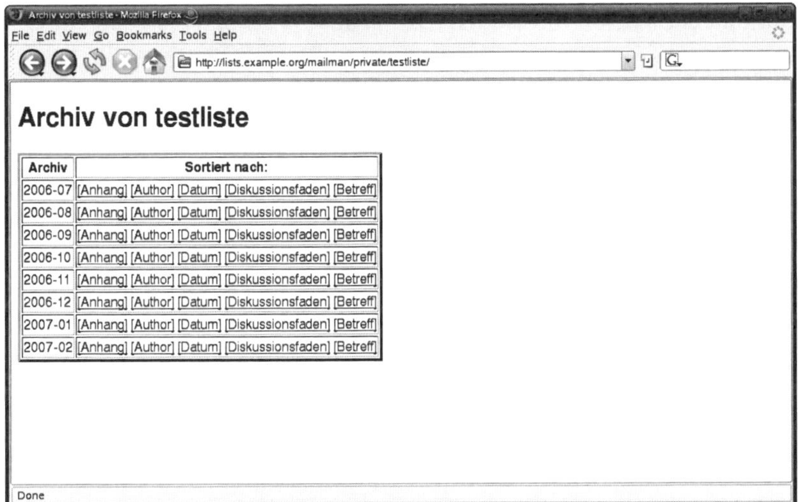

Abbildung 20.2: Ein von `hypermail_index.sh` erstellter Index über alle Nachrichtensammlungen der Mailingliste `testliste`

Damit das externe Archivierungsskript beim Wiederaufbau eines Archivs auch die Indexseite neu erstellt, ergänzen Sie es um den Aufruf

```
/usr/local/bin/hypermail_index.sh $LIST
```

im `case`-Block für `hypermail_archive_rebuild.sh`.

20.2.4 Fehlersuche

Wenn es beim Aufruf des externen Archivierers zu Fehlern kommt, sehen Sie im Mailman-Fehlerlog `logs/errors` nur den Rückgabewert, der in diesem Fall ungleich 0 ist:

```
Nov 04 19:25:14 2006 (19100) external archiver non-zero exit status: 255
```

Der hier gezeigte Exit-Status 255 kommt daher, dass der externe Archivierer die Nachricht nicht entgegengenommen hat und das Betriebssystem somit das Signal `SIGPIPE` an Mailman sendet.

Um dem eigentlichen Fehler auf die Schliche zu kommen, hilft es, wenn der externe Archivierer verschiedene Rückgabewerte für verschiedene Arten von Fehler benutzt. Im Fall von `hypermail_archiver.sh` benutzen wir den Rückgabewert 1 für Fehler beim Skriptaufruf und 2 für Probleme beim

Lesen der Listenkonfiguration. Alle weiteren Rückgabewerte stammen vom jeweils letzten Hypermail-Aufruf innerhalb des Skripts.

Zusätzlich können Sie eine eigene Logdatei im externen Archivierer definieren und alle Fehler in diese Datei ausgeben. Bedenken Sie dabei, dass der externe Archivierer mit der Mailman-ID ausgeführt wird und die Logdatei deshalb für diese ID schreibbar sein muss.

Lässt sich die Ursache des Fehlers nicht festmachen, hilft es unter Umständen, die Programme, die Sie im dem externen Archivierer-Skript ausführen, mit dem Kommando `strace` aufzurufen und die dabei anfallenden Ausgaben in eine jeweils neue Datei umzulenken. Dadurch protokollieren Sie alle Signale und sämtliche Systemaufrufe des Programms.

Vermuten Sie beispielsweise, dass der Fehler während eines Hypermail-Laufs auftritt, ersetzen Sie den verdächtigen `hypermail`-Aufruf durch folgenden Befehl:

```
strace -o /tmp/hypermail.strace.$$ hypermail
```

Den Ausdruck `$$` ersetzt die Bash durch die aktuelle Prozess-ID. Die Logdatei `/tmp/hypermail.strace.$$` protokolliert nach dem eigentlichen Hypermail-Aufruf

```
execve("/usr/bin/hypermail", ["hypermail", "-1", "-u", "-M",
"-g", "-L", "de", "-l ", "testliste at lists.example.org",
"-d", "/var/lib/mailman/archives/privat"...,
"-o", "folder_by_date=%Y-%W", "-o", ...], [/* 70 vars */]) = 0
```

weitere Zeilen, die beispielsweise auf Probleme mit den Zugriffsrechten von Verzeichnisse hinweisen.

20.3 Performanzanalyse

Um den Geschwindigkeitsunterschied zwischen Pipermail und Hypermail zu demonstrieren und den Effekt der Aufsplittung einer großen Mailbox in kleinere Teile zu veranschaulichen, habe ich Laufzeit und Speicherbedarf für den Archivwiederaufbau bzw. das Einsortieren einzelner Postings in die Archive dreier unterschiedlich großer Mailboxen (siehe Tabelle 20.1) vermessen.

Als Mailman-Server kam ein Rechner mit Intel-Pentium-4-Mobile-CPU (1,9 GHz), 512 MB RAM (DDR PC2100) und einer 30 GB IDE-Festplatte zum Einsatz.

Sofern nicht anders angegeben soll am ersten jedes Monats jeweils eine neue Nachrichtensammlung in deutscher Sprache erzeugt und die Dateianhänge abgetrennt werden.

Name	Größe (MB)	Enthaltene Postings
Mailbox 1	74	7555
Mailbox 2	103	23757
Mailbox 3	254	65272

Tabelle 20.1: Die Eckdaten der Test-Mailboxen

20.3.1 Wiederaufbau

Die mit „Hypermail 1" überschriebene Spalte in Tabelle 20.2 gibt die Werte wieder, die mit `hypermail_archive_rebuild.sh` ohne Aufteilung der Mailboxen ermittelt wurden. Mailbox 3 ließ sich so nicht archivieren, da schon nach ein paar Minuten 441 MB Speicher benötigt wurden und das System die meiste Zeit mit Ein- bzw. Auslagern von Speicher beschäftigt war. Der Lauf wurde nach 30 Minuten abgebrochen.

	Hypermail 1	Hypermail 2	Pipermail	Speedup
Mailbox 1	59 s/84 MB	61 s/84 MB	597 s/47 MB	9.8x
Mailbox 2	140 s/154 MB	206 s/78 MB	970 s/117 MB	4.7x
Mailbox 3	?/?	1144 s/115 MB	3828 s/220 MB	3.3x

Tabelle 20.2: Laufzeit und Speicherbedarf von Pipermail und Hypermail beim Wiederaufbau eines Archivs

Die Spalte „Hypermail 2" zeigt den Ressourcenverbrauch mit `hypermail_archive_rebuild.sh`, wenn die Mailboxen in Teile zu maximal 10000 Postings aufgeteilt wurden. Der Wert von 206 Sekunden für das Archivieren von Mailbox 2 zeigt die Mehrarbeit, die durch das Aufteilen der Mailboxen entsteht: Der Vorgang dauerte hier 47 Prozent länger.

Welchen Geschwindigkeitsunterschied es zwischen dem Hypermail-Lauf mit Mailbox-Teilblöcken und Pipermail gibt, verrät die Spalte „Speedup". Bedingt durch den Mehraufwand beim Aufteilen der Mailboxen nähern sich die Geschwindigkeitsunterschiede von 9.8-fach bei kleineren Mailboxen auf 3,3-fach bei größeren Mailboxen an.

Der Umstand, dass Hypermail trotz Aufteilen der Mailboxen maximal 30 Prozent der Zeit von Pipermail braucht (und das bei halbem Speicherbedarf), spricht eine klare Sprache.

20.3.2 Posting für Posting

Um eine Aussage darüber zu treffen, wie lange Pipermail und Hypermail zur Einsortierung eines neuen Postings in ein bestehendes Archiv brauchen, kam Mailbox 1 mit unterschiedlichen Einstellungen für den von einer Nachrichtensammlungen abgedeckten Zeitraum zum Einsatz und wurde Posting für Posting archiviert. Die dabei ermittelte Gesamtlaufzeit gibt Tabelle 20.3 wieder.

Tabelle 20.3: Gesamtlaufzeit bei der Archivierung Posting für Posting

Zeitraum	Hypermail	Pipermail	Hypermail/Pipermail
wöchentlich	24876 s	6377 s	3,9x
monatlich	19495 s	6679 s	2,9x
jährlich	16843 s	25260 s	0,66x

Wesentlich interessanter sind jedoch die Zeiten, die beide Archivierer mit zunehmender Population für die Archivierung eines einzelnen Postings benötigen.

Diese fasst Tabelle 20.4 für wöchentlich, Tabelle 20.5 für monatliche und Tabelle 20.6 für jährliche Archivierung zusammen.

Tabelle 20.4: Durchschnittliche Archivierungsdauer bei wöchentlicher Archivierung

Postings im Archiv	Hypermail	Pipermail	Hypermail/Pipermail
10	0,1 s	0,5 s	0,2x
100	0,1 s	0,53 s	0,19x
1000	0,78 s	0,7 s	1,11x
7500	7,4 s	1,11 s	6,66x

Tabelle 20.5: Durchschnittliche Archivierungsdauer bei monatlicher Archivierung

Postings im Archiv	Hypermail	Pipermail	Hypermail/Pipermail
10	0,1 s	0,5 s	0,2x
100	0,1 s	0,65 s	0,15x
1000	0,62 s	0,95 s	0,65x
7500	5,3 s	0,8 s	6,6x

Tabelle 20.6: Durchschnittliche Archivierungsdauer bei jährlicher Archivierung

Postings im Archiv	Hypermail	Pipermail	Hypermail/Pipermail
10	0,1 s	0,5 s	0,2x
100	0,08 s	0,63 s	0,13x
1000	0,6 s	0,46 s	1,3x
7500	4,8 s	1,92 s	2,5x

Eine Tendenz lässt sich daraus klar ablesen: Hypermail wird mit zunehmender Archivgröße unabhängig vom Archivierungsinterval überproportional langsam. Dabei kommen große Archivierungsintervalle Hypermail entgegen (7,4 Sekunden bei wöchentlicher Archivierung im Vergleich zu 4,8 Sekunden bei jährlicher Archivierung einer Mailbox mit 7500 Postings). Ursache dieses Laufzeitverhaltens ist der Umstand, das Hypermail beim Einsortieren eines Postings das Threading neu berechnet und die Verweise in den einzelnen Nachrichten entsprechend anpasst (Hypermail-Archive erlauben die Navigation in Threads, ohne die Übersichtsseite bemühen zu müssen). Des Weiteren pflegt Hypermail außer den Indexseiten für jeden Ordner globale Indexseiten, die *alle* Postings eines Archivs erfassen.

Im Gegensatz dazu beschränkt sich Pipermail auf die Pflege der Index-Dateien in jedem Ordner und setzt in den einzelnen Postings keine Verweise auf andere Postings aus einem Thread. Das Resultat sind relativ gut kalkulierbare Laufzeiten (die Spanne reichte in diesem Fall von 0,5 bis 2 Sekunden) mit der Tendenz, in vollen Ordnern langsamer zu werden.

Insgesamt lässt sich schlussfolgern, dass Hypermail bei kleinen Archiven sehr rasch arbeitet und bei großen Archiven schnell abbaut.

Hypermails Performanzproblem umgehen

Ob derart lange Laufzeiten für die Einsortierung eines einzelnen Postings in Ihrem Fall noch vertretbar sind, hängt zuallererst von der Last auf Ihrem Mailinglistenserver ab. Bedenken Sie jedoch, dass selbst wenn die Archivierung einer Nachricht durchschnittlich eine Minute in Anspruch nimmt, im Laufe eines Tages immer noch 1440 Postings verarbeitet werden können.

Da das Verhalten von Hypermail bei einem Neuaufbau des Archivs in krassem Gegensatz zum Einsortieren von einzelnen Postings steht, können Sie auch dazu übergehen, das Archiv regelmäßig aus der Mailbox neu zu generieren, indem Sie einen Cronjob definieren, der z. B. wöchentlich zu einer Zeit, in der Ihr Mailinglistenserver kaum Last hat, das Archiv neu erstellt.

Da Sie die Postings in diesem Fall nicht einzeln archivieren wollen, definieren Sie einen Dummy-Archivierer, der das einzusortierende Posting entgegennimmt und verwirft:

```
PUBLIC_EXTERNAL_ARCHIVER = '/bin/cat > /dev/null'
PRIVATE_EXTERNAL_ARCHIVER = '/bin/cat > /dev/null'
```

Das klingt im ersten Augenblick vielleicht merkwürdig, aber machen Sie sich klar, dass Hypermail für das Einsortieren eines einzigen Postings u. U. einige Sekunden brauchen kann, für das vollständige Neuerstellen des gleichen Archivs aber nur eine Minute benötigt!

Anhang

A

Anhang

Das Mailman-Projekt

Mitte der 90er war insbesondere ein Mailinglistenmanager weit verbreitet: Majordomo. Abgesehen vom archaisch anmutenden Benutzerinterface hinderte dessen unübersichtlicher Perl-Code viele Admins daran, ihren Mailinglistenserver an eigene Bedürfnisse anzupassen. Darüber hinaus wies Majordomo erhebliche Performanzschwächen beim Betrieb großer Mailinglisten auf.

Mitte 1996 schrieb Hal Schneider deshalb für eigene Zwecke einen Mailinglistenmanager in Python, fand aber bald keine Zeit mehr, das Projekt fortzuführen. Glücklicherweise war einer seiner Freunde, John Viega, so begeistert von Hals Ansätzen und der Effizienz von Python, dass er das Projekt weiterführte. John betrieb Mitte 1996 einige Mailinglisten für Musikgruppen und hatte sich gerade die Domäne `lists.org` gesichert. Im November 1996 wurde der Leidensdruck durch Majordomo so groß, dass John sich entschloss, Hal Schneiders rudimentären Code zu verwenden und weiterzuentwickeln.

John Viega veröffentlichte seine Version als Mailman 0.91 im Dezember 1996 unter einer sehr einfachen, Open-Source-ähnlichen Lizenz. Obwohl John ursprünglich kein Interesse daran hatte, einen Mailinglistenmanager zu schreiben, folgte ein halbes Jahr schubweiser Weiterentwicklung.

Bei einem Festplattencrash auf dem Server `lists.org` im Sommer 1997 ging unglücklicherweise ein großer Teil der Neuerungen verloren. John verlor daraufhin zunächst das Interesse, das Projekt weiterzuführen. Einige Wochen später kontaktierte ihn Ken Manheimer, der den Mailman-Code im Internet gefunden und ausprobiert hatte. Seine Frage, ob John Viega eine neuere Version habe, beantwortete John mit der Bitte, ihm die gefundene Version zuzusenden. Nach Rücksprache mit John rekonstruierte Ken Manheimer das Projekt aus den noch erhaltenen Bruchstücken, was ihm den Titel *Savior of Mailman* (Retter von Mailman) eintrug.

Ken Manheimer und Barry Warsaw betrieben zu dieser Zeit die Python-Projektseite `python.org` mit Majordomo und hatten die gleichen Probleme wie John Viega. Ein auf Python basierender Mailinglistenmanager kam deshalb gerade recht. Zusammen führten sie die Entwicklung von Mailman weiter.

Python war zu dieser Zeit gering verbreitet und der Zuspruch aus der Open-Source-Gemeinde dementsprechend gering. Erst als Mailman im Jahre 1997 offiziell zu einer GNU-Software wurde und man sich auf die GPL als Lizenz geeinigt hatte, kam das Projekt langsam in Fahrt. Die erste gemeinsame Version wurde im April 1998 unter der Versionsnummer 1.0 beta1 veröffentlicht.

Entgegen der ausdrücklichen Empfehlung von Andrew Kuchling, dem Pipermail-Autor, entschied man sich gegen die Verwendung eines externen Archivierers und integrierte Pipermail in Mailman, da man von Beginn an eine Komplettlösung schaffen wollte und deshalb über die potentiellen Probleme einer derartigen Integration hinweg sah.

Mit der Einbindung einer Listinfo-Seite, zuverlässigen Log-Mechanismen und der Verwendung einer eigenen Konfigurationsdatei (`mm_cfg.py`) war nur wenige Wochen später die Zeit reif für Version 1.0 beta2, in der man den heutigen Mailman bereits erkennen kann.

A.1 Mailman in Zahlen

Die älteste, heute noch verfügbare Version 1.0 erschien im Juli 1999. Wie schnell und in welchem Umfang sich Mailman seitdem entwickelt hat, lässt sich aus Abbildung A.1 an der Anzahl von Textzeilen im Quellcode ablesen.

Die Version 1 hatte immerhin ein gutes Jahr Bestand, bis sie im November 2000 durch Mailman 2.0 abgelöst wurde. Im Vergleich zur späteren Entwicklung war der Unterschied – was den Umfang des Projekts betrifft – zwischen diesen beiden Versionen recht klein.

Die Version 2.0 wurde erst nach zwei Jahren zum Jahresende 2002 durch Version 2.1 abgelöst. Die massive Erweiterung des Umfangs lässt sich u. a. auch auf die Internationalisierung und die damit verbundenen neuen Templates erklären.

Version 2.1 gibt es nun seit gut vier Jahren; sie hat seitdem – neben der Unterstützung weiterer Sprachen – etliche Optimierungen sowie sicherheitsrelevante Updates erfahren. Der nächste größere Sprung auf Version 3.0 ist nicht vor Ende 2007 zu erwarten.

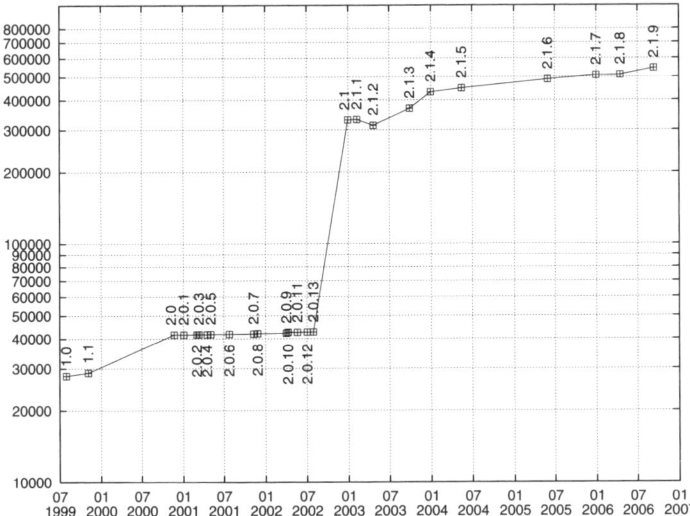

Abbildung A.1: Anzahl der Textzeilen im Quellcode der einzelnen Mailman-Versionen

A.2 Changelog

Die Datei NEWS, die Bestandteil jeder Mailman-Distribution ist, verrät, dass die Geschichte von Mailman bis ins Jahr 1996 zurückreicht. Sie führt im Detail auf, welche Änderungen mit jeder neuen Version verbunden waren. Mittlerweile hat diese Datei einen Umfang erreicht, der es Mailman-Neulingen schwer macht, sich einen Überblick über die Entwicklung der Software zu verschaffen. Die wichtigsten Neuerungen aus Sicht eines Administrators oder Benutzers – und nicht aus Sicht eines Entwicklers – seien deshalb im Folgenden dokumentiert.

Die folgende Auflistung enthält in der Regel keine Details zu Bugfixes, zum Build-System oder zu sicherheitsrelevanten Updates. Neuerungen, die sich durch die gesamte Entwicklungsgeschichte von Mailman ziehen (dazu zählen u. a. die Verbesserung der Bounce-Erkennungsagenten für die einzelnen MTAs oder die Sprachunterstützung) sind nur in Ausnahmefällen aufgeführt. Mailman-Versionen, die keine interessanten Neuerungen mit sich brachten, finden ebenfalls keine Erwähnung.

Da Mailman neben dem Content-Management-System Zope[1] eines der größeren in Python realisierten Projekte ist, sind die Zeitpunkte, an denen sich die für den Betrieb der Software erforderliche Python-Version geändert hat, jeweils festgehalten.

0.91 (23. Dezember 1996)
: Hier beginnt die dokumentierte Geschichte von Mailman. Zwei Monate zuvor erschien Python 1.4.

0.92 (ca. 16. Januar 1997)
: In dieser Version wurden Locking-Mechanismen eingeführt. Seitdem ist ausgeschlossen, dass zwei Prozesse gleichzeitig die gleiche Datei verändern und somit die Änderungen des jeweils anderen Prozesses überschreiben. Die Verarbeitung von Postings und die Konfiguration der Mailingliste wurde dadurch wesentlich zuverlässiger.

0.93 (ca. 20. Januar 1997)
: Mailman generiert Passwörter, falls diese nicht bei der Subscription mit angegeben wurden.

0.94 (22. Januar 1997)
: Ab dieser Version erlaubt es Mailman den Admins, sich über das Masterpasswort als jeder beliebige Subscriber anzumelden. Daneben gibt es ab jetzt ein Webfrontend, über welches Subscriber ihre Optionen bearbeiten können.

1.0b2 (13. April 1998)
: Diese Version bringt zum ersten Mal Listinfo- und Admin-Übersichtsseiten mit. Außerdem wurde das Admin-Interface in einzelne Kategorien unterteilt.

  Statt der bis dahin verwendeten Archivierungslösung verrichtet jetzt die aktuelle Pipermail-Version ihren Dienst. Die privaten Archive waren bereits zuvor durch Passwörter geschützt.

  Der Konfigurationsdatei `Defaults.py`, die die Standardwerte enthält, wird die Datei `mm_cfg.py` zur Seite gestellt, damit Admins abweichende Einstellungen eintragen können. Außerdem loggt Mailman erstmals systematisch und zuverlässig die wichtigsten Mailinglisten-Operationen.

1.0b3 (03. Mai 1998)
: Mailman fügt den Header `X-BeenThere` in Postings ein, um Mail-

[1] `http://www.zope.org/`

loops zu entdecken. Erstmals werden Textersetzungen der Form `%(` *`wort`*`)s` in den Templates eingesetzt.

1.0b4 (03. Juni 1998)
: Etablierung eines News-Gateways in beide Richtungen. Außerdem kann Mailman E-Mails nun direkt über SMTP versenden, anstatt das Programm `sendmail` aufzurufen.

1.0b6 (07. November 1998)
: Mailman verwendet ab dieser Version Filter, um E-Mail-Kommandos abzufangen, und fügt nun den `List-Id`-Header ein.

1.0b7 (31. Dezember 1998)
: Seit dieser Version fügt Mailman den Header `Precedence: bulk` in alle Postings ein.

1.0b9 (01. März 1999)
: Enthält erstmals die Programme `clone_member`, `list_members` und `add_members`.

1.0b10 (26. März 1999)
: Bereitstellung des `sync_members`-Programms.

1.0b11 (03. April 1999)
: Bereitstellung des `withlist`-Programms. Dabei handelt es sich um ein Tool, mit dem man die Konfiguration einer Mailingliste in den Python-Interpreter lädt und diese dann inspizieren und verändern kann. Alternativ lässt sich dieses Programm dazu benutzen, selbstgeschriebene Python-Funktionen auf die Konfiguration einer Mailingliste anzuwenden.

1.0rc3 (10. Juli 1999)
: Bereitstellung des `check_perms`-Programms sowie der Möglichkeit, das Passwort per E-Mail abzufragen.

1.1 (05. November 1999)
: Entfernung aller GIFs aufgrund der Patentierung des zugrundeliegenden Algorithmus und Bereitstellung des Programms `find_member`.

  Ab dieser Version gibt es die Möglichkeit, über die Variablen `PUBLIC_EXTERNAL_ARCHIVER` und `PRIVATE_EXTERNAL_ARCHIVER` einen externen Archivierer einzubinden.

2.0 beta 1 (19. März 2000)
: Diese Version setzt Python 1.5.2 (oder neuer) voraus und bringt die neuen Programme `move_list` und `config_list` mit. In Mailman 2.0 wird `move_list` dafür verwendet, eine Mailingliste in ein anderes Verzeichnis zu verschieben. Es ist in Mailman 2.1 unnötig und daher

nicht mehr enthalten. Außerdem kann der Owner einer Mailingliste ab jetzt den `Reply-To`-Header überschreiben.

Der bislang in Mailman integrierte Bulk-Mailer wird ausgegliedert und die Postings zur Auslieferung direkt an einen MTA übergeben.

2.0 beta 2 (07. April 2000)
: Bereitstellung des `list_lists`-Programms.

2.0 beta 3 (29. Juni 2000)
: Der `qrunner`-Prozess wird für die Auslieferung von Postings unter Last optimiert. Über die Variablen `NNTP_USERNAME` und `NNTP_PASSWORD` besteht nun die Möglichkeit der Authentifizierung gegenüber Newsservern; das Admin-Interface ermöglicht die Synchronierung der Mailingliste mit einem Newsserver (*catchup*).

2.0 beta 6 (22. September 2000)
: Der Standard-RFC 2369, der die `List-*`-Header definiert, wird weitestgehend umgesetzt.

Pipermail unterstützt ab dieser Version auch Nicht-ASCII-Zeichensätze.

Außerdem erhält Mailman vier neue Bounce-Detektoren, darunter auch einen für GroupWise.

2.0.4 (18. April 2001)
: Diese Version enthält einige Anpassungen an Python 2.1, die die Anzahl der Warnungen bei Gebrauch veralteter Sprachkonstrukte reduzieren.

2.0.5 (04. Mai 2001)
: In manchen Situationen verursachten Benutzer durch Abbrechen einer länger dauernden Aktion im Browser ein Locking-Problem und blockierten damit nachfolgende Änderungen dauerhaft. Diese Version behebt das Problem.

2.0.6 (25. Juli 2001)
: Der Test auf E-Mail-Kommandos in Postings (*administrivia*) wird seit dieser Version an erster Stelle durchgeführt. In früheren Versionen kamen zunächst andere Tests an die Reihe. Das hatte zur Folge, dass eine E-Mail mit Kommandos eines moderierten Subscribers nicht aufgrund der Kommandos (die dann an die korrekte Request-Adresse umgeleitet würden), sondern aufgrund des Moderationsbits zurückgehalten wurde.

2.0.7 (09. November 2001)
: Das Mail-zu-News-Gateway speichert seit dieser Version News-Artikel, die der Newsserver abweist, im Verzeichnis `nntp/`. Vorher wurden sie einfach gelöscht.

2.0.9 (02. April 2002)
Bei der Bearbeitung der Moderationswarteschlange werden im Webinterface seit dieser Version sämtliche HTML-Elemente aus E-Mails gequotet, um zu verhindern, dass diese (willentlich oder unwillentlich) den Aufbau der Seite durcheinanderbringen.

Außerdem wurden einige Anpassungen an Python 2.2 vorgenommen.

2.0.10 (09. April 2002)
Der Header `Message-ID` wird nun – wie in RFC 2822 empfohlen – auch in von Mailman erzeugte E-Mails eingefügt (MTAs müssen diesen Header einfügen, falls er fehlt, nur leider halten sich nicht alle daran).

2.0.12 (02. Juli 2002)
Seit dieser Version werden alle E-Mails an die Request-Adresse, deren `Precedence`-Header die Werte `bulk`, `list` oder `junk` enthält, ignoriert. Dadurch reduziert sich das Risiko von Mailloops durch automatische Antworten oder Subscription-Angriffe.

2.1 alpha 1 (04. März 2001)
Mailman setzt nun Python 2.0 oder höher voraus. Das Queuesystem wird auf mehrere Warteschlangen aufgeteilt, was die Robustheit und Flexibilität erhöht. Erstmals integriert Mailman den Code zur Anpassung an andere Sprachen (*Internationalisierung*).

2.1 alpha 2 (11. Juli 2001)
Der Standardinstallationspfad wandert vom Verzeichnis `/home/mailman` nach `/usr/local/mailman`; zudem wird ein Suchpfad für Templates und Sprachanpassungen festgelegt.

Neben der Rolle des Owners gibt es jetzt auch die des Moderators. Eine Subscriptionanfrage lässt sich nun wahlweise per E-Mail oder per Web mittels eines Bestätigungscodes verifizieren.

Ein Benutzer muss sich seit dieser Version erst authentifizieren, bevor er seine Mitgliedsoptionen einsehen kann. Auf der Optionsseite selber kann er dafür seine E-Mail-Adresse ändern.

Außerdem kommen die Skripte `mailmanctl`, `qrunner`, `change_pw` und `genaliases` hinzu. Das Skript `change_pw` wurde nach der Migration von Mailman 2.0 auf Mailman 2.1 dazu verwendet, neue Passwörter für die Owner einer Mailingliste zu vergeben, da die neue Version das alte Passwortformat nicht mehr verstand (Mailman 2.0 nutzt Crypt, Mailman 2.1 ausschließlich SHA1).

In Mailman 2.0 oblag es einem Cronjob namens `qrunner`, die Queue regelmäßig zu bearbeiten. Dieses System wurde mit Version 2.1 alpha umgestellt. Mehrere Instanzen des `qrunner`-Skripts arbeiten nun unter der Kontrolle des Mailman-Daemons (`mailmanctl`) und erlauben so eine wesentlich zeitnahere Verarbeitung (siehe dazu auch Tabelle 2.1 auf Seite 29).

2.1 alpha 3 (22. Oktober 2001)
: Mailman speichert ab dieser Version neben der E-Mail-Adresse auch den Namen eines Subscribers. Das Programm `mailmanctl` wurde neu geschrieben und kennt jetzt die Optionen `-s`, `-q` and `-u`.

In der Warteschlange befindliche E-Mails wie auch die Konfiguration einer Mailingliste werden nun als *Pickle* mit der Endung `.pck` gespeichert. Dabei handelt es sich um eine kompilierte Repräsentation einer Datenstruktur für Python.

Ein Subscriber, dessen Posting in der Moderation landet, hat nun die Möglichkeit, seine Nachricht selbst zurückzuziehen.

Über den Header `Urgent`, gefolgt vom Owner-Passwort, kann man nun eine unmittelbare Zustellung des Postings erzwingen, die die Auslieferung über Digest außer Kraft setzt.

Ab dieser Version ist die Personalisierung von Postings möglich. Dabei wird statt der Adresse der Mailingliste die des Subscribers in den `To`-Header geschrieben. Des Weiteren lassen sich die Kopf- und Fußzeilen pro Subscriber anpassen. Diese Funktion ist standardmäßig deaktiviert und wird in diesem Buch nicht weiter beschrieben, da sie in der Regel zu Performanzproblemen führt. Sie können sie durch Setzen von `OWNERS_CAN_ENABLE_PERSONALIZATION = Yes` in `mm_cfg.py` für die Owner einer Mailingliste verfügbar machen. Diese haben dann die Möglichkeit, die Personalisierung über die Variable `personalize` im Admin-Interface unter **Non-Digest-Optionen** zu aktivieren.

Weiterhin dürfen die Owner seit dieser Version das Einfügen von `List-*`-Headern abschalten. Außerdem sieht Mailman nun die Verwendung einer installationsspezifischen Mailingliste (*site list*) vor, von der alle Passworterinnerungsnachrichten kommen. Ab dieser Version spricht die Software Deutsch und bringt den Themenfilter mit.

2.1 alpha 4 (31. Dezember 2001)
: Moderationsanfragen lassen sich nun per Web besser handhaben, wenn sich sehr viele Anfragen in der Warteschlange befinden.

Darüber hinaus hält Mailman bei der Deaktivierung der Zustellung die Ursache fest und zeigt diese im Webinterface an (siehe Seite 56).

Mailman erhält einen neuen, verständlicheren Bounce-Score-Algorithmus und unterstützt VERP.

Um eine Namenskollision mit den Programmen anderer Mailinglistmanager zu verhindern, firmiert das Wrapper-Skript `wrapper` jetzt unter dem Namen `mailman`.

MIME-Anhänge werden nun bei der HTML-Archivierung von der E-Mail abgetrennt und entsprechend verlinkt.

2.1 beta 1 (16. März 2002)
: Mailman wird robuster gegen Nachrichten mit kaputter MIME-Kodierung und speichert diese standardmäßig im Verzeichnis `qfiles/bad`. Wollen Sie derartige Nachrichten löschen, setzen Sie die Variable `QRUNNER_SAVE_BAD_MESSAGES` auf `No`.

  Ein Subscriber vermag nun die doppelte Zustellung an seine Adresse zu unterbinden (z. B. in dem Fall, dass er bereits über `Cc:` in der Empfängerliste steht), während der Owner Einladungen über das Admin-Interface aussprechen und die Standardwerte für die meisten Subscriber-Optionen für jede Mailingliste separat vorgeben kann.

  Zudem lässt sich die Aktion, die ausgeführt werden soll, wenn ein Posting der Moderation unterliegt, konfigurieren, und die Notmoderation erblickt das Licht der Welt. Diese Funktion wurde vor allen Dingen eingeführt, um Flamewars unter Kontrolle zu bekommen.

  Der Owner einer Mailingliste hat nun über reguläre Ausdrücke die Möglichkeit, bestimmte E-Mail-Adressen an der Subscription zu hindern.

  Mit Hilfe des Programms `unshunt` kann man E-Mails, die Mailman nicht verarbeiten kann, zuverlässig vom Verzeichnis `qfiles/shunt` in die Warteschlange zurückschieben. Das Programm `inject` wiederum erlaubt es, Nachrichten im Klartext direkt in die Warteschlange von Mailman stellen.

  Über die Variablen `POSTFIX_ALIAS_CMD`, die den Pfad zum Postfix-Kommando `postalias` aufnimmt, und `POSTFIX_MAP_CMD`, die man auf den Pfad zum Postfix-Kommando `postmap` setzt, lässt sich Mailman nun besser an Postfix-Installationen anpassen.

  Der Autor dieses Buchs steuert zu diesem Zeitpunkt das Skript `majordomo2mailman.pl` bei, das er für die Migration der Mailinglisten der SUSE Linux AG von Majordomo zu Mailman 2. 0. 8. benutzt hat.

2.1 beta 2 (05. Mai 2002)
: Über den erweiterten Content-Filter lassen sich Postings nun automatisch von HTML nach Plaintext konvertieren. Außerdem kann man eine Liste aller MIME-Typen angeben, die aus Postings entfernt werden sollen.

2.1 beta 3 (09. August 2002)
: Beim massenhaften Eintragen von Subscribern kann man nun im Webinterface eine einmalige Willkommensnachricht eingeben.

  Das Modul `Sendmail.py` ist ab dieser Version aus Sicherheitsgründen deaktiviert. Wer es dennoch nutzen will, muss es im *Quellcode* aktivieren.

2.1 beta 4 (26. Oktober 2002)
: In Ergänzung zum in 2.1 beta 2 eingeführten MIME-Typ-Filter kann man alternativ eine Liste von MIME-Typen angeben, die *durchgelassen* werden.

  Über den Parameter `filter_action` lässt sich nun festlegen, was mit einer Nachricht geschehen soll, deren Bestandteile komplett gefiltert wurden. Standardmäßig wird diese gelöscht.

2.1 beta 5 (19. November 2002)
: Aus dieser Zeit stammt das Programm `b4b5-archfix`, das ausschließlich dafür gedacht war, einen Fehler in Archiven zu beheben, die mit 2.1 beta 4 angelegt oder erweitert wurden.

2.1 final (30. Dezember 2002)
: Ab dieser Version setzt Mailman Python 2.1.3 oder höher voraus.

2.1.3 (28. September 2003)
: Über das Programm `show_qfiles` kann man sich E-Mails, die in den Queue-Verzeichnissen oder in der Moderationswarteschlange gespeichert werden, anschauen. Das neue Programm `discard` dient dazu, Nachrichten auf der Kommandozeile aus der Moderationswarteschlange zu entfernen.

2.1.4 (31. Dezember 2003)
: Über die Variable `PUBLIC_MBOX` kann der Admin in der Konfigurationsdatei `Mailman/mm_cfg.py` nun den Zugriff auf die MBOX-Dateien aller Mailinglisten unterbinden.

  Der SPAM-Filter in Mailman lässt sich über reguläre Ausdrücke an beliebige E-Mail-Header anpassen. Darüber hinaus erweitert sich die Liste der Aktionen auf **Verschieben**, **Zurückhalten**, **Ablehnen**, **Wegwerfen** und **Akzeptieren**.

  Der HTML-Hauptteil einer archivierten E-Mail wird nun nicht mehr in der Pipermail-Datenbank gespeichert. Um ältere Archive entsprechend zu verschlanken, kann man das neue Programm `rb-archfix` verwenden.

2.1.5 (15. Mai 2004)
: Bei der Bearbeitung der Moderationswarteschlange im Web kann man nun alle Nachrichten, die auf **Zurückhalten** gestellt sind, auf einen Schlag löschen.

  Bevor die Zustellung an einen Subscriber aufgrund von Bouncing deaktiviert wird, sendet Mailman ihm noch eine Testnachricht. Erst wenn auch diese zurückkommt, wird die Zustellung deaktiviert.

  Diese Version behebt zudem eine schwerwiegende Sicherheitslücke im E-Mail-Kommando `password`, die es einem Subscriber ermöglichte, an die Passwörter anderer Abonnenten zu kommen.

2.1.6 (30. Mai 2005)
Seit dieser Version kann der Owner durch Verwendung von `%d` die Mailman-interne Seriennummer eines Postings ins Präfix einfügen. Beim Einfügen von Präfixen in den Betreff einer Antwort favorisiert Mailman nun die Reihenfolge `Re: [`*`listenname`*`]` anstatt `[`*`listenname`*`] Re:`.

Hinzu kommt die Unterstützung der chinesischen Sprache(n) und deren zahlreicher Kodierungen. Damit alle Chinesisch-Features funktionieren, ist allerdings Python 2.4 Voraussetzung.

2.1.7 (31. Dezember 2005)
Das Parsen von Dateinamen in E-Mail-Anhängen stellt nach wie vor ein Problem dar; Fehler bei der Auslieferung per Digest können die reguläre Auslieferung blockieren. Robusterer Code in `ToDigest.py` nimmt sich dieses Problems an, und im Fehlerfall schreibt Mailman mehr Details ins `error`-Log.

2.1.9 (12. September 2006)
Bei der zu Druckunterlagenschluss aktuellen Mailman-Version handelt es sich um ein reines Bugfix-Release.

Interessant am Studium der Datei `NEWS` ist vor allem, dass es von Beginn an in gewissem Rahmen Unterstützung für virtuelle Domänen gab. Diese Funktionalität wurde ab Mailman 2.1 stark verbessert, ist aber bis heute nicht vollständig umgesetzt.

B

Anhang

Bekannte Probleme

Auf den folgenden Seiten werden häufig anzutreffende Probleme beschrieben, die bei der Installation und dem Betrieb eines mit Mailman betriebenen Mailinglistenservers auftreten können, und Lösungen angeboten. Den Anspruch auf Vollständigkeit erhebt diese Sammlung allerdings nicht.

B.1 GID-Probleme bei der Anbindung des Mail- oder Webservers

Die Aliase für Mailmans Anbindung an den Mailserver und die CGIs, die für das Zusammenspiel mit dem Webserver sorgen, müssen effektiv mit ein und derselben Group-ID (GID) genutzt werden, um sicherzustellen, dass die Mailman-Dateien von beiden Teilen gelesen und wenn nötig geschrieben werden können. Zu diesem Zweck sind die meisten variablen Mailman-Dateien für die Eigentümergruppe schreibbar. Welche Gruppe das ist, haben Sie (oder der Maintainer des Mailman-Pakets) während der Installation über den Parameter `--with-groupname` festgelegt. Standardmäßig kommt die Gruppe `mailman` zum Einsatz.

Allgemein werden Aliase und CGIs unter einer eigenen User-ID (UID) ausgeführt, die stark von der verwendeten Mail- bzw. Webserver-Software abhängt. Dabei wird die primäre Gruppe des mit der UID korrespondierenden Users verwendet. Der User für die Ausführung von CGIs lautet auf dem System dem Autors `wwwrun`, die entsprechende Gruppe `www`.

Der Wechsel auf die GID der Gruppe `mailman` (oder wie immer die entsprechende Gruppe in Ihrer Installation heißt) geht über den Substitute-Group-Mechanismus vonstatten. Dafür muss das Substitute-Group-ID-Flag (SGID) für den Mailman-Wrapper für Aliase (`mail/mailman`) und für die Mailman-Wrapper für CGIs (`cgi-bin/*`) gesetzt sein. Dann wird ein Mailman-CGI (z. B. das für den Admin-Zugang verwendete CGI `mailman/admin`) unter der UID des Nutzers `wwwrun` und der GID der Gruppe `mailman` ausgeführt.

Das Setzen des SGID-Flags auf ausführbaren Dateien stellt grundsätzlich ein Sicherheitsproblem dar, denn jeder, der die Datei ausführen kann, erhält damit die Rechte der entsprechenden Gruppe (in diesem Fall `mailman`). Um Missbrauch vorzubeugen, enthalten die Mailman-Wrapper eine Abfrage, ob der Wrapper von einer dafür vorgesehenen UID bzw. GID aufgerufen wurde. Wie Sie diesen Wrapper rekonfigurieren, damit er andere als die vorkonfigurierte UID bzw. GID akzeptiert, erläutern die folgenden Abschnitte für die Webserver- und die Mailserver-Anbindung separat.

B.1.1 Fehlersuche bei der Webserver-Anbindung

Die GID, unter der normalerweise CGIs ausgeführt werden (und die Mailman somit als vertrauenswürdig einstuft), legt man während der Installation oder der Erstellung eines Mailman-Pakets über den Parameter `--with-cgi-gid` fest. Wenn die konfigurierte GID nicht zu der in der Praxis verwendeten GID passt, erhalten Sie auf dem Webinterface einen Fehler wie diesen:

```
Mailman CGI error!!!
The Mailman CGI wrapper encountered a fatal error.
This entry is being stored in your syslog:

Failure to exec script. WANTED gid 65534, GOT gid 8.
```

Falls Sie Mailman selber kompiliert haben, wiederholen Sie einfach den dabei verwendeten `configure`-Aufruf mit dem passenden Wert für `--with-cgi-gid` und rufen danach `make install` auf. Das Makefile von Mailman ist erfahrungsgemäß recht vorsichtig und überschreibt keine sonst von Ihnen gemachten Einstellungen und Mailinglistenkonfigurationen.

Auf einer SUSE-Distribution können Sie die passende GID nachträglich über den Parameter MAILMAN_CGI_GID in /etc/sysconfig/mailman ändern. Vergessen Sie nicht, anschließend SuSEconfig -module mailman aufzurufen. Auf anderen Distributionen sollte ein Blick in die entsprechende README-Datei helfen.

B.1.2 Probleme mit der Mailserver-Anbindung

Die in Aliasen wie zum Beispiel in

```
testliste:              "|/usr/lib/mailman/mail/mailman post testliste"
```

enthaltenen Programme werden standardmäßig mit einer festen GID ausgeführt, die während der Installation (oder dem Bau des Mailman-Pakets) über den Parameter --with-mail-gid festgelegt wird.

Wenn die konfigurierte GID nicht zu der in der Praxis verwendeten Group-ID passt, sehen Sie in /var/log/mail (oder wo immer die Fehlermeldungen Ihres Mailservers landen) einen Fehler wie diesen :

```
Nov 28 22:28:57 lists Mailman mail-wrapper: Failure to exec script. WANT
ED gid 12, GOT gid 67.
Nov 28 22:28:58 lists postfix/local[21314]: 250BE8EFEE: to=<testliste@li
sts.example.org>, relay=local, delay=5, status=bounced (Command died wit
h status 2: "/usr/lib/mailman/mail/mailman post testliste". Command outp
ut: Failure to exec script. WANTED gid 12, GOT gid 67. )
```

Das Fatale dabei: Derartige Fehlkonfigurationen sorgen dafür, dass die entsprechende Nachricht bounct und somit verlorengeht. Immerhin erhält der Absender eine entsprechende Nachricht und wird hoffentlich den zuständigen Admin (also Sie) darauf hinweisen.

Der richtige Wert für --with-mail-gid hängt nicht nur von der verwendeten Mailserver-Software ab, sondern häufig auch davon, wem die Mailman-Alias-Datei gehört. Im Fall von Postfix ist dabei die UID der entsprechenden .db-Datei entscheidend. Auf dem System des Autors gehören sowohl die Alias-Datei als auch die zugehörige .db-Datei dem Benutzer mailman:

```
linux:/var/lib/mailman # ls -l data/aliases.db
-rw-rw--- 1 mailman mailman 12288 2006-11-20 09:01 data/aliases.db
```

Die GID der Gruppe mailman lautet 67:

```
linux:~ # id mailman
uid=72(mailman) gid=67(mailman) groups=67(mailman)
```

Falls Sie Mailman selber kompiliert haben, rufen Sie erneut `configure` mit dem passenden Wert für `--with-mail-gid` und danach `make install` auf.

Auf einer SUSE-Distribution können Sie die passende GID nachträglich über den Parameter `MAILMAN_MAIL_GID` in `/etc/sysconfig/mailman` ändern. Vergessen Sie nicht, anschließend `SuSEconfig -module mailman` aufzurufen. Auf anderen Distributionen hilft hoffentlich ein Blick in die entsprechende README-Datei.

B.2 Performanzprobleme

Im Gegensatz zu den bisher beschriebenen Konfigurationsproblemen treten Performanzprobleme erst mit zunehmender Anzahl und wachsendem Bekanntheitsgrad der Mailinglisten auf. Wir nehmen die gängigsten im Folgenden genauer unter die Lupe.

B.2.1 Probleme mit der Moderationswarteschlange

Sobald die Anzahl der Einträge in der Moderationswarteschlange einer Liste ein gewisses Maß überschreiten, kann es passieren, dass das zugehörige Webinterface schlecht oder gar nicht mehr funktioniert. Mailman braucht in diesen Fällen zu lange, um die Einträge in der Moderationsdatenbank auszulesen und Web-gerecht aufzubereiten.

Typischerweise gerät man in diese Situation, wenn der Owner oder die Moderatoren einer Mailingliste sich nicht um die Moderation kümmern und die maximale Haltezeit der Anfragen in der Warteschlange so hoch eingestellt ist, dass die Queue vollläuft.

Sie können diesen Parameter im Admin-Interface in der Kategorie **Allgemeine Optionen** über den Parameter `max_days_to_hold` einstellen. Standardmäßig sind 0 Tage eingestellt, was unbegrenzter Haltezeit entspricht. Bevor Sie den Wert ändern und damit das Aufräumen der Moderationswarteschlange durch die täglich ausgeführten, automatischen Wartungsdienste von Mailman veranlassen, wollen Sie sicher einen Blick in die Moderationswarteschlange werfen. Da Sie über das Webinterface dazu nicht mehr in der Lage sind, müssen Sie die von Mailman mitgelieferten Kommandozeilenprogramme benutzen.

Erzeugen Sie dazu aus der Datei `request.db` mit Hilfe des Programms dumpdb eine Klartextversion der Warteschlangeneinträge, im Fall der Liste `testliste` etwa so:

```
linux:/var/lib/mailman #  dumpdb lists/testliste/request.pck
```

Ein Moderationsauftrag für ein Posting an eine moderierte Mailingliste sieht (in leicht gekürzter Form) beispielsweise wie folgt aus:

```
[----- start pickle file -----]
<----- start object 1 ----->
{34: ( 1,
        ( 1169579796.1786211,
          'rommel@lists.example.org',
          'Ik wars!',
          'Post to moderated list',
          'heldmsg-testliste-34.pck',
          {   '_parsemsg': True,
              'lang': 'de',
              'listname': 'testliste',
              'pipeline': [   'Hold',
                              ...
                              'ToOutgoing'],
              'received_time': 1169579793.9297731,
              'rejection_notice': 'Your message was deemed ...',
              'sender': 'rommel@lists.example.org',
              'tolist': 1,
              'version': 3})),
    'version': (0, 1)}
[----- end pickle file -----]
```

Neben der Seriennummer der Moderationsanfrage (34) hält Mailman das Datum in Unix-Zeit[1] (`1169579796.1786211`), den Absender (`rommel@lists.example.org`), den Betreff (`Ik wars!`), den Grund der Moderation (`Post to moderated list`) sowie den Namen der Datei fest, in welcher die ursprüngliche E-Mail abgelegt ist (`heldmsg-testliste-34.pck`).

Diese Datei mit der ursprünglichen E-Mail liegt im Verzeichnis `data/`. Sie können sich diese ebenfalls mit dumpdb anschauen, im Fall der obigen E-Mail mit Seriennummer 34:

```
linux:/var/lib/mailman # dumpdb data/heldmsg-testliste-34.pck
```

Nachdem Sie sich Klarheit darüber verschafft haben, welche der einzelnen Einträge in der Moderationswarteschlange Sie bearbeiten wollen, sollten Sie die übrigen zunächst löschen. Übergeben Sie dazu den Dateinamen der ursprünglichen E-Mail an das Programm `discard`, im Fall der obigen E-Mail also

```
linux:/var/lib/mailman # discard data/heldmsg-testliste-34.pck
Discarded held msg #34 for list testliste
```

[1] Mit Unix-Zeit bezeichnet man die Anzahl der Sekunden, die seit dem 1.1.1970 00:00:00 UTC vergangen sind. Ein Werkzeug zum Umrechnen in Normalzeit finden Sie z. B. unter **http://www.unixtime.de/**.

Mailman wird die E-Mail nicht nur unter Beachtung der Locking-Regeln des laufenden Mailman-Systems entfernen, sondern auch die Moderationsdatenbank entsprechend aktualisieren.

Sollten Sie anschließend wieder per Webinterface auf die Moderationswarteschlange zugreifen können, bearbeiten Sie dort die übrigen Einträge. Andernfalls können Sie über die Kommandozeile einzelne Moderationsanfragen positiv beantworten, indem Sie zunächst mit Hilfe des Programms `dumpdb` aus der Datei `pending.pck` den passenden Bestätigungs-Code auslesen. Im Fall der Mailingliste `testliste` geht das so:

```
linux:/var/lib/mailman # dumpdb lists/testliste/pending.pck
[----- start pickle file -----]
<----- start object 1 ----->
{   '0c1895df8737413418589253cb93e0f70293e9cd': ('H', 34),
    'evictions': {   '0c1895df8737413418589253cb93e0f70293e9cd': 116983
8996.1792581},
    'version': 2}
[----- end pickle file -----]
```

Die Zeile `('H', 34)` markiert die E-Mail mit der Seriennummer 34, der Bestätigungscode lautet `0c1895df8737413418589253cb93e0f70293e9cd`.

Verwenden Sie diesen, um ein E-Mail-Kommando an die Request-Adresse der betreffenden Mailingliste zu verfassen. Achten Sie darauf, im Haupttext in der ersten Zeile das Schlüsselwort `Approved:`, gefolgt vom Moderations- oder Owner-Passwort zu setzen. Wenn Sie dieses Schlüsselwort weglassen oder falsch platzieren, wird der Antrag aus der Moderationswarteschlange entfernt!

Unter Verwendung des Kommandos `mail` und des obigen Beispiels beantworten Sie die Moderationsanfrage positiv durch

```
linux:~ #  mail -s "confirm f14056f04e10d573f0c78c79d2d134fe1642b2e1" \
                      testliste-request@lists.example.org
Approved:RfX8_R4
.
EOT
```

In der obigen Klartextausgabe der Datei `pending.pck` enthält das Array `evictions` übrigens zu jedem Bestätigungscode den Zeitpunkt in Unix-Time, an dem der Eintrag automatisch aus der Moderationswarteschlange gelöscht wird.

B.2.2 Träge Übersichtsseiten

Die Übersichtsseite für Benutzer (**Listinfo-Seite**) und für Admins (**Admin-Seite**) werden dynamisch von den CGIs `listinfo` bzw. `admin` auf dem

Mailman-Server erzeugt. Dabei durchlaufen diese CGIs die Konfigurationsdateien sämtlicher Mailinglisten, um die jeweils benötigten Informationen zu extrahieren.

Neben der Gefahr, dass dieser Prozess durch Fehler beim Auslesen der Konfigurationsdatei einer Mailingliste zum Stillstand kommt (und der Benutzer nichts im Webinterface sieht), kann dies auch eine ungebührend lange Zeit in Anspruch nehmen. Im schlimmsten Fall dauert der Aufbau der Seite solange, dass sich der Benutzer dazu veranlasst sieht, die entsprechende Seite ein weiteres Mal aufzurufen oder neu zu laden. Dadurch verschärft sich die Situation allerdings nur.

Um dem aus dem Weg zu gehen, sollten Sie die Übersichtsseiten in statischer Form ablegen. Für den Beispiel-Webserver `lists.example.org` mit der `DocumentRoot` `/srv/www/htdocs` tun Sie dies mit Hilfe des Programms `w3m` folgendermaßen:

```
w3m -dump_source http://lists.example.org/mailman/listinfo \
                 > /srv/www/htdocs/userlinks.html
w3m -dump_source http://lists.example.org/mailman/admin  \
                 > /srv/www/htdocs/adminlinks.html
```

Damit die erzeugten Übersichtsseiten aktuell bleiben, sollten Sie diese Befehle regelmäßig ausführen (z. B. mit Hilfe von Cron). Da diese Seiten auch die Kurzbeschreibung der Mailinglisten enthalten, reicht es *nicht* aus, die Übersichtsseite nur nach Anlegen oder Löschen von Mailinglisten zu aktualisieren.[2] Die Übersichtsseiten im obigen Beispiel lassen sich nun über `http://lists.example.org/userlinks.html` bzw. `http://lists.example.org/adminlinks.html` erreichen.

Damit diese URLs auch benutzt werden, sollten Sie die Benutzer Ihres Mailinglistenservers auf diesen Service hinweisen und alle externen Links entsprechend anpassen. Glücklicherweise werden die Übersichtsseiten in Postings nicht direkt beworben, so dass Sie an nicht allzu vielen Stellen Anpassungen vornehmen müssen.

Alternativ können Sie – sofern Ihr Webserver das dynamische Umschreiben von URLs mittels regulärer Ausdrücke erlaubt – URLs, die direkt auf die CGIs `listinfo` oder `admin` ohne Parameter verweisen, auf die URLs der statischen Übersichtsseiten umlenken. Mit Apache erreichen Sie dies, indem Sie das Modul `rewrite` einbinden und folgende Zeilen in die Konfiguration aufnehmen:

```
RewriteEngine On
RewriteRule ^/mailman/listinfo$ /userlinks.html [R]
RewriteRule ^/mailman/admin$ /adminlinks.html [R]
```

[2] Wenn Sie auf dem gleichen Webserver mehrere Mailman-Domänen betreiben, müssen Sie diesen Schritt für alle zusätzlichen Domänen durchführen und die statischen Übersichtsseiten in der dazugehörigen `DocumentRoot` ablegen.

Ein direkter Zugriff auf `http://lists.example.org/mailman/listinfo` wird somit auf die URL `http://lists.example.org/userlinks.html` umgelenkt. Der dort aufgeführte Link `http://lists.example.org/mailman/listinfo/testliste` ist von der Umschreibregel nicht betroffen, da er nicht auf `listinfo` *endet*, und benutzt somit wieder das CGI `listinfo`.

Wenn Sie sich weitergehend für die Funktionsweise und die Anwendungsmöglichkeiten des Apache-Moduls `rewrite` interessieren, empfiehlt sich die Lektüre von `http://apache.org/docs/2.2/mod/mod_rewrite.html`.

B.2.3 Last durch Robots

Wenn der Webserver regelmäßig von Robots (auch Crawler oder Webbots genannt) aufgesucht wird, kann dies erhebliche Last auf dem Server verursachen. Sofern Sie die Indizierung durch Suchmaschinen *nicht* wünschen, sollten Sie dies mit Hilfe einer Hinweisdatei für Robots unterbinden.

Diese schauen zunächst im Stammverzeichnis des Webservers nach einer Datei `robots.txt`. Im Fall des Webservers `lists.example.org` laden Robots also zuerst die Datei `http://lists.example.org/robots.txt` herunter.

Darin suchen Robots nach einem auf sie passenden Eintrag im Schlüsselwort `User-agent`. Unmittelbar darunter steht in der Regel eine Folge von Zeilen mit dem Schlüsselwort `Disallow`, die festlegen, auf welche Verzeichnisse und Dateien *nicht* zugegriffen werden darf.[3]

In folgendem Beispiel weisen wir den Robot `wget` darauf hin, keine URLs abzufragen, die die Zeichenkette `/pipermail/` enthalten:

```
User-agent: wget
Disallow: /pipermail/

User-agent: *
Disallow: /mailman/
Disallow: /pipermail/
```

Damit verbieten wir das Herunterladen eines mit Pipermail erstellten öffentlichen Archivs durch `wget`. Von Pipermail erstellte *private* Archive liegen im Pfad `/mailman/private/`*`testliste`*`/`, so dass der `wget`-Zugriff darauf (mit der dafür nötigen Authentifizierung) nach wie vor funktioniert.

Alle übrigen Robots weisen wir mit der Wildcard `*` an, keines der Mailman-Verzeichnisse abzufragen.

[3] Der erweiterte *Robots Exclusion Standard* (siehe `http://www.robotstxt.org/`) erlaubt auch Einträge mit dem Schlüsselwort `Allow`, die dazu gedacht sind, vorher aufgestellte Verbote wieder aufzulockern. Allerdings verstehen dies längst nicht alle Robots.

Die auf die Robots zutreffenden Werte für `User-agent` können Sie in der Regel dem Zugriffslog Ihres Webservers entnehmen. Im Fall von Apache2 wird dieser in der Regel am Ende jeder Zeile in `access_log` festgehalten:

```
172.16.66.13 - - [25/Jan/2007:19:53:35 +0100] "GET /pipermail/testliste-
developers.mbox/testliste-developers.mbox HTTP/1.0" 200 15467 "http://li
sts.example.org/pipermail/testliste-developers/" "Wget/1.10.2"
```

Die Beachtung der Einträge in `robots.txt` ist kein technisch auferlegter Zwang, sondern eine Empfehlung an die Hersteller von Robots. Sie können über Einträge in `robots.txt` kein Programm daran *hindern*, die eingetragenen Verzeichnisse abzurufen.

B.2.4 Bandbreitenprobleme durch Download der Archiv-Mailboxen

Standardmäßig archiviert Mailman Postings nicht nur in HTML-Form, sondern speichert diese auch im Klartext in einer MBOX ab. Je nach Archivierungsintervall (siehe Seite 116) entstehen hierbei mehr oder weniger große Dateien, die in der Archivübersicht zum direkten Download verfügbar sind.

Darüber hinaus werden Postings auch in einer einzigen MBOX gespeichert, die üblicherweise zur Rekonstruktion des Archivs (siehe Seite 120) verwendet wird. Diese MBOX ist zwar standardmäßig nicht im Mailman-Interface verlinkt (es sei denn, Sie haben in der Datei `Mailman/mm_cfg.py` die Variable `PUBLIC_MBOX` auf `Yes` gesetzt), kann aber jederzeit direkt abgerufen werden.

Sollten Ihnen durch den Download dieser Dateien Bandbreitenprobleme entstehen, haben Sie grundsätzlich zwei Möglichkeiten, das Problem zu lösen:

- Deaktivieren Sie die Archivierung in Plaintext-Form, indem Sie in `Mailman/mm_cfg.py` die Variable `ARCHIVE_TO_MBOX` vom Standardwert 2 auf 0 setzen. Postings werden danach nur noch in HTML-Form archiviert. Der große Nachteil: Mailman bietet Ihnen keine Möglichkeit mehr, das Archiv neu aufzubauen.
- Konfigurieren Sie Ihren Webserver so, dass der Zugriff auf die entsprechenden Dateien nicht mehr gestattet ist. Im Fall von Apache 2.2 unterbinden Sie beispielsweise durch die Direktive

  ```
  <FilesMatch "\.(mbox|txt|txt\.gz)$">
          order allow,deny
          deny from all
  </FilesMatch>
  ```

  den Zugriff auf Dateien mit den Endungen `.mbox`, `.txt` oder `.txt.gz`.

B.3 Problemfall „Mailinglisten als Abonnenten"

Die Moderation einer Mailingliste wird komplex, wenn sich unter den Abonnenten (z. B. `testliste-announce@lists.example.org`) die Adresse einer anderen Liste (z. B. `testliste-users@lists.example.org`) befindet.

B.3.1 Schirm-Mailinglisten

Im obigen Fall gelangen automatische Nachrichten, die Mailman regelmäßig an die Abonnenten von `testliste-announce` sendet (z. B. Passworterinnerungsnachrichten), standardmäßig auch an die Mailingliste `testliste-users`. In den meisten Fällen dringen diese glücklicherweise nicht zu den Abonnenten der Mailingliste `testliste-users` durch, da diese den Absender `mailman-owner` (oder wie immer die Mastermailingliste Ihrer Installation lautet) tragen und somit der Absendermoderation unterliegen. Sollte letzteres nicht der Fall sein (oder die Nachricht aus anderen Gründen nicht moderiert werden), führt dies zu Irritationen, weil die Abonnenten von `testliste-users` nichts von der Subscription von `testliste-users` auf `testliste-announce` wissen und diese Informationen auch gar nicht erhalten sollten. Im Fall der Passworterinnerungsnachrichten wäre es anderenfalls jedem `testliste-users`-Abonnenten möglich, das Abonnement von `testliste-users` auf `testliste-announce` zu kündigen.

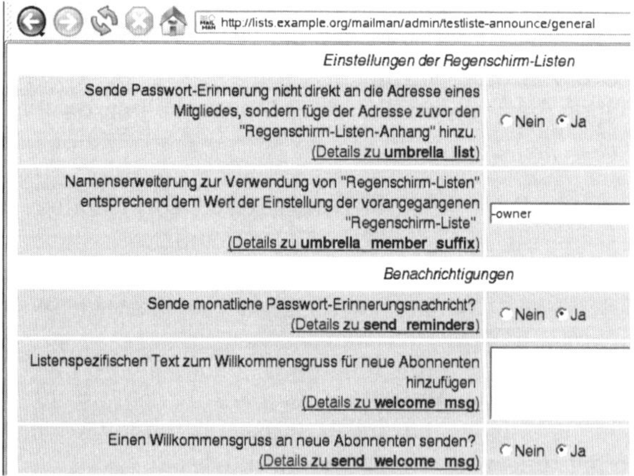

Abbildung B.1: Konfiguration einer Schirm-Mailingliste

Dieses Problem lässt sich nur für den Sonderfall lösen, dass *ausschließlich* andere Mailinglisten `testliste-announce` abonnieren und deren Owner über Adressen zu erreichen sind, die aus der Listenadresse und einem gemeinsamen, an den lokalen Teil derselben angehängtem Suffix bestehen. Setzen Sie dazu im Admin-Interface unter **Allgemeine Optionen** die Variable umbrella_list[4] auf **Ja** (Abbildung B.1). Über die Variable umbrella_member_suffix legen Sie dabei die Zeichenkette fest, die an alle Empfänger*namen* der automatisch generierten Nachrichten angehängt wird. Standardmäßig lautet diese -owner. Im obigen Beispiel sendet Mailman die Passworterinnerungsnachricht also an testliste-users-owner@example.net (anstatt an testliste-users@example.net).

B.3.2 Mehrfache Moderation

Stellen Sie sich vor, Sie betreiben die drei folgenden Mailinglisten, die sich mit demselben Thema beschäftigen: testliste-developers für die Entwickler, testliste-users für die Benutzer und testliste-beta für die Betatester. Nun wollen Sie eine Mailingliste testliste-announce erstellen, über die Sie Neuigkeiten zum Thema an alle drei Mailinglisten verteilen. Statt die Abonnenten aller drei Mailinglisten auf testliste-announce einzutragen, mag es verlockend sein, die Liste der Abonnenten von testliste-announce aus den Posting-Adressen der anderen Mailinglisten zu rekrutieren. Diese Liste müssten Sie dann nicht jedesmal anpassen, wenn sich an der Liste der Abonnenten der drei Unterlisten etwas ändert.

Ein Posting an testliste-announce durchläuft dann allerdings, sofern der Verfasser nicht alle Unterlisten abonniert hat, *zwei* Moderationswarteschlangen. Um die zweite, überflüssige Moderation zu umgehen, müssen Sie seine Adresse für jede Unterliste in die Liste der Nicht-Mitglieder aufnehmen, deren Posting automatisch akzeptiert wird (Variable accept_these_nonmembers unter **Abo-Regeln und Adreßfilter | Absender-Filter**).

Darüber hinaus sollten Sie das Präfix, das dem Betreff jedes Postings an testliste-announce vorangestellt wird (standardmäßig [Testliste-announce]) über die Variable subject_prefix unter **Allgemeine Optionen** löschen, da Sie sonst doppelte – und noch schlimmer – unterschiedliche Präfixe auf den einzelnen Mailinglisten erhalten: Ein Posting an testliste-developers trüge das Präfix [Testliste-developers] [Testliste-announce], ein Posting an testliste-users dagegen die Vorsilbe [Testliste-users] [Testliste-announce]. Wenn Sie jedoch das Präfix der Mailingliste testliste-announce löschen, verlieren Postings die auf den ersten Blick wahrnehmbare Information, dass es sich um eine Bekanntmachung an alle Beteiligten handelt – eine verfahrene Situation.

B.3.3 Alternativen zu Mailinglistenadressen auf Mailinglisten

Aufgrund der oben beschriebenen Probleme empfiehlt es sich nicht, Mailinglistenadressen als Mitglieder auf einer Mailingliste einzutragen. Statt-

[4] Der Begriff *umbrella* (deutsch: „Schirm") steht hier für die bildliche Vorstellung, dass sich die Endempfänger unter dem Schirm der Mailingliste testliste-announce verbergen.

dessen sollten Sie entweder die Abonnenten der anderen Mailinglisten auffordern, auch Ihre Mailingliste zu abonnieren, oder einen Weg finden, die Subscriber der anderen Mailinglisten automatisch „einzusammeln" und direkt auf Ihrer Mailingliste einzutragen.

Im Fall, dass Sie auch die anderen Mailinglisten auf Ihrem Server betreiben, lässt sich dies mit Hilfe der Befehle `list_members`, `add_members` (siehe Seite 58) und `sync_members` (siehe Seite 60) sehr einfach automatisieren.

Im Fall der auf Seite 291 beschriebenen Mailingliste `testliste-announce` könnte dies folgendermaßen aussehen:

```
linux:~ # for list in testliste-developers testliste-userstestliste-beta;
          do list_members $list;
          done |
          sync_members --welcome-msg=no --goodbye-msg=no
          -f - testliste-announce
Added   : tux@lists.example.org
Added   : lcroft@lists.example.org
Added   : rommel@lists.example.org
Removed: testliste-beta@lists.example.org
Removed: testliste-users@lists.example.org
Removed: testliste-developers@lists.example.org
```

Wir lesen hier zunächst in der `for`-Schleife für jede der Mailinglisten mit `list_members` die Liste der Abonnenten aus. Die Gesamtliste, die auf STDOUT ausgegeben und dort mit Hilfe der Pipe (|) wieder eingesammelt wird, übergeben wir dem Befehl `sync_members`. Als Optionen für `sync_members` benutzen wir `--welcome-msg=no` (keine Willkommensnachricht), `--goodbye-msg=no` (keine Abschiedsnachricht) und `-f -` (Eingabe auf STDIN). Das einzige Argument ist der Name der Zielliste (in diesem Fall `testliste-announce`).

Der Befehl `sync_members` fügt alle neuen Adressen hinzu und entfernt alle Adressen, die nicht angegeben wurden. Unnötiges Abonnieren und Deabonnieren wird auf diese Weise vermieden. Wenn beispielsweise die Adresse `lpage@lists.example.org` in der Zwischenzeit auf der Mailingliste `testliste-beta` eingetragen wurde und diese E-Mail-Adresse bisher auf keiner der betroffenen Mailinglisten zu finden war, laut die Ausgabe des obigen Befehls einfach nur `Added : lpage@lists.example.org`.

Wenn Sie die Adressen der anderen Mailinglisten nur hinzufügen (also keine Adressen von `testliste-announce` löschen) wollen, ersetzen Sie den `sync_members`-Befehl durch `add_members --welcome-msg=yes -r -` *`testliste-announce`* In diesem Fall senden wir fairerweise eine Willkommensnachricht an den Abonnenten, um ihm einen Anhaltspunkt zu geben, wo und wie er sich von der Mailingliste `testliste-announce` abmelden kann, sollte er später einmal alle anderen Listen abbestellen.

Die Templates

C.1 Die HTML-Templates und ihre Benutzer

Viele der im Folgenden aufgeführten Templates enthalten nur HTML-Fragmente, die erst zusammengesetzt mit weiteren Templates eine vollständige HTML-Seite ergeben. Wir geben deshalb für jedes Template das Mailman-Modul an, von dem es verarbeitet wird. Sie können so im Zweifelsfall genau nachlesen, *wie* die einzelnen Fragmente zusammengesetzt werden.

`admindbdetails.html`
: Vom Modul `Mailman/Cgi/admindb.py` genutzt, gibt dieses Template detaillierte Hilfestellungen zur Bearbeitung der Moderationswarteschlange.

`admindbpreamble.html`
: Wird ebenfalls von `Mailman/Cgi/admindb.py` verwendet und ent-

hält eine Kurzanleitung für Moderatoren, die auf der Übersichtsseite der Moderationswarteschlange erscheint.

`admindbsummary.html`
: Das dritte Template, auf das `Mailman/Cgi/admindb.py` zugreift, stellt die Moderationswarteschlange in der Übersicht dar.

`admlogin.html`
: Das Modul `Mailman/Cgi/Auth.py` benutzt dieses Template als Login-Maske für den Owner.

`article.html`
: `Mailman/Archiver/HyperArch.py` stellt unter Nutzung dieses Templates ein Posting aus dem Archiv dar.

`headfoot.html`
: `Mailman/Gui/Digest.py` und `Mailman/Gui/NonDigest.py` verwenden den Inhalt dieser Datei, um Hilfestellungen bei der Bearbeitung der Header und Footer von Digests bzw. regulären Postings im Admin-Webinterface zu geben.

`private.html`
: `Mailman/Cgi/private.py` nutzt dieses Template als Authentifizierungsdialog für private Archive.

`roster.html`
: `Mailman/Cgi/roster.py` stellt die Subscriber-Liste den Vorgaben in diesem Template entsprechend dar.

Folgende Templates lassen sich im Webinterface verändern:

`listinfo.html`
: Wird vom Modul `Mailman/Cgi/listinfo.py` verwendet und gibt allgemeine Informationen über die Liste.

`options.html`
: Damit präsentiert `Mailman/Cgi/options.py` benutzerspezifische Optionen.

`subscribe.html`
: Mit diesem Template verrät `Mailman/Cgi/subscribe.py`, mit welchem Ergebnis der Subscription-Vorgang abgeschlossen wurde.

Die nachfolgend aufgeführten Templates stehen derzeit nicht in deutscher Sprache zur Verfügung:

`archidxentry.html`
: Wie `Mailman/Archiver/HyperArch.py` ein Element des Posting-Indexes darstellt, gibt dieses Template vor. Siehe auch Kapitel 10.5 auf Seite 126 ff.

`archidxfoot.html`
: `Mailman/Archiver/HyperArch.py` fügt den Inhalt dieser Datei ans Ende des Posting-Indexes einer Mailingliste an. Siehe auch Kapitel 10.5 auf Seite 126 ff.

`archidxhead.html`
: Dient `Mailman/Archiver/HyperArch.py` als Überschrift für den Posting-Index einer Mailingliste. Siehe auch Seite 126 ff.

`archlistend.html`
: Legt fest, wie `Mailman/Archiver/HyperArch.py` die Elemente der Archiv-Übersicht abschließt. Siehe auch Seite 126 ff.

`archliststart.html`
: Bestimmt, wie `Mailman/Archiver/HyperArch.py` die Elemente der Archiv-Übersicht einleitet. Siehe auch Seite 126 ff.

`archtocentry.html`
: Legt für `Mailman/Archiver/HyperArch.py` fest, wie ein Element der Archiv-Übersicht auszusehen hat. Siehe auch Seite 126 ff.

`archtoc.html`
: Definiert für `Mailman/Archiver/HyperArch.py`, wie die Übersicht über das Archiv einer Mailingliste mit MBOX-Links aussieht. Siehe auch Seite 126 ff.

`archtocnombox.html`
: Mit Hilfe dieses Templates gibt `Mailman/Archiver/HyperArch.py` eine Übersicht über das Archiv einer Mailingliste ohne MBOX-Links. Siehe auch Seite 126 ff.

`emptyarchive.html`
: Welchen Text `Mailman/Archiver/Archiver.py` im Webinterface präsentiert, wenn das Archiv leer ist, legt diese Datei fest.

C.2 Die Plaintext-Templates

Lediglich der in `subscribeack.txt` abgelegte Text der Willkommensmail, den das Modul `Mailman/Deliverer.py` versendet, lässt sich auch über das Webinterface anpassen. Zum Modifizieren aller folgenden Templates muss man auf das Dateisystem Zugriff haben:

`adminsubscribeack.txt`
: Diese Nachricht versendet `Mailman/MailList.py` bei einer erfolgreichen Subscription an den Admin.

`adminunsubscribeack.txt`
: Welchen Text der Admin von `Mailman/MailList.py` im Falle einer Unsubscription erhält, bestimmt diese Datei.

`approve.txt`
: Dieses Template wird seit Mailman 2.1 nicht mehr verwendet und ist nur zu Referenzzwecken in der Mailman-Distribution enthalten. Bis einschließlich Mailman 2.0.9 schickte `Mailman/MailCommandHandler.py` den darin enthaltenen Text an Personen, die sich auf einer geschlossenen Liste subscriben wollten.

`bounce.txt`
: `Mailman/Bouncer.py` schickt diese Nachricht an den Owner, sobald ein Bounce zu einer Aktion geführt hat.

`checkdbs.txt`
: Das Python-Skript `cron/checkdbs`[1] versendet den hier abgelegten Text an den Owner, wenn sich unbearbeitete Einträge in der Moderationswarteschlange befinden.

`convert.txt`
: Dieses Template wird seit Mailman 2.1.2 nicht mehr verwendet und ist nur zu Referenzzwecken in der Mailman-Distribution enthalten. Bis einschließlich Mailman 2.1.1 machte `bin/add_members` Subscriber mit dem in `convert.txt` abgelegten Text darauf aufmerksam, dass die Mailingliste mit einer neuen Major-Version (Mailman 2.1 anstatt 2.0) betrieben wird. Bedingt durch die zunehmend hohe Verbreitung von Mailman 2.1 bei gleichzeitiger Erhöhung der Kompatibilität der späteren 2.1.x-Minor-Versionen zu Mailman 2.0 verschwand die entsprechende Option `-c` beziehungsweise `--changes-msg` aus `bin/add_members`, und das Template wurde damit hinfällig.

`cronpass.txt`
: Enthält die von `cron/mailpasswds` an die Subscriber verschickte Nachricht, die an das bestehende Abonnement erinnert und (im Default-Zustand) auch das Passwort enthält.

`disabled.txt`
: `Mailman/Bouncer.py` versendet diese Nachricht an Subscriber, deren Abonnement deaktiviert wurde.

[1] Manchen Python-Skripten aus der Mailman-Distribution fehlt die Dateinamensendung. Leider scheint die Entscheidung, welches Skript eine `.py`-Endung trägt und welches nicht, willkürlich zu sein.

`help.txt`
: `Mailman/Commands/cmd_help.py` verschickt diesen Hilfetext, wenn User Hilfe zu den E-Mail-Kommandos anfordern.

`invite.txt`
: Mit diesem Text lädt `Mailman/MailList.py` Nutzer ein, sich auf einer bestimmten Mailingliste zu subscriben.

`masthead.txt`
: `Mailman/Handlers/ToDigest.py` fügt diesen Text an den Beginn jedes Digests an, um dessen Empfängern Hilfestellungen im Umgang mit der Mailingliste zu geben.

`newlist.txt`
: `bin/newlist` und `Mailman/Cgi/create.py` senden diese Nachricht bei Erstellung der Liste an den zuständigen Owner.

`postack.txt`
: `Mailman/Handlers/Acknowledge.py` bestätigt mit diesem Text dem Absender, dass ein Posting erfolgreich an die Mailingliste zugestellt wurde. Voraussetzung ist, dass der Absender in seinen Subscriptionoptionen das Bestätigungsflag gesetzt hat.

`postauth.txt`
: Diese Anfrage sendet `Mailman/Handlers/Hold.py` an den Moderator einer Liste, wenn ein Posting auf die Liste durchgeleitet oder abgelehnt werden soll.

`postheld.txt`
: `Mailman/Handlers/Hold.py` setzt einen User mit dieser Nachricht davon in Kenntnis, dass sein Posting der Moderation unterliegt.

`refuse.txt`
: Im Fall der Abweisung eines Postings sendet `Mailman/ListAdmin.py` diese Nachricht an dessen Urheber.

`subauth.txt`
: Enthält die (von `Mailman/ListAdmin.py` verschickte) Anfrage auf Moderation einer Subscription.

`unsub.txt`
: Mit diesem Text fordert `Mailman/MailList.py` einen Subscriber auf, sein Abmeldungsersuchen zu bestätigen.

`userpass.txt`
: Fragt ein Subscriber nach seinem Passwort, sendet `Mailman/Deliverer.py` diese Antwort.

`verify.txt`
: Enthält die Bestätigung, die `Mailman/MailList.py` bei erfolgter Subscription versendet.

Folgende Templates lagen zum Zeitpunkt der Veröffentlichung dieses Buchs nicht in deutscher Fassung vor:

`nomoretoday.txt`
: `Mailman/MailList.py` sendet die in dieser Datei gespeicherte Nachricht an einen User, wenn zu viele automatisierte Nachrichten an seine E-Mail-Adresse ausgelöst wurden. Die Obergrenze für derartige Nachrichten können Sie über die Variable `MAX_AUTORESPONSES_PER_DAY` in `Mailman/mm_cfg.py` festlegen. Als Standardwert dient 10.

`probe.txt`
: `Mailman/Deliverer.py` versendet diese Testnachricht im Falle von Bounces an den betreffenden Subscriber.

`unsubauth.txt`
: `Mailman/ListAdmin.py` sendet den Moderatoren einer Mailingliste diese Anfrage, wenn sie eine Listenabmeldung bestätigen sollen.

C.3 Templates mit `<MM-*>`-Platzhaltern

Die folgenden Templates erlauben es, auf bestimmte Mailman-interne Werte über Platzhalter der Form `<MM-*>` zuzugreifen:

- `listinfo.html`
- `options.html`
- `roster.html`
- `subscribe.html`

Folgende Platzhalter sind darin erlaubt:

`<MM-Mailman-Footer>`
: Enthält die Listen-spezifischen Fußzeilen für das Webinterface. Nicht zu verwechseln mit `msg_footer` und `digest_footer` (siehe Seite 112)!

`<MM-List-Name>`
: Wird ersetzt durch den Namen der Mailingliste, wie er in der Variablen `real_name` gespeichert wird.

`<MM-Email-User>`
: Steht für den Namen der Mailingliste, wie ihn das System sieht (also in der Regel durchgängig kleingeschrieben). Der auf den ersten Blick unpassende Name hat historische Gründe.

`<MM-List-Description>`
: Greift die Mailinglistenbeschreibung aus der Variablen `description` ab.

`<MM-List-Info>`
: Wird durch den Wert von `info` ersetzt, wobei aus Zeilenumbrüchen `<br>` werden.

`<MM-Form-End>`
: Enthält das HTML-Schlüsselwort zum Abschluss von Formularen (`</form>`). Das entsprechende Schlüsselwort zum Einleiten von Formularen ist in `Cgi/options.py` definiert und steht deshalb nur dem Template `options.html` zur Verfügung.

`<MM-Archive>`
: Beginnt einen HTML-Link auf das Archiv (`<a href="`*`url.zum.archiv`*`">`).

`</MM-Archive>`
: Beendet einen HTML-Link (</a>).

`<MM-List-Subscription-Msg>`
: Enthält den HTML-Text, den Mailman im Zuge einer Subscription per Web anzeigt. Der Text hängt von der Subscription-Policy ab.

`<MM-Restricted-List-Message>`
: Wird durch den Hinweistext ersetzt, den Mailman anzeigt, wenn der Zugriff auf das Archiv auf Subscriber beschränkt ist.

`<MM-Num-Reg-Users>`
: Liest die Anzahl der Subscriber aus, die Postings regulär (also nicht als Digest) erhalten.

`<MM-Num-Digesters>`
: Wird durch die Anzahl der Subscriber ersetzt, die Postings als Digest erhalten.

`<MM-Num-Members>`
: Steht für die Anzahl aller Subscriber der Mailingliste (unabhängig davon, ob sie die Postings regulär oder per Digest beziehen).

`<MM-Posting-Addr>`
: Ergänzt die E-Mail-Adresse, an die für die Mailingliste gedachte Postings gesendet werden (also die Mailinglistenadresse).

`<MM-Request-Addr>`
: Wird ersetzt durch die E-Mail-Adresse, an die E-Mail-Kommandos gehen sollen (z. B. das Kommando `subscribe`).

`<MM-Owner>`
: Enthält die E-Mail-Adresse des Owners (nicht direkt, sondern über den `-owner`-Alias).

`<MM-Reminder>`
: Setzt den Standardtext für Passwort-Erinnerungsnachrichten an dieser Stelle ein.

`<MM-Host>`
: Wird zum Namen des Mailman-Servers aufgelöst.

`<MM-List-Langs>`
: Enthält den HTML-Code der Auswahlbox für die verfügbaren Sprachen.

`<MM-Favicon>`
: Steht als Platzhalter für den Pfad (relativ zur Document Root des Webservers) zum Mini-Icon, das viele Browser neben der URL (z. B. in Bookmarks) anzeigen.

`<MM-Regular-Users>`
: Reserviert Platz für die Liste der Subscriber, die Postings regulär (d. h. nicht als Digest) erhalten.

`<MM-Digest-Users>`
: Wird durch die Liste der Subscriber ersetzt, die Postings als Digest erhalten.

Die genaue Definition der Platzhalter inklusive des entsprechenden Kontextes lässt sich dem Modul `Mailman/HTMLFormatter.py` entnehmen.

C.4 Die Variablen des Templates `article.html`

Das Template `article.html` wird dazu verwendet, ein einzelnes Posting im Archiv darzustellen. Da es zur Klasse der Templates gehört, die Ersetzungen durch Python-Format-Strings vorsehen und somit keine Standard-Ersetzungen verfügbar sind, erläutern wir nachfolgend jede einzelne Variable dieses recht komplexen und wichtigen Templates:

`title`
: Enthält den Betreff des Postings als Titel für die Seite. Expandiert beispielsweise zu: `[Testliste] Was für ein Tag!`

`email_url`
Enthält die Posting-Adresse der Mailingliste in HTML-Form. Expandiert beispielsweise zu

```
testliste%40lists.example.org
```

`in_reply_to_url`
Enthält – sofern vorhanden – die Message-ID des Mailinglistenbeitrags, auf den dieses Posting antwortet, in HTML-Form. Diese Variable wird in den Standard-Templates nicht verwendet, weil der Nutzen für den Archiv-Benutzer gering ist. Expandiert beispielsweise zu

```
45CF263C.4090307%40lists.example.org
```

`encoding`
Enthält den Content-Typ und den verwendeten Zeichensatz als HTML-Meta-Markierung. Expandiert beispielsweise zu

```
<META http-equiv="Content-Type" content="text/html;
charset=iso-8859-1">
```

`prev`
Enthält eine `LINK`-Markierung für das vorhergehende Posting. Diese Markierungen werten manche Browser aus, um „geführte Touren" durch HTML-Seiten zu unterstützen. In der Regel geschieht dies durch Einblenden einer gesonderten Navigationsleiste, welche auf die `LINK`-Markierung reagiert. Diese Funktion unterstützt allerdings längst nicht jeder Browser.[2] Expandiert beispielsweise zu

```
<LINK REL="Previous"  HREF="000133.html">
```

`next`
Enthält eine `LINK`-Markierung für das nachfolgende Posting.

`subject_html`
Ist in der momentanen Implementation identisch mit der Variable `title`.

`author_html`
Enthält den Namen des Autors.

`email_html`
Enthält die E-Mail-Adresse des Autors in Web-Form. Expandiert beispielsweise zu

```
tux at lists.example.org
```

2 Wer sich für die Details der `LINK`-Markierung interessiert, sollte einen Blick auf die HTML-Referenz unter **http://de.selfhtml.org/html/kopfdaten/beziehungen.htm** werfen.

`datestr_html`
: Enthält das Datum des Postings in lesbarer Form. Expandiert beispielsweise zu

```
Son Feb 11 15:23:03 CET 2007
```

`prev_wsubj`
: Enthält einen Link auf die vorherige Nachricht inklusive Betreff. Expandiert beispielsweise zu

```
<LI>Vorherige Nachricht: <A HREF="000133.html">[Testliste] Was für
ein Tag!</A></li>
```

`next_wsubj`
: Enthält einen Link auf die nachfolgende Nachricht inklusive Betreff.

`sequence`
: Enthält eine Seriennummer, die eindeutig für ein Posting innerhalb einer Nachrichtensammlung ist. Diese Nummer wird zum Beispiel verwendet, um nach Anwahl eines Indexes, der die Postings nach einem anderen Kriterium sortiert, wieder exakt das momentan angezeigte Posting zu präsentieren:

```
<li> <b>Nachrichten sortiert nach:</b>
     <a href="date.html#%(sequence)s">[ Datum ]</a>
     <a href="thread.html#%(sequence)s">[ Thema ]</a>
     <a href="subject.html#%(sequence)s">[ Betreff (Subject) ]</a>
     <a href="author.html#%(sequence)s">[ Autor ]</a>
</li>
```

`body`
: Enthält den Hauptteil des Postings in HTML-Form.

`listurl`
: Enthält den direkten Pfad zur Informationsseite der Mailingliste. Expandiert beispielsweise zu

```
http://lists.example.org/mailman/listinfo/testliste
```

`listname`
: Enthält den Namen der Mailingliste, wie er als `real_name` im Admin-Interface festgelegt wurde.

Index